2020 年度教育部人文社会科学研究规划基金项目(20YJA820021)资助

我国医疗纠纷调解组织发展的现状、困境与对策研究

王红梅 著

ZHEJIANG UNIVERSITY PRESS
浙江大学出版社

图书在版编目(CIP)数据

我国医疗纠纷调解组织发展的现状、困境与对策研究 /
王红梅著. —杭州 : 浙江大学出版社,2021.11
　　ISBN 978-7-308-21881-8

　　Ⅰ.①我… Ⅱ.①王… Ⅲ.①医疗纠纷—调解(诉讼
法)—医药卫生组织机构—研究—中国 Ⅳ.①D922.164
②R197

　　中国版本图书馆 CIP 数据核字(2021)第 214478 号

我国医疗纠纷调解组织发展的现状、困境与对策研究

王红梅　著

责任编辑	石国华	
责任校对	杜希武	
封面设计	周　灵	
出版发行	浙江大学出版社	
	(杭州市天目山路 148 号　邮政编码 310007)	
	(网址:http://www.zjupress.com)	
排　　版	杭州星云光电图文制作有限公司	
印　　刷	杭州杭新印务有限公司	
开　　本	710mm×1000mm　1/16	
印　　张	12.5	
字　　数	200 千	
版 印 次	2021 年 11 月第 1 版　2021 年 11 月第 1 次印刷	
书　　号	ISBN 978-7-308-21881-8	
定　　价	58.00 元	

序 言

    法律实践和法学研究都很难真正做到无涉价值或者价值中立。对价值的追求是法律和法学实现人文关怀的重要依凭,法律判断与法学研究的一切争论最终都可归结为价值之争。从价值导向的思维方式出发,纠纷解决机制的设计与运用,都围绕着"接近正义(access to justice)"这一制度目的。作为子系统的医疗纠纷解决机制自然也不例外。不仅如此,医疗纠纷解决机制是医患矛盾的后端因素,当医疗纠纷出现后,有无公正有效的医疗纠纷解决机制,直接影响着小矛盾是否会升级为大纠纷,大纠纷是否会被激化。缺少公正有效的医疗纠纷解决机制将导致医患矛盾积重难返,防御性医疗成为常态,医疗服务质量不断下降。这将严重影响我国医疗事业的健康发展,妨害法律的正义价值的实现。我国宪法明文规定,"国家尊重和保障人权"[①],"国家发展医疗卫生事业,发展现代医药和我国传统医药,鼓励和支持农村集体经济组织、国家企业事业组织和街道组织举办各种医疗卫生设施,开展群众性的卫生活动,保护人民健康"[②]。发展医疗卫生事业、保障人民的生命健康权是社会主义优越性的重要表现,也是保障人权实现的重要途径。党的十八大以来,我国规划了建设现代化社会主义强国、实现中国梦的国家发展总体规划,在涉及国家发展的重大领域则形成了相辅相成的具体国家战略。其中"法治中国"战略统领并贯穿于所有重大领域的具体国家战略,"健康中国"则是国家发展和民族振兴的基础,具有优先发展的国家战略地位。为巩固国家实施"健康中国"战略的成果,2019年12月28日,第十三届全国人大常委会第十五次会议表决通过了《中华人民

[①] 参见《中华人民共和国宪法》第二十三条。

[②] 参见《中华人民共和国宪法》第三十一条。

共和国基本医疗卫生与健康促进法》,并于 2020 年 6 月 1 日起实施。该法第九十六条明文规定:"国家建立医疗纠纷预防和处理机制,妥善处理医疗纠纷,维护医疗秩序。"健康治理是国家治理体系和治理能力现代化的重要组成部分,而医疗纠纷的妥善解决关系到全社会的稳定与和谐,也关系到法律的公平、正义价值能否真正实现,关系到社会主义法治在医疗领域能否有效推进,关系到能否通过矛盾纠纷的化解推进法治政府和服务型政府的建设。

一

医疗改革过程中所产生的医院角色的转换、医生心态的变化,以及医院、医生与患者三方利益格局的颠覆性改变,使部分当事人产生强烈的获得感的缺失,社会撕裂由此进一步加剧。医疗领域的纠纷集中体现了社会冲突的基本特质及负面性,其尖锐性与暴烈化比其他纠纷有过之而无不及。全社会医疗纠纷的预防与化解能力,集中体现了管理社会冲突的能力与水平。因长期无法妥善解决医疗纠纷,不能将医疗纠纷限制在可控的阈值之内而产生的恶果,将是全社会无法承受的"共业"。这些年,学术界始终密切关注关于医疗纠纷调解的研究课题,从医疗纠纷解决机制、医疗纠纷调解的模式、医疗纠纷调解的技巧,到医疗纠纷相关立法等范畴,每一次制度变革和理论的华丽转身,无不闪耀着学者们的真知灼见。然而,对医疗纠纷调解的理论总结往往停留在经验的层面,而将其作为一种组织现象去研究,这在国内外几乎都是一个盲区。运用组织理论的范式对医疗纠纷调解组织进行研究,有出人意表的理论和实际应用价值。

(一)有助于拓展医疗纠纷 ADR 研究的视角和方法,实现理论升华

组织现象是学者研究医疗纠纷调解相关问题时少有涉及的视角,但意义重大。在组织化社会中,医疗纠纷调解组织是一种具有特定组织目标的,在与组织环境交流的过程中形成了相对稳定的社会关系和组织结构的典型的社会组织。诚如巴纳德(C. I. Barnard)所说的那样,组织是一个极其复杂的系统,应从社会学的观点来分析和研究其管理的问题。[①] 所谓社会组织,是指个体或团体

---

① 向建设,2013.巴纳德与西蒙的组织理论比较[J].吉首大学学报(社会科学版),(1):45-48.

为实现特定目标,在与周边环境的互动过程中,形成的具有相对稳定的关系和结构的社会实体,任何社会组织都是由组织成员、目标体系、社会结构、组织技术、组织环境等要素构成的。正因组织是一个如此复杂的系统,而医疗领域又是我国社会矛盾高度集中的领域,单纯以某一学科的观点解释关于医疗纠纷调解组织的问题,必然会遇到一些既无法解释又无法解决的问题。目前的医疗纠纷 ADR 研究方法和手段单一,缺乏法律思维和系统论思维,缺少以足够样本为基础的实证分析和比较研究,有些结论值得商榷。法社会学为"法律和纠纷解决"问题提供了比较成熟的参照框架,而组织理论则对组织现象有颇多真知灼见。结合法社会学的范式与组织理论展开研究,可发现与采用常见的法学、医学和管理学等学科方法大相径庭的问题,推出具有更强解释力的结论与对策,在一定程度上实现理论升华。如结合法社会学的方法、权变理论与新制度主义,可以描述与解释医疗纠纷调解组织的制度化、行政法、司法化、同构化与差异化等现象;结合科层组织理论与社会冲突理论等,可以描述医疗纠纷调解组织的科层化现象,批判其组织结构、权威,并预测其在组织社会学上的变化趋势;结合法社会学的框架与开放系统组织理论,可以分析医疗纠纷调解组织与制度环境之间的互动关系,评价相关法律的功能性;等等。凡此种种,不一而足。结合多学科的范式,有望实现对医疗纠纷 ADR 研究在观点与理论上的创新。

(二)有助于拓展医疗纠纷 ADR 研究的对象和题材

近年来,医疗纠纷调解组织实际上已呈多元化格局:从组织运作方式上看,存在着市场化运作与公益性运作两种;从组织形式上看,存在着专业性医疗纠纷人民调解委员会、普通的人民调解委员会、调解工作室、医院管理公司、保险公司内部调解机构、卫生行政调解机构等;从组织性质上看,有基层群众性组织、民非组织、其他社会组织、公司、行政机关等。但医疗纠纷调解组织的多样性和复杂性为学术界所忽略。我国的组织理论也多以传统型组织为样本,对新兴的社会组织缺乏学术敏感。本书不仅关注医疗纠纷人民调解组织、行政调解组织,也将医疗纠纷行业性调解组织、调解工作室、律师调解组织、调解公司、仲裁调解组织等新型组织纳入研究对象范畴,结合组织理论对不同类型的医疗纠纷调解组织的性质、制度逻辑、管理与监督模式做出界定,进而区分公益性与营利性、自治性与司法性、地域性与行业性等,并探讨多元化医疗纠纷调解组织之间的分工、协作与平衡。本文以我国医疗纠纷调解组织为独立的研究对象,并将研究的重心从调解制度拓展到了医疗纠纷调解组织的组织要素、组织环境、组织变革、组织学习等组织现象;调解制度仅作为医疗纠纷调解组织的制度环境和医疗纠纷调解组织所存在的问题的一部分而进入研究视野。如以各地对医患之间自行和解的纠纷标的额的限制为例,本书借鉴组织理论描述和解释其趋同化现象,也研究行动中的法何以排斥书本上的法条,并进一步探讨医疗机构内部和解组织与外部调解组织相互影响的机制。

(三)有助于更好地发挥医疗纠纷调解组织的功能

医疗纠纷调解组织的功能能否有效发挥,组织目标能否圆满实现,关系到医疗纠纷 ADR"接近正义"的实效性,牵涉着医疗事业的健康发展和千家万户的福祉。在我国,医疗纠纷既是法律问题,也是社会问题和政治问题;既不仅仅是医生的问题,也不仅仅是患者的问题,而是全社会应当共同面对的问题。近年来我国各地不同模式的医疗纠纷调解组织,正是在国家推进医疗卫生体制改革、依法治国、基层社会自治以及社会经济形态转变的背景下发展起来的,基于需要共同面对问题以及解决这些问题的方案而产生的行动者的集合体,通过一定的组织行为,以少数人之力承受本应由所有人承受之重。健全我国的医疗纠纷调解组织,有助于改变医疗纠纷暴力化、激烈化的现状,疏解社会怨恨,最终缓解医患矛盾,使之停留在可控的阈值内。

(四)有助于完善我国医疗纠纷调解组织的框架建设与机制衔接

眼下僵化的管理体制与医疗纠纷调解组织事实上的多元化趋势之间已成抵牾之势。应当建立起以医疗纠纷人民调解为核心,公共性、公益性且与商业性医疗纠纷调解相互嵌错,医疗纠纷非诉讼机制与诉讼机制无缝对接,因地制宜的多元化多层次的医疗纠纷解决机制,实现由过度趋同化向求同存异的转变,改变目前组织设置不当所导致的大量资源闲置及不同医疗纠纷调解组织之间"贫富不均"的现状,以节约社会成本和公共资源。

(五)为我国社会组织的发展提供了一种新的思路

党的十八大提出:要围绕构建中国特色社会主义管理体系,加快形成党委领导、政府负责、社会协同、公众参与、法治保障的社会管理体制,加快形成政府主管、覆盖城乡、可持续的基本公共服务体系,加快形成政社分开、权责明确,依法自治的现代社会体制。现代社会可以说是一个组织化的社会,政府的社会管理职能,往往是通过不同的社会组织实现的,而发挥社会组织在社会建设进程中的协同作用,有赖于构建现代社会组织体制。我国社会组织体制不成熟,结构和布局不合理,全社会对社会组织的认知度低,医疗纠纷调解组织也不例外,故而很有必要发现和解释其发展中出现的问题,进行对策研究,使其更好地发挥组织功能。在国家权力逐步退出医疗纠纷调解这个场域的今天,要弥合公共领域和私人领域撕裂的状态,只能大力发展以医疗纠纷人民调解组织为代表的社会组织,积极实现从维护政治权威向树立公共权威、从群众性民间性组织向专业化组织转型,从单一化向多元化、从人才流失向人才流动等方面的多维度的转变。医疗纠纷调解对于第二部门和第三部门的社会组织参与公共管理服务有很强的示范作用。健全我国的医疗纠纷调解组织,能弥补公共服务之缺憾,使医疗纠纷的救济形态由以公力救济与私力救济为主的"哑铃状"向更健康的以社会救济为主的"橄榄型"过渡。

(六)有助于完善相关立法

关于医疗纠纷的立法是有关公共幸福的重要安排之一。我国的医疗法律关系复杂,医疗纠纷调解组织种类繁多,与之牵连的卫生法、调解法等相关法律牵涉面广且效力层级丰富,构成了我国医疗纠纷调解组织重要的制度环境。如果顺着纷乱繁杂的头绪条分缕析,可能牵出"统一调解法""行政调解法""医疗纠纷预防与处理法""社会组织法"之争,其广度与深度均难以完全为本书所容纳。总的来说,我国的医疗纠纷调解组织,尤其是营利性医疗纠纷调解组织的制度环境还存在着很大的不确定性。对上述组织定位不清,盲目模仿与复制组织机制,未对不同性质的医疗纠纷调解组织实行分类管理,会导致司法行政权力扩张的趋势,或重复设立一些低效运行的机制,导致经费保障困难,直接影响了医疗纠纷调解组织的可持续发展。对我国医疗纠纷调解组织的制度环境进行规范分析与实证分析,有望使相关立法更符合组织生成与运作的客观规律。

二

国内外学术界对包括医疗纠纷调解在内的医疗纠纷 ADR 研究始终投以热切的关注,但国内外学者对这一领域的研究侧重点与理论范式均有差异。国外的学者对医疗纠纷调解的研究更多地聚焦于从心理学角度出发的调解技巧研究、从公共管理学角度出发的医疗失误管理文化研究、从法社会学角度出发的医疗纠纷调解机制研究等方面。国内关于医疗纠纷调解的论著主要包括以下几个方面的主题。

(1)对医疗纠纷调解的技巧与策略的总结与反思。这部分论著的作者以从事医疗纠纷调解实务的专家和拥有医疗纠纷调解实务经验的学者为主,倾向于通过观察法(既有参与式观察法,也有非参与式观察法)从微观层面结合个案经验来归纳普适性的调解医疗纠纷的调查策略、谈判策略、方式技巧、方法技巧或者交流技巧。例如,人民调解的解纷方案要为当事人所接受,可以从两个角度强化:一是强化人民调解纠纷方案的合理性,从纠纷当事人对人民调解纠纷方案的心理和态度方面提升接受度;二是强化人民调解切入具体纠纷的微观策略,通过理性归纳并予以理论提升,总结出一套微观层面的解纷策略,从而指导特定类型纠纷的解决,提升人民调解个案解纷策略的实效。对于前者,学界的关注较多;而对于后者,即人民调解的个案解纷策略问题,从学术史的角度看并不多见。① 也有部分作者结合社会心理学的原理深入探讨了医疗纠纷各方主体的心理和行为特征及其调解策略,对于医疗纠纷的反复性、对抗性、纠纷主体的易激惹性和易群体化等心理学特征有较精准的阐述,对上述特征存在的原因做了社会心理学上的剖析并提出了相应的调解策略和方法技巧。上述研究的优点在于高度的可操作性和经验的可复制性,对于从事医疗纠纷调解工作的调解人具有很强的借鉴意义。但大量对医疗纠纷调解技巧的研究附着于某一性质类型的调解,是对行政调解、人民调解、法院调解的技巧与策略的研究,而非

---

① 刘坤轮,2020.修辞、隐科层与软暴力:人民调解个案解纷策略分析[J].法商研究,37(4):101-114.

针对医疗纠纷调解技巧和策略的专门化研究。尽管综合性研究也必不可少,但其毕竟忽略了医疗纠纷调解专业性和特殊性很强的一面。对人民调解的研究在此占据了统治性地位,医疗纠纷调解的特殊性、专业性往往被淹没在人民调解的宏大叙事中。同时,对医疗纠纷调解技巧的大量研究缺乏缜密的逻辑思维和一定的理论深度,很难对医疗纠纷 ADR 研究留下历史性的学术贡献。

(2)对医疗纠纷诉源治理以及医疗纠纷调解与其他纠纷解决机制的衔接问题做出了分析和对策研究,特别关注医疗纠纷第三方调解机制的类型、意义、价值及其比较优势,以及医疗纠纷人民调解、行政调解、司法调解或仲裁调解等第三方调解机制的特点、优势,上述第三方调解机制存在的问题及其对策研究。司法行政部门、卫生主管部门和调解组织的行业专家对此均有所涉猎,总体上是从宏观层面探讨我国医疗纠纷调解的第三方机制,有些作者结合自身的专业就不同性质的医疗纠纷解决机制(主要聚焦于医疗纠纷人民调解和医疗纠纷行政调解)进行深耕,也有些结合自身熟悉的地域对不同模式(如宁波模式、北京模式、上海模式、天津模式、山西模式、南平模式、安徽模式、山东模式、海南模式等)的医疗纠纷调解做了比较研究,但因方法的陈旧与雷同,这部分研究同质化特征突出,观点的推陈出新难得一见。法学界对新型医疗纠纷调解组织的陌生,使得医疗纠纷的社会组织调解、商业组织调解等新型调解及其组织的研究比较稀缺;反过来,理论研究的欠缺也直接导致了实践的贫困化与幼稚化。

(3)我国的医疗纠纷立法与法律适用问题。我国的卫生系统、卫生行政机关和卫生法专家对我国医疗纠纷相关立法问题的关注由来已久,针对 2002 年 4 月 4 日发布、9 月 1 日开始施行的《医疗事故处理条例》在施行过程中存在的问题经历了长期而广泛的讨论,对该条例中规定的处理途径之少、赔偿标准之二元化、医疗纠纷行政调解受理范围之狭窄等问题颇有意见与建设性的建议,通过这些激烈的碰撞所达成的共识,多在 2018 年 7 月 31 日公布并于同年 10 月 1 日起施行的《医疗纠纷预防和处理条例》之中得到了巩固与体现。卫生法专家与侵权责任法专家对我国医疗纠纷立法和法律适用问题的探讨从未中断过:仅对医疗纠纷的法律界定就有广义说、狭义说和最狭义说等数种;对医疗事故损害赔偿责任的构成要件、医疗机构过错的推定、因果关系的推定与责任的免除等问题乐此不疲；对电子病历规范及其诉讼风险管理、依托人民调解机制的医疗责任保险制度等交叉学科的热门话题津津乐道；对域外道歉法、具体的医疗纠纷 ADR 制度及其对我国医疗纠纷解决的启示有充满热忱的研讨。对和解、调解、仲裁、诉讼等不同的医疗纠纷 ADR 的迥异的观点表达可谓蔚为大观，仅对医疗纠纷仲裁的合法性问题、医疗纠纷 ADR 与诉讼机制的衔接问题以及医疗纠纷行政调解的适用范围等问题的讨论便已绵延十余年而不绝。但也应该看到，从事医疗纠纷诉讼、调解与仲裁的法律工作者及相关学者基于不同的立场和学科背景，对同一个问题的看法可能南辕北辙，"针尖对麦芒"，因此，在立法和司法活动中，需要全景式的"上帝视角"，在研究医疗纠纷 ADR 时也需要引入其他专业的研究范式。

（4）对行业性专业性医疗纠纷调解及其组织的建设进行了总结与反思，如对行业性专业性矛盾纠纷数量的递增、机制与经费保障制度、人才培养制度的缺憾等进行了描述性研究与实证分析。已有学者对行业性专业性调解组织的功能定位偏差，尤其是在法律制度上医疗纠纷行业性专业性调解与医疗纠纷人民调解两者之间的重叠性提出了质疑，但少有人对此做出架构合理的多元化多层次的顶层设计，而对医疗纠纷行业性专业性调解的研究往往被简化为缺少宏观性瞰视的医疗纠纷人民调解研究，视野所及时常停留于如人民调解员的选任制度、考核与晋升制度等具体而微的管理制度之上。有识之士对行业性专业性调解的行政化、科层化倾向进行了不留情面的批判，对行业性专业性人民调解及其组织的功能定位、队伍建设和经费保障等关键问题，提出了弥补短板的基本思路，包括加强队伍建设、积极开辟经费保障渠道、加强调解与其他纠纷解决方式的衔接等，惜乎上述思路因缺少严密而具体的制度设计而难以落实。

从研究范式来看，很多研究卫生法的专家对医疗纠纷调解投入了大量的精力，较常见的还是结合一定的医学背景知识，运用法学的方法探讨医疗纠纷调解的法律问题，但近年来经济学、社会学、管理学和心理学等学科的研究范式亦被引入医疗纠纷调解这一领域中来。比如，运用社会治理理论、风险理论、社会冲突论等学术流派对医疗纠纷调解进行梳理是社会学背景学者的研究偏好，而法学界对于从法经济学的角度出发来研究纠纷解决机制的比较优势问题是情有独钟的。特别值得一提的是,以廖永安教授为核心的湘潭大学团队近年来异军突起,依托司法部调解理论研究与人才培训基地这一平台,陆续推出了一系列引人瞩目的科研成果。该团队中不仅有致力于医疗纠纷调解研究的中青年学者,还将法社会学、社会心理学等学科的基础理论与方法运用于医疗纠纷调解的研究,使利用交叉学科研究医疗纠纷调解的事业别开生面。诚如前文所述,这些学者将自身的专业背景与医疗纠纷调解的研究相结合,为理论界与医疗纠纷 ADR 实务奉献了丰富多彩,却也往往是相互抵触的成果。一种医疗纠纷 ADR 理论模型的建立殊为不易,究竟多少样本才足以支撑一种理论模型得以创立?其借以创立的学科理论本身是否无懈可击,从而能顺理成章地推导出令人心悦诚服的全新观点?这一切均难有定论。例如,经济学假定人是理性的经济人,有学者因此而推定当追责成本高于追责所获得的利益时,当事人便会放弃追责。但这个假定本身与心理学研究所表明的医患纠纷当事人的心理特征是相悖的,因为心理学认为卷入医疗纠纷的当事人往往是非理性的,甚至是建立了极端化的自我防御机制的,理性人是对人们行为过于苛刻的要求和过于完美的推定,组织社会学甚至认为不仅自然人存在着非理性,组织的理性也时常是有限的。不难想象,不同学科的理论基础与立足点不同,对同一问题,借鉴不同学科理论与方法所得出的结论往往是大相径庭的。仅仅使用经济学的范式分析医疗纠纷解决机制,很容易得出一些简化的结论。如果将当事人的精神损害与生活方式的改变也纳入考量,可能也非经济学所长,因为这些恰恰是最难量化的。法律对正义或价值的实现并不能等同于"效率"或波斯纳所说的"财富最大化"。经济学理论上的"经济人"行为的取向有时也难免会有多元化,如果将"经济人理性"任意地扩张、滥用或者极端化,从一定程度上会对社会产生负面效应。① 过度引入经济学理论将使医疗纠纷的处理进一步简单化、异化。不同学科的研究方法和研究对象也相异,如经济学研究通常需要建立常模,而法学总在研究非正常运行的法律关系,事实上,法律纠纷就是法律关系运行的非正常状态,法律职业则是因应法律纠纷的预防和处理而产生的,由此形

① 杨亚辉,2012.波斯纳财富最大化理论的局限性及评价[J].改革与开放,(10):57-58.

成了两者在思维方法与研究结论上的一系列差别。尽管单独运用某种学科范式研究医疗纠纷调解的问题也许别开生面,但运用多学科理论与方法对医疗纠纷调解做出多角度研究,才能既深入又不失之偏颇。

当学者们的目光流转于上述热点时,作为承担着"共业"的行动者的集合体,医疗纠纷调解组织的成长和发展总是被有意无意地忽略了。将医疗纠纷调解组织作为一种独立的研究对象的文献较少,将其作为一种组织现象去研究的文献更是罕见。在我国学术界洋洋大观的关于人民调解的论述中,有且只有一篇论文采用了新制度主义的范式,对我国人民调解的制度化与同构主义做出了描述性解释,并对人民调解的十年复兴特征成因做出了新制度主义立场的分析。[①] 但见珠玉在前而无后来者,殊为可惜。该文对新制度主义范式的运用尚带着开拓者特有的粗糙,其所推出的结论,如人民调解制度的符号化及其与运行实践的断藕等观点解释力不足,令人难以苟同。尽管如此,组织理论的光亮开始烛照医疗纠纷人民调解组织,便难免对形态各异的医疗纠纷调解组织带来迁移性的启示。

从组织理论诞生之日起,管理学、经济学、心理学、政治学、社会学等学科都为其贡献了各自迥异的观点、角度和范式,使其呈现出百花齐放的景象,并逐渐形成理性系统组织理论、自然系统组织理论、开放系统组织理论和行动者组织理论等数种形态,其丰厚的积淀为医疗纠纷调解组织的研究提供了可资参照的理论资源。例如,大量的社会资源其实是通过社会组织来进行分配的,任何组织都通过与环境之间的交换来获取资源,维持生存,因此,对医疗纠纷调解组织的各种有形资源和无形资源的实证分析,能帮助我们发现相关社会资源在整个医疗纠纷解决机制中进行分配时所出现的问题,有助于调整资源分配的结构性矛盾。又如,医疗纠纷调解组织的声望、调解员的职业发展等问题也与组织现象息息相关。医疗纠纷调解组织不只是盎格鲁-撒克逊学派所说的为实现目标而设计出来的工具实体,不只是一种旨在完成分工与合作任务,履行控制与管理功能的社会集群单位,也是寄寓了公平正义等法律价值和人民群众对美好生

---

① 王禄生,2012.审视与评析:人民调解的十年复兴——新制度主义视角[J].时代法学,10(1).

活的向往的目标性价值体系的载体。只有当组织成员的目标、行为与组织目标及组织行动相一致的时候，才能吸引个体进入这个组织并为这个双方一致的目标而奋斗。当医疗纠纷调解组织作为一个正式组织的制度足够健全，可以满足其成员的价值追求，使其处于物质生活与精神世界均衡化的状态时，其组织成员才会较少偏离组织目标而产生投机性行为，他们在围绕着医疗纠纷调解的一系列社会活动中，才有可能成为坚持公正的立场、法律信仰和悲天悯人情怀的大写的人。如果不对各种医疗纠纷调解组织的社会结构、环境和调解员的队伍结构等问题进行细致的梳理，并做出组织社会学意义上的解释，而仅通过法学、经济学和管理学的研究范式，是很难发现医疗纠纷调解这个行业的秘密，读懂组织现象后面所隐藏的"人"的。另外，我国医疗纠纷调解组织，涵盖了第一部门、第二部门和第三部门，转型时期各部门社会组织发展不成熟的问题，必然也反映在医疗纠纷调解组织的建设过程中，故而很有必要通过梳理医疗纠纷调解组织的各个要素，审慎比较，缜密分析，以更好地发挥其组织功能。笔者试图从组织分析的角度，对我国医疗纠纷调解组织在发展过程中出现的问题进行解释和反思，通过分析不同类型不同地域的医疗纠纷调解组织在技术、规模、环境特点、制度逻辑等方面数据的统计关系，发现问题所在，并探索超越现有发展困境的路径，以为其健康发展和有效管理提供政策依据。中国正处于一个组织和制度的剧烈变迁时期，国家的角色、组织的变革以及社会规范的特征都不稳定，研究者应当随时注意到西方组织理论框架对于中国问题的切合性，在反思和实践中探索解释的逻辑。[①]

三

　　本书既要通过案例研究来进行归纳，同时也要借鉴前人的理论成果进行演绎，需要处理好此间的逻辑关系，要通过对足够的样本的分析来构建个体与总体的关系，发现自变量与因变量之间的因果关系。其基本论证思路为：分析医

[①] 邓锁，2004.开放组织的权力与合法性——对资源依赖与新制度主义组织理论的比较[J]，华中科技大学学报（哲学社会科学版），(4):51-55.

疗纠纷调解组织发展的现状和困境—立法与实践的二元表达—语境中的医疗纠纷调解组织,即解读其成长为何存在困境—改革愿景与进路。本书的研究结合了价值分析法、比较研究法、案例研究法、观察法、社会调查法、文献调查法、统计分析法等研究方法。其中资料的收集采用访谈法、网络收集法、直接参与法和实地调查法。理论分析侧重采用比较分析和规范分析相结合的方法,医疗纠纷诉讼与调解模式、书本上的法与行动中的法、不同地域不同性质的医疗纠纷调解组织的模式及其运作机制等范畴,都是本书比较研究的对象。规范分析法则主要用于对各种组织要素存在的问题及如何完善我国医疗纠纷调解组织的建设进行总结,其思维过程体现为归纳与演绎的交互推进。

为了尝试回答研究问题,我们将本书研究目标简述如下:(1)追踪以组织环境的影响来认识组织行为和组织现象的趋势,结合多学科的范式推进我国医疗纠纷解决的理论与实务研究,填补目前医疗纠纷 ADR 研究的盲区。(2)掌握我国目前医疗纠纷解决机制的概况和医疗纠纷调解组织发展的现状,分别从微观和宏观两个维度,剖析其组织要素,发现医疗纠纷调解组织普遍存在的问题,分析成因,提供对策,促进我国医疗纠纷调解组织的可持续发展,以弥补医患矛盾尖锐化暴力化所造成的社会创伤,促进社会和谐和公共幸福。(3)系统梳理支撑我国医疗纠纷调解组织成长的法律,对书本上的法与行动中的法之间的实际差距做出法社会学解释和对策研究。借鉴组织理论分析上述法律对我国医疗纠纷调解组织建设与运作的影响,完善医疗纠纷调解组织的制度环境,使两者之间形成良性互动。(4)通过统计分析、历史研究与比较研究等,梳理我国不同类型医疗纠纷调解组织的长短板及其彼此之间的衔接机制,探讨更多的可能性,充分发挥各种性质与类型的医疗纠纷调解组织的潜能,为我国社会组织参与公共管理事务,推进依法治国与基层社会自治提供有益的参照。(5)强调人的因素,通过对法律上的与实践中的调解员任职条件的比较,对不同性质、不同地域的调解组织人员结构、人才流动等情况的比较研究,勾勒出目前调解员队伍建设的概况、存在的问题和愿景,提出有别于通常意义上的调解员职业资格制度、人才交流制度和激励机制,探索统一组织目标与个体目标的路径,提升医疗纠纷调解组织的职业生涯管理水平,为调解员的职业成长提供组织支持,满足调解员自我实现的需要。

在组织社会学的分析框架内，运用其关于组织的概念工具、基本观念、推理方式等，结合法学、管理学和经济学等其他学科的研究方法与思维方式，对我国医疗纠纷调解组织在发展过程中出现的问题进行解释和反思，提出整改措施，对我国医疗纠纷调解组织的下一步发展做出一定的预测和规划，这乃是本书研究的重点。在此过程中，我们必须克服一些难以逾越的障碍：(1)我国地域差异巨大，法治环境复杂，全国各地已建立起以政府支持、人民调解为代表的山西模式、上海模式、宁波模式、南平模式，以及以职业调解为代表的安徽模式、山东模式等，掌握足够的样本，并发现其中的共性、差异性与规律性实属不易。(2)如何实现医疗纠纷调解组织的转型无疑又是个难点。我国组织社会学起步较晚，已有的理论成果较少振聋发聩的创见，故而对该领域新的组织现象进行社会学解释时，可资借鉴的理论资源相对匮乏。社会组织在转型时期步履艰难，也难以为医疗纠纷调解组织的发展提供实践经验。我们试图通过调查研究与文献分析的方法，特别是吸收国外先进的组织社会学理论成果，来救济理论上的短板，实现一定的突破。(3)目前医疗纠纷调解存在着碎片化、非系统化、简单化甚至异化的缺陷。一是未将医疗纠纷的解决与医疗改革和医疗管理视为一个息息相关的系统，仅仅"头痛医头，脚痛医脚"，难以防患于未然；二是将一切医疗纠纷的解决方案均简化为经济赔偿或补偿，只见树木不见森林。诚如马斯洛所说的那样，在你唯一的工具是一把锤子时，每个问题的开始看起来都像一根钉子。我们尝试通过对沪、浙两地的典型样本的类型化调查访问以及借鉴具有先进示范经验的医疗纠纷人民调解委员会的做法来突破这一难点。

四

本书并不特别热衷于构建新的理论模型，而是在组织社会学的分析框架内，对不同的医疗纠纷调解组织在实际中的运作情形进行分析比对，对实践中存在的价值冲突、资源配置不合理等问题做出善意的提示，并不揣冒昧多方探索通往更光明的路径，权作抛砖引玉。在借鉴组织社会学理论对医疗纠纷调解组织进行考量时,我们发现目前的组织社会学理论,尤其是组织分析新制度主义存在着自身的局限性,如其早期的奠基性论文均过多地关注了组织趋同化问题,后续学者基本上是在这一狭窄的研究主题上越走越窄,缺少思想上的重大突破。尽管鲍威尔(Walter W. Powell)等重要学者已经积极倡导拓宽研究主题,关注组织多样性和差异性,但目前这些研究还处于起步阶段,研究该主题的学者较少,缺少高质量研究成果,缺少分析性概念和理论命题,组织多样性的影响因素和条件还不够明晰,没有形成较为系统的理论。在传统核心主题上也仍有一些亟待解决的问题。比如,如何测量组织间的趋同程度,依然是一个世界性的难题。制度主义学派也比较强调组织是制度环境塑造的对象与规则的顺应者,重视组织的权变性,而对组织对环境的反作用,以及组织成员的决策能力关注不够。此外,相对于经济学和政治学新制度主义来说,组织分析新制度主义仍然过于封闭,缺少与其他学科的互动和对话。在威廉姆森(Oliver Eaton Williamson)和青木昌彦(Masahiko Aoki)等经济学家、皮尔逊(Paul Peters)和彼得斯(Guy Peters)等政治学家积极借鉴组织分析新制度主义的研究成果来建构自己的理论时,很少看到组织社会学家对经济学和政治学新制度主义的整合性努力。组织社会学家似乎更醉心于在原有范式下进行精细拓展,而缺少开疆拓土、博采众长的开拓性努力。还有一个严重的问题是,20 世纪 90 年代以来,随着越来越多的组织社会学家进入商学院任教,新制度主义的经验研究更多以企业为对象,很少像早期理论家抽象到"组织"这一更为基础的理论层面,使得研究论题日益微观化、工具化和实用化。[①] 而我国学者的组织社会学研究更多地还停留在对国外前期理论成果的学习吸收阶段;对样本的分析,往往流连于国家机关、高等院校与科研院所、公司企业等传统的社会组织,而对于社会转型期涌现的千姿百态的新型社会组织缺乏学术敏感性。在实践的层面,虽然这些年我国的医疗纠纷调解组织迅猛发展,但普遍存在着依赖政府强势推进,独立性与自治性不足,组织边界模糊化,渐趋行政化、司法化、科层化、标准化等共性,其高度趋同性在一定程度上掩盖了其定位不清、人才流失严重、盲目模仿

---

① 田凯,赵娟,2017.组织趋同与多样性:组织分析新制度主义的发展脉络[J].经济社会体制比较,(3):172-178.

学习等问题。这使得我们在对一些新型的医疗纠纷调解组织进行社会学的解释时,颇有捉襟见肘之感,而对实践中存在的问题进行梳理更加艰难了。尽管如此,我们仍可通过其他流派的组织社会学理论,以及社会学与经济学、社会心理学、管理学等学科之间的互动,来救济新制度主义流派研究方法、研究内容的短板。对医疗纠纷调解组织过度趋同化现象和同时存在的差异化现象的研究占据了本书较大的篇幅,当我们主要通过组织社会学的范式去解读这些组织现象并探索解决问题的路径时,大有豁然开朗之感。

在对医疗纠纷调解组织进行组织分析的过程中,我们高度重视组织的复杂构成,重视组织环境及其具体化、情境化的意义,尽管经过这些努力所获得的依然是关于我们所研究的具体组织的有限知识,而称不上是具有普遍解释力的观点,它无法被简单地移植,以解释其他社会组织,但对基数庞大的医疗纠纷调解组织的建立在定量分析基础之上的定性分析,依然为我国的社会组织建设提供了一种新的思路。组织分析对于组织变革所能够奉献的,主要是一种认知干预,让相关组织成员和其邻接领域的专家和权威进入学习过程,运用新的观察视角,对自身所处的现实获得一种全新的认识,发现诸种行为的可能性,找到新的发展机遇,并在此基础上整合资源,相互协作,达成共识,从各个方向和角度推进组织的变革,进而推动依法治国和社会自治的进程。具体地说,借鉴组织分析方法和理论来研究我国的医疗纠纷调解,新的贡献主要体现在以下几个层面:一是帮助行动者获取有关具体情境和具体行动体系的新知识;二是为这种知识的传播与交流创造条件,让我们了解这种知识的效力及其对具体行动领域的实际价值;三是让行动者根据这种知识及具体情境进行推论,并由此引导行动者进行自我诊断、自我纠正的集体参与过程,进而对组织进行改组与重构,并对这一进程进行方向性的驾驭;四是让这种知识向其他领域迁移,从而在总体上推进全社会的组织变革。当我们对医疗纠纷调解组织条分缕析时,其作为一个标本所具有的瑕疵便呈现在显微镜下;当我们将这个标本置于变化着的制度环境之中,我们将思索其如何更紧密地与现实和当事人链接,怎样才能让当事人接近正义。比如,如何考核一个医疗纠纷调解组织的绩效,这与组织目标的设置是无法分开的。规则机制在医疗纠纷调解组织的运行中扮演着什么样的角色,目前的规则机制是否对组织进行社会交换做出了应有的贡献？……这些问题都有待于我们一一揭开谜底,而组织分析的理论框架总是让我们的解读更加自如。又如,在此之前,我们很少寻根究底:为何医疗纠纷调解组织要多元化发展？究竟是将一种医疗纠纷调解组织的潜力发掘到极致时组织的能效更高,还是各种类型的医疗纠纷调解组织多点开花时这种组织的合力更强？当我们通过组织社会学的眼光去看待"专业性"这回事情,发现它非常接近"管辖权"①这个概念,即组织为了控制具体领域内的"既定的"不确定性,会开拓一种实用知识的领域,它无疑有助于各种具体的行动体系高效有序地运行,但过度使用这种"管辖权"却很容易造成垄断,当权力向个别行动者手中聚集,将导致组织体系的结构失衡,造成组织的畸形发展,整个行动系统的运行效能在相当大的程度上受制于持有管辖权的行动者。所以,我们既向往医疗纠纷调解组织从单纯的群众性自治性调解组织向专业性调解组织转型,同时也要警惕特定的医疗纠纷调解组织过度使用"管辖权"去控制特定领域的不确定性,这就是为什么应当打破垄断,发展多元化的医疗纠纷调解组织。那么,不同性质的医疗纠纷调解组织效能如何,是否需要像很多专家所呼吁的那样重新定位呢？组织社会学为这一问题提供了很好的研究范式,从不同性质的医疗纠纷调解组织所遵循的运作机制出发,对它们不同的命运和发展轨迹做出了预测和建议。总体上我们的研究是偏向于质性分析的,但这种质性分析建立在对大量数据的量性分析之上。

本书乃三年之中锱铢积累而成,时间仓促,水平有限,无论对组织理论的理解还是对医疗纠纷 ADR 的认知都很浅薄,恳请各位方家不吝赐教。

作者

2021 年 6 月于浙江杭州

---

① 这里所说的管辖权是指在某一领域所获取的控制权,是行动者通过掌握某一领域的实用知识,获取控制相对应的诸种不确定性的能力,而非通过法定的授权而获得的领域控制权。参见:张月,2017.组织与行动者(译者序)//埃哈尔·费埃德伯格.权力与规则——组织行动的动力[M].上海:格致出版社;上海人民出版社,16-18.

目　录

第一章　我国的医疗纠纷调解组织概况 …………………………（ 1 ）

　第一节　医疗纠纷调解组织的概念与性质 …………………（ 1 ）

　第二节　医疗纠纷人民调解组织 ……………………………（11）

　第三节　医疗纠纷行政调解组织 ……………………………（23）

　第四节　企业化的医疗纠纷调解组织 ………………………（41）

　第五节　其他营利性、非营利性医疗纠纷调解组织 ………（46）

第二章　医疗纠纷调解组织的组织要素 …………………………（70）

　第一节　医疗纠纷调解组织的目标 …………………………（71）

　第二节　医疗纠纷调解组织的调解员 ………………………（73）

　第三节　医疗纠纷调解组织的结构 …………………………（80）

　第四节　医疗纠纷调解组织的组织技术和组织环境 ………（90）

第三章　我国医疗纠纷调解组织的趋同化现象及其组织社会学解释 …（98）

　第一节　我国医疗纠纷调解组织的趋同化现象 ……………（99）

　第二节　我国医疗纠纷调解组织趋同化现象的组织社会学解释 ……（115）

　第三节　我国医疗纠纷调解组织的差异性及其组织社会学解释 ……（126）

第四章　医疗纠纷调解组织转型的路径探索 ……………………（133）

　第一节　从维护政治权威向树立公共权威转型 ……………（133）

　第二节　从群众性、民间性组织向专业化组织转型 ………（138）

　第三节　从单一化向多元化转型 ……………………………（150）

　第四节　从人才流失向人才流动转变 ………………………（165）

结　语 ……………………………………………………………（175）

参考文献 …………………………………………………………（177）

第一章　我国的医疗纠纷调解组织概况

第一节　医疗纠纷调解组织的概念与性质

一、医疗纠纷调解组织的界定、概念、特征与功能

(一)关于医疗纠纷的界定

医疗纠纷调解组织的业务活动是围绕着医疗纠纷而展开的。医疗纠纷也是医疗纠纷第三方调解机制的治理对象。对医疗纠纷很难强求完全统一的定义。对于医疗纠纷的概念,依其内涵与外延的不同大致可分为三种不同的理解。狭义上的医疗纠纷是指医患双方对医疗机构及其医务人员的检查、诊疗、护理行为和结果及其原因、责任在认识上产生分歧而引发的争议。司法部、卫生部、保监会联合发布的《关于加强医疗纠纷人民调解工作的意见》(司发通〔2010〕5号)则将医疗纠纷人民调解委员会受理的纠纷界定为"本辖区内医疗机构与患者之间的医疗纠纷",受理范围包括"患者与医疗机构及其医务人员就检查、诊疗、护理等过程中发生的行为、造成的后果及原理、责任、赔偿等问题,在认识上产生分歧而引起的纠纷"。又如,台湾地区的学者指出,医疗纠纷泛指病患或家属在求医过程中,对医疗人员所提供之医疗行为、过程及后果无法接受或不满意,而与医院或医疗提供者发生冲突之情境。[①] 中义上(指介于广义与狭义之间)的医疗纠纷是指医患双方当事人因诊疗活动引发的争议。按照国

---

① 李云裳,1990.社会工作者在医疗纠纷上角色期待之研究[M].台北:台北国泰综合医院出版社,8.

务院颁布的《医疗纠纷预防和处理条例》第二条的界定,医疗纠纷是指医患双方因诊疗活动引发的争议。但是,在现实中有些医患之间的纠纷与诊疗活动没有必然的联系,且比上述概念的外延更为宽泛,比如曾有患者家属在医院因地上积水湿滑而摔伤,与院方形成了纠纷。绝大多数医疗纠纷与诊疗行为或诊疗过错有关,有些则与诊疗过错无关,甚至与诊疗行为无关,比如,西安和扬州都曾经出现过患者在医院诊疗期间上厕所时,因地面湿滑而滑倒,导致骨折,医患双方之间就赔偿问题发生争执的纠纷;还有些类似的纠纷甚至不是发生在医院与患者本人之间,而是医院与患者亲友之间。广义上的医疗纠纷是指医患之间发生的一切纠葛,主要可归纳为"医源性纠纷与非医源性纠纷"。上述定义从不同的侧面揭示了医疗纠纷不同的本质特征,并无严格的对错之分。狭义说围绕具体诊疗行为来定义医疗纠纷,大致等同于"诊疗护理技术纠纷",其缺点在于过于狭窄而不能全面涵盖与诊疗活动密切相关的纠纷类型。如患者与医院因医疗费用、医德医风、医院管理等问题引起的纠纷,该类纠纷虽然属于非诊疗护理技术纠纷,但由于其与诊疗活动密不可分,同样应归入医疗纠纷。广义说以纠纷主体为标准来定义医疗纠纷,其缺点在于过于宽泛而不能准确反映医疗纠纷的特殊性。在理论界和实务界存在混用"医疗纠纷"和"医患纠纷"这两种概念的现象,两者并无本质的分歧。为行文统一,我们将发生于医患之间的纠纷统称为医疗纠纷(medical tangle)。以下常见的纠纷不属于医疗纠纷的范畴:①工伤纠纷,法律规定工伤纠纷由劳动行政部门处理;②交通肇事、空难、矿难等造成健康权、生命权受到的损害,由公安机关、应急管理等行政主管部门主持处置(但因以上这些事故造成身体损害的当事群众,去医院得不到及时治疗或治疗有过错导致更严重后果的医疗纠纷除外);③医疗机构内的劳动纠纷或人事纠纷,由人社行政部门处置;④已做了行政或司法处理的医疗纠纷,法院判决等已经生效的医疗纠纷事项等。也有人认为,因医疗机构管理、安全及医务人员的廉政、勤政等引发的医患纠纷,如患者在医疗机构内被盗、摔伤、烫伤,以及"红包"、服务态度等的投诉和纠纷应由有关行政、公安、纪检、监察等部门处置。①

---

① 张人文,解放,2019."枫桥经验"在医疗纠纷调解领域的实践与发展——基于甘肃第三方医疗纠纷人民调解委员会的调研[J].社会治理,(5):86-75.

笔者认为,发生于医患双方之间的纠纷大致可分为医疗纠纷与因医院未尽安全保障义务而引起的民事损害赔偿纠纷。以前文所述的患者在医院摔倒造成意外为例,其纠纷性质可分为三种情况:一是因医院方面未尽到告知义务等而造成病员在去检查治疗的路上病发而摔倒致伤,医院应承担医疗损害责任,这种纠纷无疑属于医疗纠纷调解组织调解的范围;二是因地面湿滑、光线太暗等原因,病患或其他人摔倒致伤,属于因医院或者实践中承担保洁工作或物业管理的第三方公司未尽到安全保障义务而引起的民事侵权责任纠纷,本来不属于医疗纠纷,因此也不属于医疗纠纷调解组织调解的范围,但是实践中也往往由医疗纠纷调解组织予以调解;三是因病员自身的过失而摔倒致伤引起的纠纷,也不属于医疗纠纷以及医疗纠纷调解组织调解的范围。在温州某医院曾发生过病患家属穿着自带的拖鞋去热水房灌热水,因热水灌得太满,洒在拖鞋上,导致滑倒受伤,而热水房已设置了"小心地滑""小心烫伤"等警示字样,这就属于第三种情况。其余如因病员在就诊期间自杀身故、因玻璃破碎或地面施工等情况致伤的,也应区分情况,但实践中医疗纠纷调解组织往往承担了上述所有的调解业务。

(二)医疗纠纷调解组织的概念与特征

这里所说的医疗纠纷调解组织,是一种组织、协调医患双方之间的谈判,促进医患双方消除争议,达成和解,建立新的权利义务关系的相对独立的第三方调解组织。从组织社会学的视角去看,特指依法成立的,以解决医疗纠纷、提供医疗风险防控建议为主要职责,以保障医患双方的合法权益,缓和医患矛盾,促进社会和谐与医疗事业的健康发展为组织目标的社会组织。按照其性质与运作机制,可将我国的医疗纠纷调解组织大致分为公共性医疗纠纷调解组织、非营利性医疗纠纷调解组织、营利性医疗纠纷调解组织。简单地说,医疗纠纷调解组织除了具有社会组织的一般特征,还具有以下区别于其他组织的基本特征。

1. 医疗纠纷调解组织为医疗纠纷第三方调解的主体

所谓医疗纠纷第三方调解,是指医疗纠纷当事人以外的第三人,依据纠纷事实和法律、道德、风俗习惯等社会规范,在纠纷主体之间沟通信息,摆事实明道理,促成纠纷主体相互谅解并达成解决纠纷的合意的一种调解活动和机制。第三方调解将医疗纠纷调处从院内转移到院外,具有独立性与中立性强、平等自愿、灵活快捷等主要优势。在我国,医疗纠纷的第三方外延极为广泛,"从广义上说,医患当事双方之外的任何力量介入医疗纠纷都属于第三方调解"。有人将我国的医疗纠纷调解模式分为以下几种:①行政调解,即卫生行政部门调解;②人民调解委员会调解;③医疗责任保险公司指定机构调解;④仲裁委员会调解;⑤其他营利性、非营利性机构调解;⑥司法调解。[①] 但笔者以为,医疗责任保险公司指定机构调解不属于与其他调解模式相并立的一种独立的调解模式,而是分散于各种调解模式之中,其指定的机构既可以是人民调解组织,也可以是保险公司所设立的调解中心,还可以是其他营利性、非营利性机构。将我国的医疗纠纷调解组织模式概括为行政调解[②]、人民调解、司法调解、民间调解和社会调解等更为妥当。与上述模式相适应,承担我国医疗纠纷调解工作的主体有:卫生行政部门(或其成立的专门调解机构)、人民调解组织、人民法院、保险公司及其所设立的调解机构、仲裁委员会、律师事务所、调解公司、医院管理公司、医师协会等行业调解组织、其他营利性或非营利性机构等。

2.医疗纠纷调解组织是有具体组织目标和使命的专业性组织

社会组织(social organization)这一概念有广义与狭义之分。广义的社会组织泛指人们从事共同活动的所有群体形式,包括氏族、家庭、政府、军队和学校等;狭义的社会组织是指人们为了有效地达到特定的目标,按照一定的宗旨、制度和系统建立起来的共同活动群体,如企业、政府、学校、医院、社会团体等。但在有些情境下,社会组织特指由公民自愿组成的,从事非营利活动的社会团

---

① 王卫东,范贞,2008.医疗纠纷第三方援助机制思考[J].中国医院,12(7):48-49.

② 行政调解有广义与狭义之分。广义的行政调解,以调解行为主体的行政性质为标志,只要是国家行政组织参与主持的解决任何纠纷的活动,均称之为行政调解。我们通常所称的行政调解是狭义的行政调解,是指国家行政主体依照法律法规的规定,在其行使行政管理的职权范围内,对特定的民商事纠纷、轻微刑事案件及少量行政纠纷案件,在分清是非查明事实的基础上,在纠纷当事人双方平等自愿的前提下,所进行的一种通过调解解决纠纷的行政活动。参见:王红梅,2011.民间纠纷调解[M].北京:清华大学出版社,华中科技大学出版社.

体、民办非企业单位和利用社会捐赠的财产从事公益事业的基金会等三大类经民政部门登记的民间组织。如果不加以特别的说明,本书一般在狭义的层面上使用社会组织这一概念。尽管不同性质医疗纠纷调解组织的制度与运作逻辑不同,但总体上看医疗纠纷调解组织都是为了解决医疗纠纷和防控医疗风险的现实目标以及促进社会和谐的长远目标所组建起来的社会组织。本书所谓的医疗纠纷调解组织包括并非专事医疗纠纷调解的组织或机构,比如普通的人民调解组织、调解公司、仲裁委员会等也调解医疗纠纷,但其因业务不仅限于医疗纠纷调解,因此并非我们所探讨的重点。

3. 医疗纠纷调解组织为组织社会学上所谓的整合组织

从组织的社会功能看,医疗纠纷调解组织是一种调整社会内部关系,处理社会冲突和解决矛盾纠纷的整合组织,其基本功能在于使社会各部分组织彼此协调。按照塔尔科特·帕森斯(Talcott Parsons)的组织分类方案,这类组织是在社会的层次上提供效能,但不是生效的组织,它涉及调解冲突和指导动机,去实现制度的期望或达到社会各部分彼此良好的配合。[①] 整合功能本是所有调解组织所具备的社会功能,但是随着医疗卫生成为我国社会矛盾突出的领域之一,医疗纠纷调解组织的整合功能便凸显出来。

4. 目前大多数专业性医疗纠纷调解组织属于规模较小的组织

现实中,绝大多数医疗纠纷调解组织,尤其是医疗纠纷人民调解组织的规模较小,一般在30人以下,属于美国社会学家凯普劳所谓的小型组织。[②] 组织的规模对模仿性趋同有一定的影响,一般地,越是小型组织或社会地位较低的组织,越倾向于模仿那些规模较大或社会地位较高的组织,从这个角度可以部分地解释我国医疗纠纷调解组织彼此之间的趋同现象。小型组织的成员之间的互动模式通常以面对面的交流为主,这样能够使成员获得情感的满足,这也比较符合医疗纠纷调解组织内部成员在长期合作中需要深度互动和团结协作

① 于显洋,2009.组织社会学[M].2版.北京:中国人民大学出版社,89.
② 小型组织一般指成员人数在3~30人的组织。参见:易益典,2007.社会学教程[M].上海:上海人民出版社,168.

的实际需要。"麻雀虽小,五脏俱全",医疗纠纷调解组织中的人员构成并不单纯,当其成员的身份关系日趋复杂的时候,科层化管理就很容易被强化。

(三)医疗纠纷调解组织的功能

作为医疗纠纷解决机制中不可或缺的一种,医疗纠纷调解通过独有的路径实现其他机制所不具备的价值,解决其他机制解决不了的问题:柔化医患双方的交流,修复当事人受伤的心灵和受损的医患关系;消除医患之间的分歧,查明事实分清责任,使医疗纠纷案结事了;将调解挺在诉讼之前,有利于诉源治理;等等。医疗纠纷调解组织是医疗纠纷调解机制的有机组成部分,是具体实现医疗纠纷调解机制的价值的组织载体,其主要凭借以下功能实现组织目标。

1.隔离带功能

在医疗纠纷中,院方与医护人员通常不轻易承认自己的过错,而患方又往往过高地估计医方的责任因而提出不合理的请求。当事人建立了自我防卫机制,患方还容易因冲突而引起心理改变,进而充满愤怒、绝望等负面情绪,丧失理性,并产生了"光脚的不怕穿鞋的"等偏激的态度,时常以激烈的方式表达自己的利益诉求,甚至酿成规模大、程度烈的群体性纠纷。过去的经验告诉他们,任何矛盾纠纷"大闹大解决""小闹小解决""不闹不解决",甚至信访不信法,信老乡不信法官,这种偏激的心理与行为十分不利于医疗纠纷的化解。医疗纠纷调解组织通过对双方之间的冲突管理建立一个隔离带,以免对立的医患双方直接面对彼此而导致纠纷激化。

2.平衡器功能

医疗纠纷调解指引医患双方主要通过谈判、合作而不是纠问与对抗来解决问题,这是其与诉讼解决机制的根本性不同。医学知识和医事法的规定本身具有难以穿透的专业壁垒,医患双方之间信息不对称,患方较难辨别医疗服务质量的优劣,尤其是那些处于社会边缘的患方又承受着优质医疗资源不可及、医疗服务成本高企所带来的强大压力,他们在诊疗过程中对医方产生不信任,并放大医方的过错与责任是司空见惯的现象。长期以来医患之间的彼此猜忌与防备积重难返,才会形成僵化的医患关系。作为弱势群体的患方,为了争取话语权,习惯了以抱团行动和过激的方式增加其博弈能力,因而容易爆发群体性纠纷,甚至以"医闹"的形式实施报复和谋取利益,严重影响医院正常的诊疗和经营活动。需要具备一定的医学知识、法律知识与良好沟通技巧的调解员居中斡旋,特别是采取"信息救济"的方式来打破当事人之间的信息不对称,调整当事人的认知,改变其偏执的心态,缓和医患之间剑拔弩张的对抗状态,也降低当事人因信息不对称而造成判断失误的可能性。医疗纠纷调解组织也以组织的形式为处于弱势一方的当事人"充权",从而实现双方博弈能力的相对均衡。只有在双方力量均衡的前提下,才有可能依循一整套的社会规范,通过谈判和妥协的方式来解决争执。

3.过滤器功能

纠纷解决机制是一个社会为解决纠纷而建立的由规则、制度、程序和机构及其活动构成的系统。一个社会中各种纠纷解决方式、程序或制度(包括诉讼与非诉讼两大类)共同存在、相互协调所构成的纠纷解决系统,是为多元化纠纷解决机制。[①]

医患冲突的解决,正如正常的、有效的社会秩序的形成,需要多元化的机制以及这些机制相互的协调运作。为发挥调解机制在医疗纠纷解决中的主体功能,我国特别强调人民调解途径在化解医疗纠纷中的作用,基本实现了医疗纠纷人民调解组织的全覆盖。在调解组织主持下,医患之间所达成的调解协议出自当事人的意思自治,其自觉履行率较高。且调解协议是具有法律效力的,经过司法确认后的调解协议还具有强制执行力。按照2016年最高人民法院发布的《关于人民法院进一步深化多元化纠纷解决机制改革的意见》(法发〔2016〕14号)的规定,经行政机关、人民调解组织、商事调解组织、行业调解组织或者其他具有调解职能的组织调解达成的具有民事合同性质的协议,当事人可以向调解组织所在地基层人民法院或者人民法庭依法申请确认其效力。登记立案前委派给特邀调解组织或者特邀调解员调解达成的协议,当事人申请司法确认的,

---

① 范愉,2017.当代世界多元化纠纷解决机制的发展与启示[J].中国应用法学,(3):48-64.

由调解组织所在地或者委派调解的基层人民法院管辖。可以说,医疗纠纷调解组织过滤了大部分的医疗纠纷,使得大量即将诉讼化的医疗纠纷最终未卷入诉讼程序,法官的工作很大一部分从审判转向了对大量的医疗纠纷调解协议的司法确认、纠纷调解指导以及对少量疑难医疗纠纷案件的审理等工作,实实在在实现了案件分流,大大节约了司法资源和社会成本(social cost)。

4.谈判所功能

医疗纠纷调解组织为当事人之间的谈判提供场所,这也是其以组织身份为不同利益的主体所开辟的当事人表达诉求的空间。不同利益群体的诉求得不到有效的表达,将在纠纷所造成的问题以外衍生更大的问题,负面的结果更为严重。我们需要类似的整合组织通过桥梁作用来沟通政府与社会,使得下情上传,及时解决相关的社会问题,同时通过医疗风险防控建议从源头上降低医疗纠纷发生的概率,多渠道弱化医患关系恶化所造成的社会怨恨与戾气,减轻社会压力。

二、医疗纠纷调解组织的性质

《人民调解法》将我国的人民调解组织定义为基层群众性自治组织,坚持其群众性、民间性、自治性三大基本属性,并将医疗纠纷调解组织在内的行业性、专业性调解组织纳入到人民调解组织的范围内,而其他非人民调解属性的调解机构不受《人民调解法》的调整。但如前文所述,2016 年最高人民法院颁布的《关于人民法院进一步深化多元化纠纷解决机制改革的意见》推动"完善司法确认程序",规定"经行政机关、人民调解组织、商事调解组织、行业调解组织或者其他具有调解职能的组织调解达成的具有民事合同性质的协议,当事人可以向调解组织所在地基层人民法院或者人民法庭依法申请确认其效力"。这就将非人民调解属性的行政调解、商事调解、行业调解、仲裁调解等调解组织及其调解活动,通过调解协议司法确认程序置于人民法院的监督之下。由专业审判机关对调解的质量进行间接性的把控,能在一定程度上减少强制调解、越权调解等不良后果,减少调解协议书权利义务混乱、责任不明、格式不规范等违法调解或无效调解等现象,但无法从源头上减少医疗纠纷的产生,更不用说促进医疗纠纷 ADR 的发展了。其中有一个极其重要的原因在于对各种医疗纠纷调解组织的界定不清晰,导致这些组织制度逻辑的混乱和发展路径不明朗,既不利于不同类型医疗纠纷调解组织各司其职、彼此配合、协调运作,也不利于上述组织本身的可持续发展。对医疗纠纷调解组织的定位,直接关系着建立何种模式的医疗纠纷调解组织,以及如何管理这些不同模式的医疗纠纷调解组织。没有这些精准的定位,医疗纠纷调解的地位难以稳固,也难以进一步发展,说不定还可能开历史倒车。[①]

我们从组织社会学的视角出发,对不同类型的医疗纠纷调解组织的性质做出如下界定。

首先,从组织目标和组织的活动领域看,我们将医疗纠纷调解组织大致分为公共性医疗纠纷调解组织、公益性医疗纠纷调解组织、互益性医疗纠纷调解组织和商业性医疗纠纷调解组织。公共性医疗纠纷调解组织以负责医疗纠纷行政调解的卫生行政主管部门或其专门调解机构为典型。以医疗纠纷人民调解组织为代表的公益性医疗纠纷调解组织是一种为增进社会一般公众福利的公益性组织、非营利性组织(non-profit organization)——尽管其一般不属于从事公共事业的非营利性事业单位——这就决定了医疗纠纷人民调解组织在提供公共服务的范围之内不宜收费,也不宜如营利性组织那样将组织的利益在成员间进行分配。而商业性医疗纠纷调解组织是一种旨在经营获利且受益者为实业所有者的营利组织、市场组织。按照彼特·布劳(Peter M. Blau)和斯科特(W. Richard Scott)以组织的受惠者为标准的组织分类方案,可将公益性医疗纠纷调解组织归入大众福利组织,而将商业性医疗纠纷调解组织归入经营性组织。前者使全社会受惠,有维持社会公平和公正的功能,后者尽管其生成和运转都以效率和利润为中心,以自身的服务为手段换取财富和利润,但也不排除在特定情境下为不特定的社会公众谋利益,而且商业性医疗纠纷调解组织是市场中活跃度和创新性突出的组织,其经营性组织方式甚至可以为其他组织实现各自的组织目标提供参照或模仿的范本——诚如弗利特(Mary Parker

---

Follett)所说的那样,无论是企业的经理们,还是国家机关的行政官员都面临着同样的问题,例如控制、权力、参与和冲突等,但在解决这些问题方面,经理们远比政府官员积极,所以管理的新思想往往首先在企业经营中萌动,然后通过实践才能逐渐成形并广泛应用于整个社会。① 除此之外,我国还存在着所剩不多的互益性医疗纠纷调解组织,经过各地司法行政机关将行业性医疗纠纷调解组织"收入囊中"改为人民调解组织的风潮之后,其数量大为削减。互益性医疗纠纷调解组织以各种行业协会下设的非人民调解性质的医疗纠纷调解机构为典型。尽管行业协会建立医疗纠纷调解机构的初衷是通过为其成员谋福利的自利性活动来获得生存和发展的空间,但同时也为纠纷当事人提供了快速便捷的专业性调解服务,其是我国医疗纠纷调解组织体系的重要组成部分。

其次,从组织对成员的控制方式看,无论公共性医疗纠纷调解组织还是商业性医疗纠纷调解组织,其中都既有专职调解员,也有兼职调解员,但人民调解组织中的兼职调解员比例显然更高。可以说,医疗纠纷人民调解组织是一种介于实用性组织与志愿组织之间的社会组织,在现阶段主要靠近前者,其成员有以自己的服务行为换取报酬以谋生的需要,也有以伦理、道德、观念、信仰等社会规范要求自己奉献社会的一面。尽管医疗纠纷人民调解组织中存在着少数不以收取劳动报酬为目的的志愿者,以及只收取少量案件补贴的兼职调解员,但人们加入医疗纠纷调解组织成为专职的调解员,首先是基于生存的需要,他们为组织付出一定的劳动,从组织获得相应的报酬,形成一种劳动交换关系;除了必要的物质生存资料外,个人生存还需要诸如社会地位、身份、社会关系、名誉等一系列社会性资源,这些资源只有加入一定的组织,并服从组织的支配和约束,牺牲部分个人行为的自由,才能够获得。② 商业性医疗纠纷调解组织更少兼职调解员,无疑可归入到实用性组织。对医疗纠纷调解组织属于实用性组织抑或志愿性组织的界定,在一定程度上决定了其经费管理制度与劳动报酬制度,并间接地影响着调解员队伍的稳定性。

---

① 华奕曦,2007.政府组织协同性研究——基于结构功能主义理论[D].南京:河海大学.
② 王利平,周燕,2007.管理过程中的权威作用机制[J].中国人民大学学报,21(4):66-71.

改革开放以后,随着我国社会整体控制结构的变化,政府组织的职能部门和管理方式发生了变化,各级政府组织与专业组织之间出现了以政企分离、政社分离和权力转移或放权让利为特征的分化。与此同时,新组织也如雨后春笋般涌现,这标志着组织分化的多样性和多元化趋势,过去单一的组织形式格局被打破,社会出现多样化趋势。这些新特点新趋势也反映在医疗纠纷调解组织的变迁上。目前,我国的医疗纠纷调解大致可分为人民调解、行政调解、法院调解、民间调解和社会调解等几大类,①相应的,我国的医疗纠纷调解组织也大致可分为医疗纠纷人民调解组织、卫生行政部门和其他第三方医疗纠纷调解组织。从组织类型上看,其涵盖了竞争性非营利组织(如人民调解组织)、竞争性营利组织(如从事医疗纠纷调解的医院管理公司)、独占性非营利组织(如卫生行政部门、法院)等。由于上述组织的目标、运作机制和制度逻辑大相径庭,我们有必要对它们进行分门别类的分析与梳理。

第二节　医疗纠纷人民调解组织

2002年,国务院颁布的《医疗事故处理条例》第四十六条规定:发生医疗事故的赔偿等民事责任争议,医患双方可以协商解决;不愿协商或者协商不成的,当事人可以向卫生行政部门提出调解申请,也可以直接向人民法院提起民事诉讼。2018年10月1日起施行的《医疗纠纷预防和处理条例》第二十二条规定:发生医疗纠纷,医患双方可以通过下列途径解决:(1)双方自愿协商;(2)申请人民调解;(3)申请行政调解;(4)向人民法院提起诉讼;(5)法律、法规规定的其他

---

① 人民调解、法院调解和行政调解被称为我国三大调解,而人民调解曾被公认为民间调解的重要组成部分,但随着近年来人民调解愈来愈向专业化、行政化、司法化的方向发展,两者之间出现了渐行渐远的趋势,在各种学理探讨中,人民调解遂从民间纠纷中独立出来。但也有学者认为民间调解主要包括财团法人、基金形式运作的专门机构、民间团体或社团法人机构、受国家指导和资助的准行政组织以及以各种形式存在于民间的松散的组织所进行的调解,此种观点可参见:赵毅宇,廖永安,2019.我国律师调解制度中的角色冲突及其化解路径[J].湘潭大学学报,43(4):91-99.

途径。可见《医疗纠纷预防和处理条例》已将医疗纠纷的处理途径由《医疗事故处理条例》所规定的协商、行政调解、诉讼等三种纠纷解决机制拓展为医患双方和解、人民调解、行政调解和其他合法途径。目前,人民调解在我国的医疗纠纷调解机制中占据了主体地位。医疗纠纷人民调解组织在所有的医疗纠纷调解组织中也占据着特殊的地位,在所有的行业性专业性调解组织中,医疗纠纷人民调解委员会往往是各地政府整合各种社会资源首批建立强势推出的,且是司法行政机关极其重视的"窗口行业"。司法部、卫生健康委员会就《医疗纠纷预防和处理条例》答记者问时就曾指出:"近几年的医疗纠纷处理实践表明,人民调解是化解矛盾、定分止争的一个有效途径,它以相对柔性的方式解决纠纷,缓解了医患对抗,有利于促进医患和谐。同时,医疗纠纷人民调解具有快捷便利、不收取费用、公信力较高以及专业性较强等优势,已逐渐成为医疗纠纷多元解决机制中的主渠道。"

一、我国医疗纠纷人民调解组织概况

简单地说,医疗纠纷人民调解组织是依法建立,对医疗纠纷进行人民调解的人民调解委员会、人民调解工作室等人民调解组织。

截至 2018 年 9 月,医疗纠纷人民调解机构已覆盖全国 80% 以上的县级行政区域,全国已建立医疗纠纷人民调解委员会 3565 个,人民调解工作室 2885个,有医疗纠纷人民调解员 2 万余人,其中专职调解员 5137 人。2010 年以来,全国共调解医疗纠纷 54.8 万件,其中 2018 年上半年调解 3.3 万件。目前,全国超六成的医疗纠纷通过人民调解化解,调解成功率达 85% 以上。①

医疗纠纷人民调解组织是非常典型的竞争性非营利组织,其不以经济利益为终极追求,又因其中立性立场和工作的有效性在全社会具有较高的公信力。非营利性社会组织是西方社会学家构建组织社会学理论时重要的分析样本,为我们探讨医疗纠纷人民调解委员会的组织建设问题提供了丰富的理论资源。

---

① 佚名,2019. 全国超六成医疗纠纷采用人民调解 调解成功率达 85%[EB/OL]. (2019-02-19)[2019-02-28]. 浙江在线,http://sh. qihoo. com/pc/901a60996282a57b3? cota=3&refer_scene=so_1&sign=360_e39369d1.

而对医疗纠纷人民调解组织的组织分析,也能为我国的组织社会学研究以及社会自治组织建设积累更多的经验。

二、医疗纠纷人民调解组织的法律属性

实践中承接医疗纠纷人民调解业务的医疗纠纷人民调解组织,主要有专业性的医疗纠纷人民调解委员会、地域性和区域性的人民调解组织以及个人调解工作室。按照《人民调解法》的规定,人民调解委员会为群众性自治组织,既非通常意义上的社会团体,也非官方意义上的民间组织;个人调解工作室则可登记为民办非企业单位①。

如上文所述,《人民调解法》将包括医疗纠纷人民调解组织等行业性、专业性人民调解组织在内的人民调解组织定义为基层群众性自治组织,并坚持其群众性、民间性、自治性三大基本属性。实践中医疗纠纷人民调解委员会无须经民政部门批准登记即可成立,其登记和管理既不适用《社会团体登记管理暂行条例》,也不适用《民办非企业单位登记管理暂行条例》,从中也可看出,其既非通常意义上的社会团体,也非官方意义上的民间组织。根据《社会团体登记管理条例》第二条的规定,社会团体是指中国公民自愿组成,为实现会员共同意愿,按照其章程开展活动的非营利性社会组织。② 据此定义,人民调解协会、卫生协会、医师协会和医学会等均为社会团体。中国的社会团体往往具有准官方性质,按照《社会团体登记管理条例》的规定,成立社会团体必须提交业务主管部门——即县级以上各级政府有关部门及其授权的组织——的批准文件,可以说社会团体隶属于业务主管部门。而作为群众性自治组织的人民调解委员会的成立无须提交业务主管部门的批准文件,其成立程序灵活简便,因此实践中

---

① 目前社会组织的成立与运作等按其性质分别适用《社会团体登记管理条例》《民办非企业单位登记管理条例》《基金会管理条例》。2018 年 8 月 3 日,民政部公布了《社会组织登记管理条例(草案征求意见稿)》全文,征求社会各界意见,意见反馈截止时间为 2018 年 9 月 1 日。新条例正式施行后,《社会团体登记管理条例》《民办非企业单位登记管理条例》《基金会管理条例》三大条例将同时废止。

② 《社会组织登记管理条例(草案征求意见稿)》第二条第二款规定:"社会团体,是指中国公民自愿组成,为实现会员共同意愿,按照其章程开展活动的非营利法人。国家机关以外的组织可以作为单位会员加入社会团体。"通过修订明确了社会团体的法人性质。

人民调解委员会不属于通常意义上的社会团体。① 此外,《社会团体登记管理条例》第十条规定了"有 50 个以上的个人会员或者 30 个以上的单位会员;个人会员、单位会员混合组成的,会员总数不得少于 50 个";"有独立承担民事责任的能力"等成立社会团体的条件。② 而人民调解委员会显然既不采取会员制,又多为成员 30 人以下的小型社会组织,也不具有对外独立承担民事责任的能力,因此不具备社会团体的成立条件,更不属于社会团体法人。社会团体法人是指由其成员自愿组织的,从事社会公益、文学艺术、宗教等活动的各类法人,如协会、学会等。③《民法典》第五十七条规定,法人是具有民事权利能力和民事行为能力,依法独立享有民事权利和承担民事义务的组织。按照《民法典》第九十条的规定:"具备法人条件,基于会员共同意愿,为公益目的或者会员共同利益等非营利目的设立的社会团体,经依法登记成立,取得社会团体法人资格;依法不需要办理法人登记的,从成立之日起,具有社会团体法人资格。"而人民调解组织尽管是基于公益的非营利目的所建立的正式的社会组织,但既不具备法人条件和独立承担民事责任的能力,也不实行会员制,作为群众自治性组织显然也不在无须依法办理法人登记的社会团体范畴之内,不是社会团体法人。

人民调解组织也非官方意义上的民间组织。"民间组织"强调的是其"民间性",有相对于"官"而言的乡土意味,曾经一直是我国官方和不少学者对社会组

---

① 《社会团体登记管理条例》第十一条规定:"申请登记社会团体,发起人应当向登记管理机关提交下列文件:(一)登记申请书;(二)业务主管单位的批准文件;(三)验资报告、场所使用权证明;(四)发起人和拟任负责人的基本情况、身份证明;(五)章程草案。"《社会组织登记管理条例(草案征求意见稿)》第十一条规定:"设立社会组织,应当具备下列条件:(一)有规范的名称、章程、组织机构;(二)有与其业务活动相适应的从业人员;(三)有必要的注册资金;(四)有固定的住所。"

② 《社会团体登记管理条例》第十条规定:"成立社会团体,应当具备下列条件:(一)有 50 个以上的个人会员或者 30 个以上的单位会员;个人会员、单位会员混合组成的,会员总数不得少于 50 个;(二)有规范的名称和相应的组织机构;(三)有固定的住所;(四)有与其业务活动相适应的专职工作人员;(五)有合法的资产和经费来源,全国性的社会团体有 10 万元以上活动资金,地方性的社会团体和跨行政区域的社会团体有 3 万元以上活动资金;(六)有独立承担民事责任的能力。""社会团体的名称应当符合法律、法规的规定,不得违背社会道德风尚。社会团体的名称应当与其业务范围、成员分布、活动地域相一致,准确反映其特征。全国性的社会团体的名称冠以'中国''全国''中华'等字样的,应当按照国家有关规定经过批准,地方性的社会团体的名称不得冠以'中国''全国''中华'等字样。"

③ 江平,1999.民法学[M].北京:中国政法大学出版社,138.

织的称呼。① 官方意义上的民间组织,是对社会团体②、民办非企业单位和基金
会的总称。根据《民办非企业单位登记管理暂行条例》第二条的规定,民办非企
业单位,是指企业事业单位、社会团体和其他社会力量以及公民个人利用非国
有资产举办的,从事非营利性社会服务活动的社会组织。③《民办非企业单位
登记管理暂行条例》也规定了民政部门为民办非企业单位的登记管理机关及其
登记程序,而人民调解组织的成立无须遵循上述规定④,医疗纠纷人民调解委
员会的成立既不需要工商行政管理部门的批准,也不需要经过民政部门的审查
批准。传统的城乡社区人民调解委员会是由村委会、居委会等群众性自治组织
所设立的基层群众自治性组织,而现今的医疗纠纷人民调解组织是由国家机关
(如司法局、卫生局等)或社会团体(如医学会、人民调解协会、卫生协会等)所设
立的群众性自治组织。人民调解组织也非基金会,即不属于官方意义上的民间
组织中的任何一种。这样的定性有利有弊,一方面让医疗纠纷人民调解组织避
免了烦琐的审查登记程序,降低了其组织生成的门槛⑤,还规避了《社会团体登
记管理条例》第十三条所规定的"在同一行政区域内已有业务范围相同或者相
似的社会团体,没有必要成立的,登记管理机关不予登记"的限制,使医疗纠纷
人民调解组织可在同一地市内按需设立。另一方面,医疗纠纷人民调解组织自
身不具备依法独立享有民事权利和承担民事义务的资格,司法局、卫生局等国
家机关应对其所设立的医疗纠纷人民调解组织所带来的消极性后果承担法律
责任,这在无形之中增加了设立者的负担。

---

　　① 这里所谓的社会组织,不同于前义所述的广义的社会组织与狭义的社会组织,而是特指与国家体系
中的政府组织和市场体系中的企业组织相区别的属于社会体系的社会组织。
　　② 前文已对社会团体以及人民调解组织不属于社会团体做出了解释,在此不再赘述。
　　③《社会组织登记管理条例(草案征求意见稿)》第二条第三款规定:社会服务机构,是指自然人、法人
或者其他组织为了公益目的,利用非国有资产捐助举办,按照其章程提供社会服务的非营利法人。此次修订
明确了社会服务机构的法人性质。
　　④《民办非企业单位登记管理暂行条例》第五条规定:"国务院民政部门和县级以上地方各级人民政府
民政部门是本级人民政府的民办非企业单位登记管理机关。""国务院有关部门和县级以上地方各级有关部
门、国务院或者县级以上地方各级人民政府授权的组织,是有关行业、业务范围内民办非企业单位的业务主
管单位。""法律、行政法规对民办非企业单位的监督管理另有规定的,依照有关法律、行政法规的规定执行。"
此外,《民办非企业单位登记管理暂行条例》第三章规定了民办非企业单位的登记。
　　⑤ 孔凡河,2014.社会管理创新的制度梗阻与逻辑进路[J].上海大学学报(社会科学版),(4):107.

2013 年 3 月 10 日，在第十二届全国人民代表大会第一次会议上发布的报告《关于国务院机构改革和职能转变方案的说明》正式确认了四类社会组织直接登记的政策，重点培育、优先发展行业协会商会类、科技类、公益慈善类、城乡社区服务类社会组织。成立这些组织，直接向民政部门依法申请登记，不再需要业务主管单位审查同意。但对直接登记范围之外的其他社会组织，继续实行登记管理机关和业务主管机关双重负责的管理体制。随着各方面条件的改善，直接登记的社会组织的范围将有扩大的趋势，《社会组织登记管理条例（草案征求意见稿）》第十条规定了四种依照该条例的规定直接登记的机构：行业协会商会；在自然科学和工程技术领域内从事学术研究和交流活动的科技类社会团体、社会服务机构；提供扶贫、济困、扶老、救孤、恤病、助残、救灾、助医、助学服务的公益慈善类社会组织；为满足城乡社区居民生活需求，在社区内活动的城乡社区服务类社会团体、社会服务机构。我国现行的社会组织登记管理制度是"归口登记，双重管理"。所谓归口登记，是指社会组织统一由国务院民政部门和地方县级以上各级民政部门负责登记，其他任何部门无权登记社会组织。双重管理则是指每个社会组织都要同时接受两个机关——登记管理机关和业务主管单位的管理。可以预见，以双重管理体制为主将是长期的。由于目前民政部门登记主管社会组织的力量较为薄弱，而医疗纠纷人民调解委员会在实践中其法律性质为群众自治性组织，因此原则上医疗纠纷人民调解委员会仍以不登记为宜。[①] 实践中医疗纠纷人民调解委员会的设立应当遵守《中华人民共和国人民调解法》的规定，符合本地区实际需要，并自设立之日起 30 个工作日内向所在地县级以上地方人民政府司法行政部门备案，但并无向民政部门、工商行政管理部门、卫生行政部门或司法行政部门登记的要求。[②]

三、医疗纠纷人民调解组织的形式

我国专业性的医疗纠纷人民调解组织的形式也非铁板一块，而是结合各地医疗纠纷、医疗卫生事业的实际情况和经济社会发展水平等因素，分别采取独

---

① 詹成付，2016.走中国特色的社会组织发展之路[J].中国社会组织，(23):30-31
② 参见《医疗纠纷预防和处理条例》第三十二条的规定。

立型、依托型、融合型和枢纽型等各种形式。

(一)独立型

在医疗机构集中,医疗纠纷多发的地区,采取有独立办公用房、专职调解人员、专项工作经费的独立型医疗纠纷人民调解组织形式,独立开展医疗纠纷调解工作。

大部分专业性医疗纠纷调解组织属于独立型。区域性与专门性是独立型医疗纠纷人民调解组织的基本特征:①医疗纠纷人民调解委员会通常是在市(县、区)这个层面建立的区域性的人民调解组织,也有些省(自治区、直辖市)在省级层面建立了医疗纠纷人民调解委员会,如云南省、山西省、黑龙江省、北京市、天津市、新疆维吾尔自治区、宁夏回族自治区等。区域性的医疗纠纷人民调解组织彼此之间不存在行政隶属关系,这使上述组织能依法独立开展活动,在一定程度上避免行政干预和地方保护主义等影响组织中立性的现象出现。①②受理纠纷的类型化与专门化是包括医疗纠纷人民调解组织在内的行业性专业性调解组织区别于地域性、综合性的人民调解组织的共同特点,但独立型的医疗纠纷人民调解组织因其不依附于其他机构而独立开展专业化调解工作,这一点尤为明显。其调解员的专业化、职业化也比其他类型的医疗纠纷人民调解组织和地域性、综合性的人民调解组织更为突出。③独立型医疗纠纷人民调解组织拥有开展调解事业的物质保障、人员保障和制度保障,根据具体情况聘任一定数量的具有医学、法学等专业知识且热心调解工作的人员担任专兼职医疗纠纷人民调解员,且有独立的场所和经费。

(二)依托型

在医疗机构和医疗纠纷较多的地区,医疗纠纷采取依托区(县、市)人民调解委员会办公场所、聘任专职调解人员、有专项工作经费的形式,积极开展医疗

---

① 区域性人民调解组织,是为了服务区域性经济社会发展所建立的市(县、区)、经济开发区等层面的人民调解组织。区域性人民调解组织是与地域性人民调解组织相对应的一组概念。所谓地域性人民调解组织,就是在基层社区所设立的调解各类地域性、综合性社会纠纷的人民调解组织。

纠纷调解工作,是为依托型医疗纠纷人民调解组织。尽管依托型医疗纠纷人民调解组织没有专门的办公场所,通常与本区(县、市)的区域性人民调解组织共同办公,但因聘任了专职调解员,也有专项工作经费,而且共事的区域性人民调解委员会与本区(县、市)的司法局、人民法院等机关联系较密切,使其容易接触到组织运行与发展所需要的资源,一般也能正常开展工作。

(三)融合型

在医疗纠纷较少的地区,采取依托本区(县、市)人民调解委员会办公场所和调解人员、增拨办公经费的方式,充分发挥人民调解组织网络作用,及时调解医疗纠纷,是为融合型医疗纠纷人民调解组织。其主要特点是有些还是"一套班子两块牌子",因此其专业性与职业化不甚显著。在医疗资源匮乏,医疗纠纷较少,或者专业性调解人才青黄不接的地区,综合性人民调解组织与医疗纠纷人民调解组织相互融合的现象比较常见。但是,在医疗纠纷普遍高发的今天,上述现象往往意味着医疗纠纷从该地区流向了其他医疗资源或调解人才储备更丰富的地方,这对于统筹医疗资源和医疗纠纷调解组织的设置具有重要的参考价值。

(四)枢纽型

随着改革开放往纵深发展和社会利益格局的深刻调整,矛盾纠纷高发频发,且专业性、行业性纠纷攀升。为适应这一态势,大量专业性、行业性人民调解组织应运而生。但上述组织存在着办公地点分散、经费保障不统一、运作模式不相同、力量发展不平衡、群众知晓度不高等问题,正在筹建的专业性人民调解委员会又因为涉及人员招聘、办公场地和经费保障等因素,设立困难。因此,为回应社会对专业调解资源集约化供给的新需求,从规范运作、节约成本、便民利民的角度考虑,2015 年 12 月,全国第一家集成式专业调解平台(以下简称专调平台)——上海市浦东新区专业人民调解中心成立。该中心旨在建立以人民调解为基础的"8+N"三调联动工作平台,整合全区专业调解资源,推动区级行业性、专业性人民调解组织建设。① 为整合资源、加强联动,以上海市浦东新区专业性人民调解中心为代表的枢纽型专业性调解组织平台陆续出现,将包含医疗纠纷人民调解组织在内的专业性人民调解组织纳入枢纽型组织体系之中,以期规范调解组织的运行,节约资源,充分实现"枢纽型"组织体系的集约化服务和自律自治的功能。从组织的法律性质看,枢纽型专业性调解组织界定为非营利性的民办非企业单位为宜,符合法人成立条件的可申请成立法人。这将有利于健全枢纽型调解组织的内部治理机制。

　　枢纽型专业性调解组织这一称谓,是借鉴了枢纽型社会组织的概念。所谓枢纽型社会组织,是指将相同(或相似)类别、性质、服务领域和地区的社会组织联系起来的社会组织联合体,其在政府部门和社会组织之间起桥梁纽带作用。② 枢纽型社会组织的功能主要体现在服务和管理两个方面。服务功能体现在向一般性社会组织提供资源链接、交流合作等服务,管理功能体现为承接政府社会治理的职能,对成员组织进行政治引领和监督评估。③ 尽管当我们将人民调解组织界定为一种社会组织时,它主要是指为了有效达到特定的目标,按照一定的宗旨、制度和系统建立起来的共同活动群体,而上述学者探讨的社会组织侧重于与国家体系中的政府组织和市场体系中的企业组织相区别的属于社会体系的社会组织,相当于通俗意义上的"民间组织",只是在官方视野中,民间组织主要指的是社会团体、原民办非企业单位和基金会,而学者视野中的"民间组织"外延通常更为宽泛。人民调解组织虽非官方视野中的民间组织,但也属于学者视野中的特定的社会组织、广义的民间组织。同样的,新生的枢纽型专业性调解组织对不同专业性调解组织的管理与服务功能、社会组织"黏合剂"功能、社会组织"代言人"功能④、"政府与社会组织之间的连接器与缓冲器

　　① 上海浦东新区司法局课题组,2017.专业性人民调解平台建设若干问题研究——基于上海市浦东新区专业性人民调解中心实践[J].中国司法,(1):55-59.

　　② 顾维民,2012."枢纽型"社会组织参与社会管理的实践探索与发展思考——以上海市静安区社会组织联合会为例[J].上海市社会主义学院学报,(6):35-42.

　　③ 刘洋,2018.枢纽型社区社会组织的效应分析及建设路径——以天津市为例[J].山东行政学院学报,(4):76-81.

　　④ 卢磊,2018.发展枢纽型社会组织的新时代意义[J].中国社会组织,(6):51-52

作用"①、转移政府职能、集中和合理配置资源、提高资源利用率、促进社会组织专业化、扩大社会组织的社会影响力②等,与枢纽型社会组织并无二致,因此后者的理论与实践经验对前者有很强的借鉴意义。专调平台的基本特征、功能等与枢纽型社会组织完全契合,具有行业特征和互益性的特点。③ 从组织社会学的角度看,枢纽型调解组织模糊了旧有的医疗纠纷人民调解组织与其他各种行业性、专业性人民调解组织彼此之间的界限,通过组织重构形成了新的"旗舰型"调解组织,即一种结构全新、联系紧密的专业性调解组织的联合体,使得人力资源、社会资本等组织要素分化后重新整合,在组织结合体内的流动性大大增强。专调平台就是通过健全的组织系统和有效的服务支持,在对相应层面的行业性、专业性人民调解委员会及人民调解工作室的服务和管理工作中,发挥桥梁纽带作用,具有孵化培育、协调指导、自治自律、集约服务等作用。④ "旗舰店"的形式也有利于提高组织知名度,通过规模效应扩大调解组织的社会影响力。

目前枢纽型专业性调解组织出现了两极分化的趋势。一种是专业化人民调解的组织机构设立并不均衡,某些矛盾纠纷高发领域并未为枢纽型专业调解组织平台所覆盖,或是已建立枢纽型的"人民调解中心",但作用发挥并不理想。⑤ 另一种则是在"大调解格局"的背景下,枢纽型调解组织有从"旗舰店"向"航空母舰"发展的趋势。随着社会治理网格化的全覆盖、立体式的发展,在各类专业性、行业性纠纷多发领域,这些专调平台承担起"一站式"纠纷解决服务的功能。枢纽型调解组织平台的功能甚至不再局限于人民调解领域,而是承担起搭建多元纠纷解决机制平台的重任,将人民调解、社会调解、行业调解乃至司

① 王力平,沈奕斐,姜至涛,2018.社会组织的孵化与培育[M].上海:上海三联书店,216-217.

② 顾维民,2012."枢纽型"社会组织参与社会管理的实践探索与发展思考——以上海市静安区社会组织联合会为例[J].上海市社会主义学院学报,(6):35-42.

③ 上海浦东新区司法局课题组,2017.专业性人民调解平台建设若干问题研究——基于上海市浦东新区专业性人民调解中心实践[J].中国司法,(1):55-59.

④ 上海浦东新区司法局课题组,2017.专业性人民调解平台建设若干问题研究——基于上海市浦东新区专业性人民调解中心实践[J].中国司法,(1):55-59.

⑤ 吉林省司法厅基层工作指导处,2016.探索建立专业人民调解综合平台 不断完善矛盾纠纷多元化解机制[J].人民调解,(7):30-32

法调解等多元调解整合起来，构建畅通的矛盾纠纷解决衔接流转机制，实现调解资源的整合。专调平台还可以探索成为社会矛盾纠纷大调解体系的中心，组织体制上可以实行"党委政府统一领导、政法综治牵头协调、专调平台具体负责、司法部门业务指导、职能部门共同参与、社会各方整体联动"的纠纷解决机制。[①] 截至 2020 年底，上海市 16 个区挂牌成立了"非诉讼争议解决中心"，集成统筹人民调解、行政调解、行业性专业性调解、司法调解等各类争议解决力量，形成大调解工作机制，并建成了标志着线上线下矛盾纠纷一站式化解机制的"智慧调解平台"。"诉调对接智慧案管平台"是上海司法行政"智慧调解平台"的一个子系统，也是一条纠纷导入通道。除此之外，源于公安、市场监管、医疗卫生、劳动部门等领域的矛盾纠纷也通过各自渠道分别导入。全市 6800 多家调委会和调解组织全部入驻平台，通过统筹流转受理各类争议纠纷，实现了推送、受理、分派、调解、反馈一体化运行，形成了一个科技赋能的工作闭环。[②] 在此基础上，各地纷纷将多元化纠纷调解机制纳入公共法律服务的范畴予以统筹建设，包含医疗纠纷调解组织等专业性调解组织在内的人民调解组织与律师、仲裁、信访、公证等部门共同进驻当地的公共法律服务中心联合办公，为辖区内的群众和企业事业单位提供一站式法律服务和争议解决服务。

从社会组织的角度而言，个体组织为了积累资源、保证信息、实施影响或者获得合法性和被接受性，都有加入联盟或走向联合的需要。[③] 但也应注意到，枢纽型社会组织的集约性与医疗纠纷调解组织的专业性、专门性之间存在着天然的内在张力，所谓"术业有专攻"，大而全的枢纽型争议解决平台是否能完全融合医疗纠纷调解组织，还有待实践的检验。

上述几种医疗纠纷人民调解组织的形式无所谓优劣，只要适合当地实际情况，一般都能实现其组织目标。但总体上来说，各地的区域性医疗纠纷人民调解委员会更适合采纳独立型或依托型的形式，而不适合融合型的形式，主要原

---

①　上海浦东新区司法局课题组，2017.专业性人民调解平台建设若干问题研究——基于上海市浦东新区专业性人民调解中心实践[J].中国司法,(1):55-59.

②　司法部，2021.线上线下一站式化解矛盾　上海构建大调解格局[EB/OL].(2021-1-8).[2021-1-19].腾讯网,https://www.thepaper.cn/newsDetail_forward_10713711.

③　孙志祥，2013.枢纽型社会组织的双重属性及其治理[J].中国社会组织,(8):48-50.

因如下：①医疗纠纷调解专业性较强，更需要职业化的调解员，而融合型医疗纠纷调解组织的调解员却是由其所依托的人民调解组织的调解员兼职的，在化解医疗纠纷的专业素养和个人精力上后者往往不如前者，在一定区域内，作为公共需求的医疗纠纷调解是一种相对稳定的需求，那么从融合型医疗纠纷调解组织溢出来的纠纷将消耗更多的公共资源和司法资源；②既然医疗纠纷调解是一种公共需求，医疗纠纷调解组织所提供的是一种公共服务，其更需要独立的经费支持，而融合型医疗纠纷调解组织缺少独立的人员经费、办公经费和活动经费，很难满足专业性调解的需求。

枢纽型医疗纠纷调解组织的形式也不具有普适性。一是浦东新区的"医患纠纷人民调解委员会"同时挂政府制式的"医患纠纷人民调解办公室"，并将人民调解员"转正"为事业编制或准事业编制，很难避免调解组织官僚化，容易背离通过人民调解实现基层社会自治的初衷。在全国各地的实践中，枢纽型社会组织具备了或多或少的管理职能，政府也明确将部分权力授予枢纽型社会组织，但是，由此可能出现枢纽型社会组织垄断社会组织资源的问题，导致枢纽型社会组织成为第二个行政机关。① 二是浦东经验具有弱复制性，不仅因为全国各地都面临着"编制难再得"的实际情况，还因为枢纽型专业性调解组织平台只适应像上海这样人口稠密、交通便利且社会组织较发达的国际化大都市，其他地区如果不具备相似的经济社会条件而盲目学习，不仅不能便民利民和节省资源，社会组织参与人民调解的优势也难以发挥，还可能劳民伤财，有东施效颦之嫌疑。三是我国的枢纽型社会组织理论探索进展极其缓慢，无法为枢纽型医疗纠纷调解组织的发展提供相应的理论支撑。四是"航空母舰"式的矛盾调解中心因集中了数种不同性质与制度逻辑的调解而造成一些业务受理上的矛盾冲突。如律师调解组织与人民调解组织在业务范围上存在一定的交叉，但两者服务的有偿性却截然不同，在受理案件时如何分工协作需要根据一定的标准进行梳理。

---

① 上海浦东新区司法局课题组,2017.专业性人民调解平台建设若干问题研究——基于上海市浦东新区专业性人民调解中心实践[J].中国司法,(1):55-59.

第三节　医疗纠纷行政调解组织

行政调解是行政机关或由法律、法规、行政机关授权的组织主持的,以国家法律或善良风俗等社会规范为依据的,在纠纷当事人自愿的基础上,通过斡旋、调停等方法,促使双方当事人达成调解协议,从而解决争议的一种纠纷解决方式,在医疗纠纷的调解中有着广泛的用途。

一、医疗纠纷行政调解组织的含义

医疗纠纷行政调解组织特指在卫生主管部门内部设立的医疗纠纷调解组织,其调解活动就性质而言系一种行政调解。在全国各地的医疗纠纷人民调解组织形成气候之前,卫生行政医疗纠纷调解组织在整个医疗纠纷调解组织体系内占据着举足轻重的地位,至今行政调解仍是《医疗纠纷预防和处理条例》明文规定的医疗纠纷解决机制之一。

医疗纠纷行政调解是卫生行政部门对纠纷成因、损害大小、责任比例等进行的医学专业技术性检验、分析,并在此基础上协调双方当事人,由当事人权衡上述因素并决定是否达成调解协议的医疗纠纷解决机制。[1] 2002 年国务院发布的《医疗事故处理条例》规定了双方当事人自行协商解决、医疗事故赔偿行政调解、民事诉讼三种纠纷解决机制,医疗事故赔偿行政调解是当时新增加的一种解决医疗事故赔偿争议的机制。该条例实施后,卫生行政部门参与处理了许多医疗纠纷,也收到了一定的效果,特别是在引导医患双方通过法律途径解决医疗纠纷方面发挥了重要作用,尤其是在及时固定证据方面——主要是在患方复印病历、及时封存病历和其他证据方面——发挥了很好的作用,为以后通过其他程序解决医疗纠纷打下了很好的基础。[2] 2018 年 10 月 1 日起开始施行

---

[1] 龚文君,2015.医疗纠纷行政调解:意义、问题及完善[J].云南行政学院学报,(2):155-159.
[2] 王志强,2010.医疗纠纷行政调解的地位重塑——以实证分析为视角[J].医学与哲学,2(1):13-17.

《医疗纠纷预防和处理条例》(以下简称《条例》),将医疗纠纷行政调解纳入医疗纠纷解决机制之中,进一步巩固了医疗纠纷行政调解的法律地位。按照《条例》第四十条,医患双方申请医疗纠纷行政调解的,应当参照《条例》第三十一条第一款、第二款的规定向医疗纠纷发生地县级人民政府卫生主管部门提出申请;一方申请调解的,医疗纠纷人民调解委员会在征得另一方同意后进行调解。

二、医疗纠纷行政调解组织的比较优势

与人民调解、司法调解相比,行政调解存在着权威性与专业性高,高效、及时、便捷、成本低廉等优势。从组织社会学和法经济学的角度出发,医疗纠纷行政调解组织与其他医疗纠纷调解组织相比,也存在着不可比拟的优点。

(一)医疗纠纷调解组织的特殊性

医疗纠纷行政调解是公权力介入的一种纠纷解决机制,医疗纠纷行政调解组织则是政府由管控型向服务型转型的产物。医疗纠纷行政调解是卫生行政主管部门出于维持正常的行政管理目的和维护正常的社会公共秩序的需要而向当事人提供的一种公共服务,通过行政调解解决医疗纠纷,可以充分发挥政府管服结合的管理方式的优势。行政机关帮助医患双方化解医疗纠纷首先体现了政府的服务职能;[①]其次,按照《条例》第四十条的规定,医疗纠纷发生地的县级人民政府卫生主管部门负责医疗纠纷的行政调解,其本身就是医疗机构的监管部门,监管部门和调解部门的重合对有效监管医疗卫生事业具有重要意义。一是有利于个案监管,通过调解医疗纠纷,如发现医疗纠纷中医疗机构存在违法违规行为可以及时进行处理。二是有利于整体监管,发现医疗机构与执业医师在运营、行医中的常见问题,方便日后科学制定法律规范,完善监管措施,从而有效地进行监管,提高医疗机构的医疗质量,预防和减少同类纠纷的发生。在监管部门权威性的支配下,医院履行调解协议的自觉性也较高,这就提高了履约率,还节约了履约成本。医疗纠纷人民调解组织是主持医疗纠纷的第

---

① 杨晓光,2020.医疗纠纷中行政调解的应用研究——以浦东新区为例[J].医学与哲学,41(7):59-63.

三方社会组织,虽然其地位中立性高于行政调解组织,但其非程序性、非规范性与民间性使其对纠纷双方缺乏威慑力,谈判过程反复性大,谈判成本较高。

(二)医疗纠纷行政调解组织的高度专业性

首先,医疗纠纷行政调解组织的调解员兼有政府执法类、专技类或者综合管理类公务员身份,他们本身就是拥有专业背景的行政执法专家,一般比人民调解员和法官更加熟悉行政法规和行业性知识,可以从更专业的角度帮助纠纷双方化解矛盾。[1] 而主导诉讼的法官则是法律领域的专家,对于法律之外的具体事务的专业性不强,医疗纠纷强大的专业壁垒时常导致法官无法对部分关键性证据的真实性与证明力做出判断,不得不依靠司法鉴定,不仅增加当事人的经济成本,还浪费了社会资源,拖慢了诉讼进程。其次,行政机关拥有相当的自由裁量权,有较强的查明事实,进行专业判断和适用法律的能力,可将行政权力的能动性、直接性和高效率与协商性、衡平性及专门性相结合,故而更适合处理一些常规性、突发性、群体性和新类型纠纷。[2] 行政程序与司法程序相比,更加积极主动,这有利于医疗纠纷行政调解组织获取证据、查清案件事实和解决医疗纠纷。民事诉讼中法官依职权调取的证据有限,弱势的当事人一方很可能因为证据不足、法律理解偏差等得不到救济。与行政调解组织相比,人民调解组织和其他解决医疗纠纷的组织在取证能力和专业知识上存在较明显的短板,在查明案件事实的时候对鉴定机构和医学专家库的依赖性强,消耗的社会资源更多。再次,医疗纠纷行政调解组织的专业性还体现在司法鉴定方面。由于专业领域社会分工的细化,医疗纠纷调解组织逐渐出现了组织边界模糊的现象,医疗鉴定机构与医疗纠纷调解组织的功能在一定程度上的交织就是组织边界不再绝对清晰的表现之一。我国存在着医学会鉴定和司法鉴定两种鉴定医疗损害的鉴定体系。按照《条例》第三十四条第三款的规定,医学会或者司法鉴定机构开展医疗损害鉴定,应当执行规定的标准和程序,尊重科学,恪守职业道德,对出具的医疗损害鉴定意见负责,不得出具虚假鉴定意见。关于鉴定机构的组

---

[1]　杨晓光,2020.医疗纠纷中行政调解的应用研究——以浦东新区为例[J].医学与哲学,41(7):59-63.
[2]　范愉,2017.当代世界多元化纠纷解决机制的发展与启示[J].中国应用法学.(3):48-65.

成人员,《条例》也明文规定,医学会或者司法鉴定机构接受委托从事医疗损害鉴定,应当由鉴定事项所涉专业的临床医学、法医学等专业人员进行鉴定;医学会或者司法鉴定机构没有相关专业人员的,应当从《条例》第三十五条规定的专家库中抽取相关专业专家进行鉴定。[①] 医疗损害鉴定专家库由设区的市级以上人民政府卫生、司法行政部门共同设立。专家库应当包含医学、法学、法医学等领域的专家。聘请专家进入专家库,不受行政区域的限制。[②] 从鉴定机构的性质和组成人员来看,医学会是由卫生行政主管部门批准成立的学术团体,由医学临床各专业的专家组成。司法鉴定是经省司法厅批准成立的鉴定机构,由具备资质的法医、临床等方面的专家组成,其中以法医参加为主,临床专家较少参加鉴定。相对于法医,临床专家更加了解医疗实践。医疗损害鉴定主要需要判断诊疗行为有无过错,诊疗行为与损害结果之间的因果关系等,并不属于法医类鉴定。其中涉及诊疗行为的判断应当由临床医疗专家进行鉴定,涉及残疾程度和死亡原因才需要法医参加,将医疗损害鉴定归类于法医鉴定无法律依据,也不符合《最高人民法院关于审理医疗损害鉴定责任纠纷案件适用法律若干问题的解释》的规定。但是办案过程中法院更青睐司法鉴定机构,而行政调解更倾向于医学会的鉴定。实践中行政调解与司法诉讼所倾向的鉴定机构不同,客观上影响了对医疗纠纷处理的质量。

(三)医疗纠纷行政调解组织的高效性与低成本

与其他医疗纠纷调解组织相比较,在设立和运作过程中,医疗纠纷行政调解组织的效率更高,成本更低。医疗纠纷行政调解比司法调解在程序上更便捷,周期也较短。行政调解与其他行政程序的结合,能达到及时、高效、权威处理医疗纠纷的目标。司法调解是法院主持下的调解,虽然公正性和权威性很高,但是程序复杂,时间成本高。行政调解可以通过调解快速解决轻微行政违法行为,有利于节约公共资源。当公安机关解决涉及轻微治安违法行为的时候,成功的医疗纠纷调解既可免除对违法一方当事人的行政处罚,又能使受害

---

① 参见《医疗纠纷预防和处理条例》第三十四条第二款。
② 参见《医疗纠纷预防和处理条例》第三十五条。

方及时获得赔偿,大大提高了调解的效率,有效节约了行政办案资源,更直接有效地维护了弱势当事人的合法权益。行政调解的实施还能缓解医疗事故鉴定和医疗损害鉴定的压力,帮助法院和医学会提高工作效率,节约社会资源。医疗纠纷行政调解办公经费为行政办公经费,相关费用由国家财政负担并纳入本级财政预算,一般不存在因经费短缺而难以为继的现象,也不向当事人收取费用,对当事人而言是一种成本较低的纠纷解决方式。

三、医疗纠纷行政调解组织的劣势

从组织社会学的角度出发,医疗纠纷行政调解组织也存在明显的劣势。

(一)主动性和积极性不足

医疗纠纷行政调解组织因其独占性非营利属性,不仅缺少经济利益的驱动,也缺乏竞争压力,因而其公共关系意识相对薄弱,往往会忽略自己所面对的公众。按照《条例》第二十八条的规定,发生重大医疗纠纷的,医疗机构应当按照规定向所在地县级以上地方人民政府卫生主管部门报告。卫生主管部门接到报告后,应当及时了解掌握情况,引导医患双方通过合法途径解决纠纷。这里所说的合法途径,当然也包括行政调解。但是涉及医院的考核评级评优等利害问题,医院向卫生主管机关瞒报重大医疗纠纷以维护医院声誉和逃避处罚的可能性是客观存在的,这将导致医疗纠纷游离于行政调解渠道,除非患方主动申请行政调解。医疗纠纷行政调解的调解员通常身为公务人员,在干多干少收入大致不变的前提下,理性的"经济人"多有"多一事不如少一事"的意识,以降低自身的损耗。更何况,这些调解员往往身兼数职,不仅是行政调解员,还是医疗机构监管员、医疗广告监管员、医疗机构和人员准入信息员等,其工作的繁杂显而易见。其对医疗纠纷案件经常会产生疲于应付的心态,而我国也没有法律法规对此类不作为或乱作为问题规定问责性条款。综上,行政调解员相对失去了一定约束力,只凭责任心办事。[①] 因此,医疗纠纷行政调解组织及其调解员

---

① 李亚楠,周孜予,2019.浅析我国医疗纠纷行政调解[J].锦州医科大学学报(社会科学版),17(2):16-19.

主动受理纠纷的动力明显不足。

(二)因中立性不足而影响其社会公信力

医疗纠纷第三方调解组织被医患双方认可的前提是保持自身的中立性。[①]但卫生行政主管部门既是医疗机构的主办机关,又是其监管部门,这种"办管不分"的模式导致其缺乏中立性而备受患者质疑。即便医疗纠纷行政调解组织公平合理地处理了医疗纠纷,也会因卫生行政机关与医疗机构之间存在着"父子关系"而使处于弱势的患方难以信任其处理结果的公平性。因此,在医疗纠纷人民调解组织遍地开花的地区,通过行政调解处理医疗纠纷的机制便迅速萎缩,医疗纠纷行政调解组织也逐渐变得门庭冷落。

(三)人员不足

医疗纠纷行政调解组织人员编制不足,调解人员兼职过多,尚未建立起专业化的调解员队伍。在修订《条例》的过程中,是否要将行政调解写入该条例竟成了聚讼纷纭的问题。当时主张不规定行政调解的立法意见略占上风,持此观点的以卫生行政部门为主,主要理由是医疗纠纷行政调解的人才数量与质量都不足以应对数量庞大且案情复杂的医疗纠纷,且在中立性与公正性方面很难获得患方的信任。

(四)医疗纠纷行政调解适用范围小

目前的制度环境挤压了医疗纠纷行政调解组织的"用武之地"。首先,尽管《条例》将行政调解列为与当事人自行协商、人民调解、诉讼以及法律、法规规定的其他途径并行的医疗纠纷解决机制之一[②],但又通过《条例》的细化规范限制了行政调解的适用空间。一是通过诉讼的优先程序排斥行政调解的适用。《条例》第三十一条第四款规定:"当事人已经向人民法院提起诉讼并且已被受理,或者已经申请卫生主管部门调解并且已被受理的,医疗纠纷人民调解委员会不

---

① 李晓堰,王海容,2013.医疗纠纷第三方调解机构的公信力之再探讨[J].医学与法学,5(5):34-36.
② 参见《医疗纠纷预防和处理条例》第二十二条和第四十条第一款的规定。

予受理；已经受理的，终止调解。"但《条例》第四十条第二款又规定："卫生主管部门应当自收到申请之日起 5 个工作日内做出是否受理的决定。当事人已经向人民法院提起诉讼并且已被受理，或者已经申请医疗纠纷人民调解委员会调解并且已被受理的，卫生主管部门不予受理；已经受理的，终止调解。"此款与前款的规定发生了基调的变化，很多人理解为当诉讼与非诉讼（人民调解或行政调解）两种途径同时启动时，应该优先适用诉讼，而调解应当不被受理或终止，当同时启动诉讼与非诉讼纠纷解决程序时，诉讼排斥包括行政调解在内的非诉讼程序，使行政调解的适用空间被挤占。结合上述两款之规定，在当事人向人民法院提起诉讼、向医疗纠纷人民调解委员会申请调解和向卫生主管部门申请行政调解此三者之间，出现了"诉讼＞行政调解＞人民调解"和"诉讼＞人民调解＞行政调解"的两种优先权排序法。至于究竟将哪一种挺在前面，仅看这两条，似乎遵循谁先受理谁负责的精神。但结合《条例》第三十条第三款的规定，（医患双方）"协商确定赔付金额应当以事实为依据，防止畸高或者畸低。对分歧较大或者索赔数额较高的医疗纠纷，鼓励医患双方通过人民调解的途径解决"，能看出《条例》更倾向于人民调解的优先顺位，这在一定程度上也缩限了医疗纠纷行政调解的适用空间。二是通过对行政调解的期限的严格限制来排除行政调解的适用。《条例》第四十条第三款规定："卫生主管部门应当自受理之日起 30 个工作日内完成调解。需要鉴定的，鉴定时间不计入调解期限。超过调解期限未达成调解协议的，视为调解不成。"《条例》第四十三条也规定："发生医疗纠纷，当事人协商、调解不成的，可以依法向人民法院提起诉讼。当事人也可以直接向人民法院提起诉讼。"而《人民调解法》却没有对人民调解的期限做出严格的限制。《条例》第三十八条也规定："医疗纠纷人民调解委员会应当自受理之日起 30 个工作日内完成调解，需要鉴定的，鉴定时间不计入调解期限。"但同时也为医疗纠纷人民调解的期限留出了一定的余地，规定"因特殊情况需要延长调解期限的，医疗纠纷人民调解委员会和医患双方可以约定延长调解期限。超过调解期限未达成调解协议的，视为调解不成"，从而柔化了关于调解期限的规定，而行政调解却没有任何关于允许在特殊情况下延长调解周期的柔性规定。在行政调解中，虽然行政机关是出于行政管理的目的对当事人的纠纷进行调解和斡旋,但其地位仅限于居间人或者第三人,不能对双方当事人运用行政强制手段,只能在双方当事人自愿的基础上对纠纷进行调解,行政调解所达成的协议对当事人而言仅有民事上的约束力而不具有法律上的强制执行效力。在调解的自愿性与调解协议的约束力方面,医疗纠纷行政调解与人民调解并无二致。何况,医疗纠纷的解决往往耗时漫长,涉及对病人及其家属的情绪安抚、病历资料的提取、卫生健康主管部门内部的各种手续流程等事项,30 个工作日的周期显得过于苛刻,这进一步限制了医疗纠纷行政调解作用的发挥。此外,复杂的医疗纠纷调解仅仅因为超过了 30 个工作日的期限,就将之前的调解成果全盘否定,也有浪费公共资源的嫌疑。可以想见,为了避免这种浪费现象的发生,行政调解员难免从一开始就引导当事人通过其他途径去解决纠纷,这也间接地缩小了行政调解的适用范围。总之,目前的制度环境一方面为医疗纠纷行政调解组织提供了合法性地位,另一方面却又限缩了其运作的空间,限制其组织功能的发挥。究其原因,立法者默认了关于行政调解中立性差的质疑而忽略了其优势和改善的可能性。其次,医疗纠纷行政调解不像医疗纠纷人民调解那样有明确的主动受理纠纷的受案方式。《人民调解法》第十七条规定,当事人可以向人民调解委员会申请调解;人民调解委员会也可以主动调解。《条例》第三十一条第三款也规定,医疗纠纷人民调解委员会获悉医疗机构内发生重大医疗纠纷,可以主动开展工作,引导医患双方申请调解。而《条例》对卫生主管部门只规定了当事人申请调解一种受案方式。但因重大医疗事故报告制度和监管职责的存在,卫生主管部门又往往是最先获悉医疗事故和医疗纠纷情况的机构,如果不赋予卫生主管部门主动介入医疗纠纷的权利与义务,很容易给当事人造成搜索成本上的浪费,甚至姑息矛盾的进一步升级。再次,经医疗纠纷调解所达成的调解协议不具备强制执行力,限制了医疗纠纷行政调解协议功能的发挥。《最高人民法院关于建立健全诉讼与非诉讼相衔接的矛盾纠纷解决机制的若干意见》(法发〔2009〕45 号)曾明确指出,"经行政机关、人民调解组织、商事调解组织、行业调解组织或者其他具有调解职能的组织调解达成的具有民事合同性质的协议,经调解组织和调解员签字盖章后,当事人可以申请有管辖权的人民法院确认其效力"。但是,毕竟没有如《人民调解法》明文规定人民调解协议司法确认制度那样,以法律的形式对行政调解协议做出司法确认的规定。《最高人民法院民事诉讼程序繁简分流改革试点方案》提出:"合理拓宽司法确认程序适用范围,经律师调解工作室(中心)等特邀调解组织、特邀调解员,或者人民调解委员会依法调解达成民事调解协议的,当事人可以按照程序要求,向人民法院申请司法确认。"最高人民法院还在《民事诉讼程序繁简分流改革试点实施办法》中进一步明确了对经人民调解委员会、特邀调解组织或者特邀调解员调解达成民事调解协议进行司法确认的程序性规范。① 上述文件中都很难窥见行政调解组织的身影,卫生主管部门及其调解员也鲜见成为人民法院的特邀调解组织、特邀调解员的。实践中真正引导当事人对医疗纠纷行政调解进行司法确认的行政调解组织很少,导致在签署协议后有些当事人反悔,既降低了行政调解的履约率,又打击了医疗纠纷行政调解员的信心。最后,对行政调解的法律层面的规范性法律文件付之阙如,从实体到程序都缺少规范性,现有的规范性法律文件大多位阶不高,出于多头,缺乏彼此衔接的协调性与系统性,医疗纠纷行政调解的规范问题也很难被统摄到行政调解的法律框架之内。

四、医疗纠纷行政调解组织的地位

总体上看,以专业性、高效性为基本特征的医疗纠纷行政调解日益式微,并未达到"接近正义"的制度目的。甚至有人建议卫生行政部门只对医疗行为进行严格监管,取消行政调解,将医疗纠纷全部交由法院来处理。② 其原因何在?由上文可见,医疗纠纷行政调解组织的制度环境中存在的问题,主要在于《条例》没有妥善处理行政调解与其他纠纷解决机制之间的关系,其实质是如何准确定位行政调解及其组织在医疗纠纷多元化解决机制中的地位问题。

(一)行政调解理应成为一种与其他纠纷解决机制并行不悖,且优先于诉讼的医疗纠纷解决机制

如前文所述,行政调解有其自身的优势,虽然卫生行政机关因身份敏感、特

---

① 参见最高人民法院《民事诉讼程序繁简分流改革试点实施办法》第三、第四条。
② 王志强,2010.医疗纠纷行政调解的地位重塑——以实证分析为视角[J].医学与哲学,2(1):14.

殊,其调解立场的中立性不被认可,但其也因特殊身份而具备监管功能,能早期介入纠纷,及时查明事实,快速、经济、合理解决医疗纠纷,也有利于维护当事人合法权益与促进医疗事业发展,其长处与短处犹如一枚硬币的两面,是不可分割的。《条例》第二十八条规定:"发生重大医疗纠纷,医疗机构应当按照规定向所在地县级以上地方人民政府卫生主管部门报告。卫生主管部门接到报告后,应当及时了解掌握情况,引导医患双方通过合法途径解决纠纷。"可见对重大的医疗纠纷而言,当地的县级以上地方人民政府卫生主管部门往往是最早掌握相关情况的,由其主持医疗纠纷的调处,为及时化解纠纷、防止纠纷激化,争取了宝贵的时间。同时,灵活高效的行政调解有利于及时化解医疗纠纷,防止久拖不决而导致医患矛盾升级。公正处理医患纠纷,打击无良患方,惩罚不称职医生,从而净化医疗环境,有利于维护医疗秩序,促进医患关系的和谐。今日,在某些地区,医疗纠纷的第三方调解机构尚未普及,医院内部的医患和解机构的工作尚未形成专业化规范化态势,行政调解依然是《条例》所规定的医疗纠纷处理方式之一,甚至在某些地区还占据着举足轻重的地位。为了充分发挥多元化纠纷解决机制在医疗纠纷领域的作为,使整个医疗纠纷解决系统的合力最大化,医疗纠纷行政调解组织的地位与作用是不应忽视的。尽管《条例》赋予医疗纠纷行政调解及其组织以合法性地位,并将行政调解的范围由《医疗事故处理条例》所规定的医疗事故赔偿纠纷扩展到了医疗纠纷,却以细化规范的方式悄然挤压了医疗纠纷行政调解的适用范围。《条例》对于诉讼与非诉讼机制的优先顺序问题语焉不详,容易引发歧义。我们认为,不同的纠纷解决机制之间的地位理应是平行的,不应以其主持者的身份"贵贱"而确定其优先顺序;但作为一种非诉讼纠纷解决机制,行政调解与其他调解一样理应挺在诉讼前面。

首先,行政与司法相比,显得更为积极主动,而司法总是更为消极被动。诚如美国最高法院前任大法官桑德拉·戴·奥康纳(Sandra Day O'Connor)所说的那样:法院不能成为解决争端首先考虑的地方,而应该是解决纠纷的最后途径,即通过所有其他替代纠纷解决方式都不能解决时,才由法院解决。司法克制主义是权力分立架构的维持器。在权力分立的政治架构下,司法克制主义是一种必要的技术条件。因为司法克制主义是一种能够保证司法权、立法权与行政权之间架构稳定的司法方法。如果司法过于强势,其就可能会侵入立法权、行政权的传统领域,从而导致政治结构不稳,甚至倾覆。① 实际上,无论是司法的本性还是从人们对司法的普遍认识来看,司法都是一种被动、克制或者消极之活动。如果司法积极介入不适合其涉足的领域,不仅会使该领域的事项被司法异化,也会使得司法固有的威严形象、后盾作用有被破坏之虞。因此,即使是在三权分立的西方国家,也不是所有的纠纷都适合通过诉讼途径解决。

其次,调解优先、诉讼后置在我国具有法律和实践基础。我国《民事诉讼法》第九条规定:"人民法院审理民事案件,应当根据自愿和合法的原则进行调解;调解不成的,应当及时判决。"从中可以看出,在司法程序中,调解优先、判决后置的立法取向。《条例》第四十三条也规定:"发生医疗纠纷,当事人协商、调解不成的,可以依法向人民法院提起诉讼。"这条规定体现了当事人可自愿选择纠纷解决机制,调解优先于诉讼的价值取向。人民调解在解决医疗纠纷中的巨大作用已经被大量的实践所证明,行政调解虽然在处理医疗纠纷的绝对量上比不上人民调解,但相比较于司法诉讼,行政调解更接近于主渠道的作用。

再次,从法经济学的角度来看,纠纷解决机制的使用也需要考虑成本与效率。在工商业社会,经济活动成为主导社会发展轨迹的重要力量,经济活动所产生的纠纷,以及经济活动所隐含的思维,当然会不断地填充"正义"这个名词。② 成本与效率,是衡量纠纷解决机制能否实现"接近正义"的制度目的的重要指标。奥肯曾说:在考虑基本权利时,不要忘记潜在的成本。波斯纳法官也曾有名言:对公平正义的追求,不能无视代价(The demand for justice is not independent of its price)。在追求公平正义时,程序与结果两者缺一不可。而越是严谨的程序,所动用的资源越多,纠纷解决机制也是如此。这是显而易见的。严谨而富有仪式感的诉讼与简洁明快的调解程序相比较,前者所消耗的社会资源多于后者,这就像法院适用简易程序所动用的资源一般少于普通程序一样的道理。对任何纠纷解决机制的选择,都必须面对成本的考量。另一方面,工业革命之后,人类的经济活动渐渐成为主导社会脉动的力量;在经济活动中所强

---

① 朱远升,2017.司法能动主义与克制主义的边界与抉择[J].东岳论丛,38(12):147-155.
② 熊秉元,2014.正义的成本[M].北京:东方出版社,250.

调的"效率",也自然而然地变成规范人际关系的主要原则,由效率来解读正义,可能最符合环境里的需要和人们的期许。由效率来填充正义的内涵(justice as efficiency),使正义的意义非常清晰。正义,就是从长远来看,能诱发出好的作为、好的价值,创造出更多资源的那种做法。当经济活动成为人类社会的重心,当市场的规模愈来愈大,"效率"的概念自然衍生而出。有效率,也即意味着比较好,比较理想。因此,由效率来定义"正义",不仅使正义的内涵更加明确,而且呼应环境里的相应条件。从经济学的角度来分析,民事诉讼制度的目的就是要最小化诉讼的社会成本,而维持诉讼制度需要花费管理成本、犯错成本、机会成本和伦理成本等。首先,管理成本是在一个民事诉讼中各个阶段所牵涉的每个人的成本之和,比如国家维持法官群体的工资、福利、奖励等各种支出,原告提起诉讼的成本,被告应诉的成本,收集和交换信息的成本,辩论的成本,执行的成本,等等。其次,由于法官的信息是不完善的,犯错成本变得无法避免。所以,民事诉讼的经济目标为:最小化诉讼的管理成本和犯错成本之和。当然,诉讼的犯错成本是难以估算的,但是我们可以确定法官关于案件和法律的信息越充分,犯错的成本就越低。[①] 不仅如此,诉讼成本还包括伦理成本和机会成本。伦理成本是指当事人以及其他诉讼参与人在进行诉讼活动过程中的精神利益损失;机会成本是指法院、当事人因为选择诉讼活动而放弃的其他可供选择的最好途径。[②] 医疗纠纷诉讼因其高度的对抗性,当事人的精神处于高压状态,即便最终以诉讼方式结案,医患双方依然将保持一种长期对立的紧张关系,对医方的经营活动、经治医生和患方今后的工作、生活均造成负面的影响,这意味着更高的伦理成本。因医疗纠纷审理具有高度的专业性,审判周期常因此延宕,这意味着更高的机会成本、管理成本。医疗纠纷诉讼比其他民事诉讼更高的另一项成本是鉴定所引起的成本。在现实中,法官在医学知识上存在欠缺,导致鉴定结论绑架了审判结果,以及鉴定不公、专业性不足等现象,这是造成医疗纠纷诉讼犯错成本的重要因素之一。而医疗纠纷调解中调解员在专业知识

---

① 卢现祥,刘大洪,2007.法经济学[M].北京:北京大学出版社,326-327.

② 巩勇,2005.民事诉讼中起诉与调解成本的经济分析[J].新疆大学学报(哲学·人文社会科学版),33(2):54-56.

上的短板往往不是通过医疗鉴定来解决的,而是通过专家咨询的方式来解决,周期短,成本低。按照科斯定理,如果交易成本为零,则和解与调解都能达到和判决一样的效果,即"复制"判决结果。虽然和解和调解并非没有成本,但是都发生在判决之前,可以节约审判成本,即诉讼的管理成本。节约的管理成本能够在当事人之间分配,相对于判决来说,每个人的处境都能得到改善,所以和解或者调解往往是更加理性的选择。[①]

在现代社会里,对于专业化程度较高或技术性含量较高的纠纷,由行政机关出面调解,也是基于节约成本的考量。调解的搜索成本和履约成本无疑低于诉讼。尤其是医疗纠纷行政调解,当事人一经申请即可转入行政调解程序,无须如诉讼那样经历漫长的等待;而对于在主管单位主持下当事人自愿达成的调解协议,医院通常也较配合,大大缩短了履约成本,也无须如诉讼当事人那样承担判决书执行不了的风险。有人说,就某些个案而言,诉讼审理所消耗的社会资源和司法资源可能超过纠纷标的本身的价值。[②] 降低纠纷解决的成本,并在更短的周期内以公平的方式解决更多的纠纷是行政调解的一大功能。一个良好的社会必须是有秩序的社会、自由的社会、公正的社会,也必须是高效率的社会。[③] 以最小的社会成本获得更好的社会效果和最大的价值是效率的集中体现。首先,行政调解不得向当事人收取费用,相关费用纳入本级预算。其次,某些纠纷具有较强的某一领域的专业性,司法面对专业问题往往捉襟见肘,而行政机关往往游刃有余。再次,相对于严格、僵硬、冗杂的司法程序,行政调解的程序更为灵活、便捷。最后,因为当事人的自愿,调解结果更易于被接受,调解协议的履行阻力更小。可见,精湛的专业性、灵活的调解程序、财政负担调解费用、当事人自愿执行,都使得行政调解在效率上较之司法诉讼更胜一筹。在价值定义的基础上,波斯纳在其著作《法律的经济分析》中界定了"效率":指能够

[①] 巩勇,2005.民事诉讼中起诉与调解成本的经济分析[J].新疆大学学报(哲学·人文社会科学版),33(2):54-56

[②] 康希,曹海晶,2016.医疗纠纷信访处理中的行政调解制度探讨[J].武汉理工大学学报(社会科学版),29(5).928-932.

[③] 张文显,2007.法理学[M].3版.北京:法律出版社,281.

使作为整体的社会价值达到最大化的资源配置方式。① 尽管将效率等同于财富最大化颇受质疑,但效率无疑也是 ADR 的价值取向之一。第三方公正、客观地处理医疗纠纷,能最大限度地维护医患双方的合法利益;而在这个过程中,相比诉讼途径,当事人在金钱利益、个人尊严利益、时间利益和关系维持利益等方面均有收获,具有明显的效率优势。②

再则,医患关系的特殊性决定了医疗纠纷更适合以调解的方式解决,而不是以诉讼的方式解决。我国的医疗资源从各个维度上看都有不平衡的特点。首先是城乡差距大,发达地区与不发达地区之间医疗资源不均衡,最优质的医疗资源集中在医学发达的大城市中,并且体现出"虹吸效应"。初级医院与高级医院发展不均衡,甚至体现出明显的"马太效应"。由于竞争导致的优胜劣汰,医疗服务资源迅速从初级体系向高级体系集中。大医院越办越大,技术水平越来越高,设备条件等越来越好。而初级机构、农村乡镇医院、城市社区医院则逐步萎缩,甚至无法生存。这种布局大大降低了医疗服务的可及性,使看病难的问题突出。③ 弱势群体对优质医疗资源的需求以及优质医疗资源的不可及性之间的矛盾尤其突出。这进一步强化了医患关系的脆弱性,医患关系更需要医患双方珍惜和呵护。试举两例说明之。

【例一】

在远离城镇的偏远地区 A 村,因 A 村离县城还有好几十公里,就算去镇上的卫生所也比较折腾,且村民大多对县城的医院人生地不熟,找个当地的名医又要托熟人又要排长队,村民就医主要依靠只有一名医生、一名护士、一名助理的小诊所。某日,陈某因病去小诊所治疗,却对治疗效果不满意而与诊所发生了冲突。村民一致认为小诊所的医生医术不太高明,即便如此,以后陈某及其家人患病能脱离这家小诊所吗? 显然答案是否定的,因为他们不可能因为感冒、腹泻之类的小病小痛就去遥远的大医院看病。

---

① 林立,2005.波斯纳与法律经济分析[M].上海:上海三联书店,63.
② 李君,赵强,李辉,2018.医疗纠纷非诉讼解决机制的法经济学分析[J].医学与法学,10(4):86-88.
③ 邵华,2016.医患纠纷调解的正义之路[M].湘潭:湘潭大学出版社,17.

【例二】

秦某患了一种罕见的眼疾,必须通过手术治疗。好不容易挂到了一家以眼科闻名全国的医院的专家号,这名专家还是该院网上口碑最好、同行公认技术最好的眼科专家。尽管手术的成功率不高,无法忍受眼疾痛苦的秦某还是预约了这位专家为自己动手术。遗憾的是,手术失败了。这种眼疾具有家族性特点,假若秦某家族中其他的人患上了同一种眼疾,秦某依然难以避免与这位专家打交道,因为这是最好的同类医院之中最好的医生,他自然会想到,如果将患病的家人交给其他医生,治愈的可能性也许更低。

以上两位病人恐怕都不得不继续维护与医方之间的良好关系,个中原因有异同,但优质医疗资源的稀缺性和不可及性始终是其根本性原因,而熟人社会"近水楼台先得月"的特点实质上强化了这种稀缺性与不可及性。第二个例子还提醒我们注意医学的不可预知性和医疗行为的高风险性。事故成因的瑞士奶酪模型表明,虽然多层的防御措施会将危险和事故错开,但每一层总有一些裂缝,假如对齐了,就有可能让事故发生。[①] 医患纠纷的逐年增多强化了院方的戒备心理,导致医院的诊疗行为和管理机制不是以如何治病救人为目的,而是尽量避免官司,这势必导致其诊疗水平和对医疗事业的探索停滞不前,最终全社会都将成为受害者。而我国儒家文化和民族心理中"厌讼""轻讼""一场官司十年仇"的传统,使得人际关系一旦发生矛盾,更适合通过调解来了结纷争,修复人际关系,而不是仅仅通过一纸文书来分割权利与义务,使人际关系完全浸没在利益的冰水中。司法程序的对抗性强,持续时间久,医患纠纷双方的尖锐对立与司法难度进一步放大了其对抗性与持久性。当事人对簿公堂往往意味着双方将不遗余力地攻击对方的薄弱点,以实现个人权利与利益最大化。医患纠纷发生发展的过程还伴随着病患与经治医生强烈的个体创伤,以及医方

---

① "瑞士奶酪模型"是英国曼彻斯特大学精神医学教授詹姆斯·瑞森(James Reason)1990 年在其心理学著作《人类的错误》(Human Error)一书中提出的理论模型。参见:李艳,谢晖,孙婷,等,2016. Reason 模型及其在医疗领域中的应用现状[J]. 解放军护理杂志,33(11):29-31.

正常经营秩序的紊乱,耗时过长同时意味着对当事人心理能量的过度消耗,对医疗事业和所有病患的隐性损害。因此,司法程序使得特定的医患关系被撕裂后很难得到有效的修复。有人说,医患关系的复杂性决定了医疗纠纷具有复杂性,医患之间甚至比劳动关系、邻里关系更具有密切性,医疗纠纷并不适合通过对簿公堂的方式解决,不能简单地基于法律进行裁断,需要更多的人情和理性。

最后,医疗纠纷审理难度大。医患之间复杂的关系、医疗纠纷复杂的起因等导致医疗纠纷的司法审理难度大。一是医疗纠纷案由复杂。司法实践中,医疗纠纷是侵权纠纷与合同纠纷的竞合,对于同一场医疗损害,病人既可以提起医疗服务合同纠纷,也可以提起侵害患者知情同意权责任纠纷、医疗产品责任纠纷(四级案由)、医疗损害责任纠纷(以上四级案由无法涵盖的情况)等侵权纠纷。我国《民事诉讼法》有关重复起诉的部分,对此并无明确规定。这导致当事人经常将事实理由稍加变动,多次起诉,不仅浪费司法资源,也使得医疗纠纷得不到及时解决。二是胜任审理医疗纠纷的法官数量少。近年来,医疗纠纷虽然多发,但经过替代性纠纷解决机制的过滤后,在民事诉讼中的整体占比较小,绝对数量较少。又因为医疗纠纷审理周期长,法官结案率目标难以实现,导致审理医疗纠纷的法官本来就为数不多。在我国,医事法学或者卫生法学乃医学院和法学院的新兴专业,人才培养还"在路上",且法官岗位对学历的要求往往较高,一批硕士以下学历的医事法学或卫生法学本科毕业生被挡在法院门外,还有一些未将法官岗位作为就业首选。加之,医疗纠纷中有部分职业医闹群体,给法官施压。法庭上,较之其他普通民事纠纷,因涉及亲人的离世、患者伤残等因素,患方往往情绪波动强烈,医患双方对抗更为激烈。部分法官因个人对医疗案件承受能力有限,纷纷选择调动工作。因此,专业的能够胜任审理医疗纠纷的法官少之又少。

综上所述,立法中在处理医疗纠纷行政调解与人民调解或其他调解的关系时,应当本着充分尊重当事人意思自治、谁先受理谁负责到底的原则,以节约社会成本;在处理行政调解与司法诉讼之间的关系时,应当体现将调解挺在诉讼前面的精神。

在通常情况下,纠纷解决遵循以下路径:争议双方协商不成时,才寻找第三方介入。在介入的主体上，一般是从民间到官方，从私主体到公权力，从行政到诉讼的程序。但医疗纠纷的特殊性在于其强大的专业壁垒，使得行政调解更有比较优势，因此从行政到诉讼的顺序可予强化，而从民间调解到行政调解的一般性顺序可予以适当弱化。

（二）尊重当事人意思自治，处理好医疗纠纷行政调解与其他医疗纠纷解决机制之间的关系

在全民共建共治共享的社会治理格局中建设多元化纠纷解决机制，程序的层次固然重要，但重塑多元化主体的治理观念和价值取向亦不容忽视。抛弃国家机关的管理者身份，尊重社会及公民的治理主体地位，要求设计者意识到，当事人是纠纷解决的主体，纠纷解决程序的使用者，某一纠纷解决方式的存在价值和发展前景取决于当事人的感受和选择，而非取决于程序的完美程度或推行力度，[①]尽管程序的设计在一定程度上影响了当事人对纠纷解决机制的选择偏好。对纠纷解决的选择进行的制度设计应当以当事人的主动选择代替被动接受，才凸显当事人的主体地位和纠纷解决机制的价值所在，更有利于实现接近正义的制度目的。因为当事人才是自身利益的最佳判断者。当事人不仅最关切自身的利益，也对自身的利益拥有最真实和充分的信息，因此也最清楚自身的利益所在。无论诉讼机制还是非诉讼机制，对当事人的权利救济应顾及能否通过科学精细的程序设计来克服其由信息不对称不充分所导致的不必要的损失。无论行政调解、人民调解或者司法调解，调解的本质特征都是当事人的意思自治，选择哪一种调解应当由当事人自己决定，但如果同一方当事人先后向不同的调解组织提出了申请，或者同一案件中不同的当事人先后向不同调解组织提出了申请，或者先后由不同的调解组织受理了同一个案件的申请，为了避免资源浪费，应当由最先受理的调解组织继续调解该起纠纷。孰先孰后依哪一个调解组织受理的时间先后的做法，在一定程度上彰显了行政调解与人民调解彼此平等的地位；同时也体现了对当事人意思自治的尊重，是在自愿基础上所

---

① 徐冰，吴洁，2019.成本收益驱动下的当事人程序选择研究——完善多元化纠纷解决机制的微观视角[J].人民司法.(16):94-101.

立的"游戏规则"。

如前所述,《条例》在一定程度上体现了当事人选择纠纷解决机制的意思自治,但并不彻底,而且没有体现将非诉讼机制挺在前面的精神,在一定程度上还以诉讼机制挤压了调解程序。为贯彻自愿调解的原则,也为节约司法资源,充分发挥调解机制分流医疗纠纷案件的作用,《条例》宜吸收《人民调解法》第十八条的规定①,重申其精神,引导当事人不仅通过人民调解,也可通过其他调解方式进行社会救济。《最高人民法院关于进一步推进案件繁简分流优化司法资源配置的若干意见》(法发〔2016〕21 号)指出要"完善多元化纠纷解决机制",应推动"综治组织、行政机关、人民调解组织、商事调解组织、行业调解组织、仲裁机构、公证机构等各类综治主体发挥预防与化解矛盾纠纷的作用,完善诉调对接工作平台建设,加强诉讼与非诉讼解决方式的有机衔接,促进纠纷的诉前分流"。"促进行政调解、行政和解,积极支持行政机关依法裁决同行政管理活动密切相关的民事纠纷。"《条例》第三十条第三款中"对分歧较大或者索赔数额较高的医疗纠纷,鼓励医患双方通过人民调解的途径解决",宜修订为"对分歧较大或者索赔数额较高的医疗纠纷,鼓励医患双方通过调解的途径解决",这么做与最高人民法院"完善多元化纠纷解决机制"的倡议基本保持一致,两字之差,可将医疗纠纷人民调解、行业调解、行政调解、仲裁调解、律师调解和其他社会调解等均纳入当事人的视野,因地制宜,充分利用闲置的社会资源,赋予当事人更多的选择权。这么做也与《条例》第二十八条卫生主管部门接到发生重大医疗纠纷的报告后,应当及时了解掌握情况,引导医患双方通过合法途径解决纠纷的规定相呼应,因为"合法途径"本就是多元化的。同时,《条例》第三十一条第四款宜修订为:"当事人已经向人民法院提起诉讼并且已被受理,后又向医疗纠纷人民调解委员会申请调解的,在当事人申请撤诉并由人民法院裁定准许之前,医疗纠纷人民调解委员会不再受理;当事人已经申请卫生主管部门调解并且已经被受理的,医疗纠纷人民调解委员会不予受理;已经受理的,终止调解。"第四十条第二款宜修订为:"卫生主管部门应当自收到申请之日起 5 个工作日

---

① 《人民调解法》第十八条规定:基层人民法院、公安机关对适宜通过人民调解方式解决的纠纷,可以在受理前告知当事人向人民调解委员会申请调解。

内做出是否受理的决定。当事人向人民法院提起诉讼并且已被受理,后又向卫生主管部门申请调解的,在当事人申请撤诉并由人民法院裁定准许之前,卫生主管部门不再受理;当事人已经申请医疗纠纷人民调解委员会调解并且已经被受理的,卫生主管部门不予受理;已经受理的,终止调解。"

第四节　企业化的医疗纠纷调解组织

全世界的纠纷解决机制大致都可分为市场化和(准)司法化两种。前者指通过社会自主和市场调节发展调解和仲裁等非诉讼纠纷解决机制,后者主要是指政府提供公共财政支持,在法院或政府的规制下,建立调解组织和调解程序,包括法院附设调解和法院外调解。这种模式强调调解的规范性、制度性和公益性,原则上不以营利为目的。两种模式可并行不悖。当代世界各国和地区一般既有国家构建的(准)司法性 ADR 和制度化程度较高的公益性 ADR,同时也存在以市场机制运营的民间化 ADR。并且,随着时代发展越来越多元化。不过,在选择基本模式的时候需要根据国情、资源、需求和国民的习惯慎重决定。在调解的发展中,普通法国家和大陆法系国家有着不同的进路。前者更加积极和多元化,但主要采用市场化方式,更多地依赖成本效益和激励机制鼓励当事人采用非诉讼方式,被称为"市场模式",其调解规则和调解行业民间化程度较高;而大陆法系国家在调解发展中则倾向于依靠国家推动和福利化措施,法院对调解的参与、控制程度较高,被称为"(准)司法模式"。① 同样的,医疗纠纷调解的模式大致上也可分为市场化与(准)司法化模式两种。我国在纠纷解决机制的建设上也一直深受大陆法系国家的影响,医疗纠纷调解的市场化模式基础薄弱。企业化的医疗纠纷调解组织的出现,是我国调解市场化的产物,是随着市场经济的深化,我国经济形态转型在这一领域的具体体现,目前已成为我国医

---

① 范愉,2017. 当代世界多元化纠纷解决机制的发展与启示[J]. 中国应用法学,(3):48-65.

疗纠纷调解组织的有机组成部分,所欠缺的只是如何使之更规范高效地运作。

一、企业化的医疗纠纷调解组织概述

医疗纠纷的民间调解组织包括人民调解组织和企业化的医疗纠纷调解组织两种。企业化的医疗纠纷调解组织是指以市场化的有偿的医疗纠纷调解服务作为运作发展模式的企业和其他营利性医疗纠纷调解组织,包括专门化的医疗纠纷调解企业和综合性的调解公司,甚至是综合性更强的涉调解业务的相关公司。在上述组织中任职的调解员经过一定的资质认证,作为医疗纠纷调解服务的专家向社会提供有偿服务,组织所收取的服务费用是企业生存和发展的重要物质保障。2003 年 12 月,经江苏省司法厅和民政厅审批成立的南京民康健康管理咨询服务有限公司,开创了专业服务机构介入医疗纠纷调解的先河,它是江苏省第一家具有独立法人资格的专业医疗纠纷调解营利性中介机构。由营利性中介机构调解医疗纠纷也被称为"南京模式"。天津和安徽省合肥市也曾经采用过此模式。2004 年,天津市金必达医疗事务信息咨询服务有限公司(以下称金必达公司)正式成立,并与天津仲裁委员会医疗纠纷调解中心共同进行调解。金必达公司以收取患者获得医院赔偿款的 10% 作为提供调解服务的报酬,且在调解成功后,如医患双方自愿,还可到天津仲裁委进行仲裁。但由于金必达公司的利润以医院的赔偿为基础,这导致金必达必然会偏向于患者,而这无疑会引发医院的质疑。总的说来,这两种民间调解方式各有利弊,在维持民间机构专业水平的前提下,如何保持中立态度、维持民间机构正常运作,是我们需考虑的问题。[①] 这些中介机构像律师一样分析案情,准备诉状、调解书、辩护词、上访材料等内容,协助委托人解决医疗纠纷,帮助他们获得民事赔偿并从中收取一定报酬;同时也聘请医学专家、法学专家等到公司任职,并按照市场标准向专家支付报酬,实行商业化运作。[②] 安徽模式与山东模式则包含了由医院与专业的医院管理公司签约,将医疗纠纷调解工作委托给第三方管理,由医院

---

① 王志鑫,2018.风险社会中传统医疗纠纷解决机制的困境与出路[J].锦州医科大学学报,16(3):10-14.

② 杨自根,2015.第三方调解模式下的强制医事仲裁制度探索[J].中国卫生事业管理,32(3):211-213.

支付相关费用的做法。随着调解业务市场化,以调解为主要经营业务的调解公司也悄然兴起,尽管其并非专事调解医疗纠纷的调解组织,但也属于专业化程度较高的调解组织。也有些高科技公司在为司法部门研发各种应用软件和程序的过程中接触到调解业务,将触角由诉讼应用软件业务延伸至在线调解软件业务,继而扩展至包含在线与离线方式在内的调解业务,甚至将调解纳入主营业务的范畴之内。

简单地说,上述企业主要有以下几个特点。

首先,这些企业和营利性社会组织的调解业务从案源上看基本上分成两大类,一类是直接受当事人的委托对双方居中调解,另一类是接受法院或卫生主管部门的委托对当事人进行调解。从受案范围看,不同企业因其定位、技术的差异,案件类型各有精专。有些专事调解医疗纠纷,有些则以机器人实施调解或调解前的准备工作,并调解民间借贷等法律关系较明确的金融纠纷,有些则调解合同纠纷、知识产权纠纷、拆迁补偿纠纷、物业纠纷和医疗纠纷、金融行业纠纷、保险行业纠纷等行业性专业性纠纷。上述公司多调解法律纠纷,且多对案源进行类案管理。这些企业的业务范围通常很庞杂,连专事医疗纠纷调解的医院管理公司、健康咨询公司等也牵连其他业务,比如医院管理与风险排查,以高科技为依托的公司通常在调解之外,兼营送达、法律软件开发等业务。

其次,这些企业的性质比较复杂,并且有愈来愈复杂的趋势。为使符合特邀调解组织承接委托调解、委派调解的条件,这些公司在全国各地积极推广相关业务,并在当地注册了民办非企业单位,使其商事调解与民非调解业务遍地开花。在上海,已出现集商事调解组织、民非调解组织与行业性调解组织于同一集团,员工达数百名的大中型企业。

最后,这些企业规模大小不一,但在核心成员的构成上有着相似之处,即调解员、技术人员与律师或法律顾问是其人员配置中不可或缺的。有些大型的调解公司已发展为组织架构复杂,组织逻辑严密的科层制社会组织,其组织部门分为售前部、商务部、研发部、产品部、法务部等,分别从事采集客户需求、对外联络承接业务、产品研发与竞品比对、法律服务等,各司其职,形成了完整的业务闭环。由于企业规模较大或发展过快,出现了产品多元化、市场分散化、业务与部门庞杂等现象,如果继续维持单一的科层制管理,将产生企业内部信息传递缓慢、企业运营步调紊乱、错失新产品研发良机等后果,矩阵式管理逐渐成为平衡企业运营中分权与集权问题、提升企业工作效率的重要组织结构模式,其中以项目化管理最为常见。

二、企业化的医疗纠纷调解组织的优势与劣势

"南京模式"有显而易见的优势。首先,医院管理公司或调解公司是竞争性营利组织,与竞争性非营利组织、独占性非营利组织相比,这类组织的公共关系意识较强,公共关系行为也较为自觉和主动,其更注重与客户之间长期合作关系的维护以及与当事人之间的良性互动。其次,上述公司将医疗纠纷的解决与医疗失误管理文化紧密结合,对医疗纠纷进行系统性防治,而不是头痛医头脚痛医脚的碎片化解决,将工作重心从事后解决挪向事前预防,从而从源头上治理医疗纠纷。医疗纠纷的防治归根结底是一种医疗失误管理文化。创造"失误管理文化"是为了克服那种想要完全避免失误的完美主义,提倡一种共情地对待失误现象的态度。医学科学的不确定性使得诊疗过程中的失误在所难免,即便诊疗水平已达到通常的医疗技术水平且医护人员已尽到了谨慎关注的义务。在新科技的威胁下,工业化使错误文化成为必然的和必要的。然而,小到一个医护人员,大到一个医疗系统管理,都是从不断的试错和不断地从错误中学习而成长起来的。为了促进医学科学的健康发展,不把失误看成医务人员和医疗机构专业度的不足或污点,而是一个学习的机会,才是对待医疗失误的一种明智的态度。将错误视为医疗行为无法避免的一部分,将关注放在如何应对错误上面。处罚每一个所发现的错误,会导致掩饰行为,那样经治医生和医疗机构都无法从中学习。上述公司将医疗纠纷的防治与医疗失误管理文化紧密结合在一起,并通过"互联网+"和大数据等手段,精准预测评估医患关系的质量和医疗改革及医疗管理的弊病所在,倒逼医院管理规范化,从而从源头上减少医疗纠纷的发生。在这方面,医院管理公司等市场化的医疗纠纷调解组织反而走在医疗纠纷人民调解委员会等非营利性调解组织的前面。再次,高科技使上述

公司如虎添翼,其主要功能体现在以下几个方面:一是通过数字化服务管理公司的事务性工作,通过数字化方式受理案件、在线认证、在线调解、在线司法确认等,通过智能机器人向当事人调查询问甚至实施背靠背的调解,大大降低了调解成本,提高了工作效率。二是通过互联网思维将专业化调解下放到基层,使得缺少专业化调解组织和调解员的社区、镇、街道的人民调解组织、民非调解组织有能力化解疑难复杂纠纷。将纠纷化解拆分为一系列步骤,通过大数据服务对每一个步骤实施精准赋能。对于基层的调解组织,即便不缺少综合性的法律知识,也往往欠缺对普通人而言存在着专业壁垒的专精型法律知识。比如调解知识产权纠纷时认定侵权责任是否构成对调解员而言比较困难,但调解公司提供利用爬虫技术筛选海量数据后所形成的大数据服务,能帮助调解员认定侵权行为与侵权责任存在与否。对于调查研究阶段需要认定当事人是否存在过错、违约责任或者侵权责任是否存在等法律事实判断问题,大数据能够为调解员赋能。三是通过互联网手段缩短受理案件的时间,既降低当事人的搜索成本,也防止矛盾激化。通过互联网实时追踪抓取纠纷发生的数据并通知离发生地最近的调解员就近调解,以空间换取时间,同时司法所、律师事务所和心理咨询中心等机构可在线实时对正在现场进行调解的调解员进行指导。高科技手段使得简单案件实现"下沉式调解",复杂案件实现"赋能式调解",使"小事不出村,大事不出镇,矛盾不上交"成为可能。

但"南京模式"目前所遭遇到的瓶颈也是显而易见的。简单地说,该模式拘泥于人、财、技术三大支柱因素。为了提高调解效率,高科技手段与调解程序的结合是不可或缺的。将调解程序和手段类型化、模式化、智能化是上述公司的主要优势,甚至有些从事调解业务的公司原本就是高科技公司。但受理案件、调查研究、在线调解、文书制作、当事人回访、纠纷苗头预测等程序的类型化、模式化、智能化都需要借助于谱图数据库的支持,即便这些公司目前已经掌握了大量案例数据,但既谙熟法律或了解心理学且精通技术的复合型人才奇缺,限制了公司深度技术的研发与应用,在一定程度上影响了其优势的发挥。长期以来政府对医疗纠纷调解大包大揽的思想观念也掣肘了营利性调解中介机构的发展壮大,尤其是医疗纠纷调解领域更是政府关注的维稳重地,从政府、法院到当事人都无法接受调解组织向当事人收费并提供有偿调解的做法,政府和法院甚至接受不了由企业或医院为纠纷调解买单的行为。高科技程序的研发前期需要大量投入,遵循效益原则的企业长期不计成本地投入是很难可持续发展的,反过来,这也让政府和法院认为值得购买服务的公司实在不多,同时,当事人也很难享受到比普通的无偿调解更专业的调解服务。如前所述,为了更好地与政府①合作,承接政府购买服务的调解项目,部分公司同时投资注册了多个民办非政府组织,但因着政府购买服务的费用难以为继,双方之间的合作渐渐没有了下文。

第五节　其他营利性、非营利性医疗纠纷调解组织

一、医疗纠纷行业性调解组织概述

一般说来,行业调解受理的是本行业内发生的,或者与行业行为有关的,自然人与自然人之间,或者自然人与法人或其他社会组织之间的涉及民事权利义务争议的各种纠纷。医疗纠纷行业性调解组织是依托行业自律组织组建的医疗纠纷调解组织。最典型的如医学会组织医学专家、法学专家、医疗事故鉴定专家建立的医疗纠纷调解组织。这些行业性组织因其突出的专业性、权威性和中立性而更容易获得医患双方的认可。医疗纠纷行业调解组织非行政主管部门,经熟悉医疗行业规范的专家在调解中释明后,医方对鉴定结论更为信服,患者也更容易理解作为普通人的认知与医学的认知之间所存在的差异性。除了具有纠纷解决的功能,行业协会作为本行业的自律组织,也具有行业监督的功能,能在解决医疗纠纷的同时启动行业内部的自我修复、自我矫正机制,从而促进行业的自我成长。医疗纠纷行业调解组织的存在也完善了我国的医疗纠纷

---

① 这里所谓的政府,是指广义的政府,即在一定区域内行使立法权、司法权和行政权的单位。狭义的政府仅指国家行政机关。

调解机制,医疗纠纷行业调解与传统的人民调解、行政调解、司法调解、司法诉讼之间的有效衔接,使部分医疗纠纷从医疗卫生行政和民事诉讼等领域分流出来,加上医疗纠纷行业调解组织与主管部门及医疗行业之间联系密切,有条件发动多部门联动和联合调解,可综合利用多部门的力量设计更多的调解方案,多角度解决实际问题,从而有效节约了行政资源、司法资源,降低了社会管理成本。

《人民调解法》《司法部关于加强行业性、专业性人民调解委员会建设的意见》(司发通〔2011〕93 号)以及《司法部关于进一步加强行业性、专业性人民调解工作的意见》(司发通〔2014〕109 号)中均未明确区分行业性调解与专业性调解,并将行业性调解、专业性调解均纳入了人民调解的范畴之中,受《人民调解法》的调整。但诚如廖永安教授指出的那样,2010 年通过的《人民调解法》延续了将我国的调解"一分为三"的调解框架体系,试图将各类非司法性、非行政性的社会调解都纳入《人民调解法》的规制范围。随着 2010 年《人民调解法》的出台,中国的调解立法选择了"分进"的道路。人民调解已然逐步渗透到其他类型调解之中,造成了人民调解的概念泛化。《人民调解法》一元化的统合模式导致其后的相关政策文件表达皆以"人民的名义"将实践中所涌现的各种新型调解组织类型都戴上"人民调解"的帽子或装进人民调解的"百纳袋"中,这种概念泛化掩盖了商事调解、行业调解、专业调解等多元社会调解方式的制度特色,造成了这些非官方调解的法律定位不清,使得调解立法滞后于新型调解实践,并严重制约了多元调解形式的协调发展,不利于纠纷解决的国际交流与合作。[①] 司法部在 2019 年 7 月举行的全国调解工作会议上提出的调解工作目标为:到 2022 年,基本形成以人民调解为基础,人民调解、行政调解、行业性专业性调解、司法调解优势互补、有机衔接、协调联动的大调解工作格局——将行业性专业性调解与三大调解并列,难免引人遐想。

笔者以为,由于"人民调解"这一概念的泛化,以及人民调解的专业化等原因,行业性专业性调解事实上已分散于人民调解、行政调解与其他调解之中。

[①]　廖永安,2020.关于我国统一"调解法"制定中的几个问题[J].商事仲裁与调解,(2):32-53.

为阐述之便利,我们将上述外延宽泛但实然存在的医疗纠纷行业调解组织称为广义的行业性医疗纠纷调解组织,而将刨去了人民调解性质的,为其成员单位或会员调解医疗纠纷的调解组织称为狭义的行业性医疗纠纷调解组织,并以后者为关注的焦点。从组织性质上看,狭义的行业性医疗纠纷调解组织是一种互益性组织,即以服务于其成员或会员的利益为目的的非营利性组织,一般实行会员制。互益是指某一特定群体内的互助性利益。狭义的行业性医疗纠纷调解组织通常由成员或者会员所属的协会、学会等自律性中介组织所设立,其优点在于调解的同时也与政府、患方进行沟通,因此既调解纠纷,也监督其成员或会员的经营行为、职业行为,发挥对成员或会员的自律和约束功能,是社会公共管理的有机组成部分——从宏观上看,有助于提高市场配置资源的效率,从微观层面上看,有助于收集行业信息,向政府提供防范医疗风险,预防与处理医疗纠纷的政策建议。行业性医疗纠纷调解组织的生存与运转有赖于资源的提供者,如通过成员或会员缴纳会费,政府注入资金等维持其运作,另一方面,成员或会员又是其产品与服务的消费者。一旦成员或会员与组织之间缺乏有效沟通,或者组织内部对调解员缺乏有效的激励机制,组织的生存与发展必然遭遇瓶颈。

二、医疗纠纷仲裁调解组织

(一)医疗纠纷仲裁调解组织概况

仲裁是当事人基于纠纷发生前或纠纷发生后的合意,将纠纷中的权利、义务、责任等法律关系内容交予仲裁庭处理,并服从仲裁庭裁决的一种非诉讼纠纷解决机制,是对民商事纠纷的一种常见的社会救济方式。仲裁机构则是通过仲裁方式,解决当事人之间的民商事争议,做出仲裁裁决或调解的机构。按仲裁的设置情况,我国大体上存在着两种常设的仲裁组织:一种是综合性的仲裁机构,是由各省(自治区、直辖市)人民政府所在地的市的人民政府组织有关部门和商会统一组建的,依法独立对平等主体之间发生的合同纠纷和其他财产权益纠纷进行仲裁的纠纷解决机构;另一种是专门性的仲裁机构,是指附设在特定行业内,仅对某一行业范围内的争议进行仲裁的仲裁机构,如劳动争议仲裁委员会、农村土地承包仲裁委员会、海事仲裁委员会、知识产权仲裁委员会等。

而仲裁与调解相结合是我国仲裁程序的一大特色,是仲裁制度与我国和合文化相结合的产物。实践经验表明,调裁结合的各种弊端是可以避免的,两者取长补短、相互融合则可能产生更多的优势。在这种背景下,开始出现调裁结合的趋势。仲裁调解化或调解与仲裁的结合已为国际规则所确认。在专门性解纷机制的制度建设中,各国越来越多地采用强制调解取代仲裁,或者两者并存,鼓励当事人优先选择调解;仲裁机构纷纷建立调解中心,一些仲裁机构调解及和解的案件数量已经多于裁决。[①] 近年来随着医患矛盾日益突出,医疗纠纷增多,以及医疗纠纷解决机制的精致化,少数地区也开始探索医疗纠纷仲裁机制。医疗纠纷仲裁委员会调解被学界称为"天津模式",天津市医疗纠纷仲裁委员会建立了调解中心,使得仲裁调解程序相对独立出来。另外,北京、深圳、广州等地的综合性仲裁机构也设立了调解中心,使调解程序相对独立和专门化。医疗纠纷仲裁机构的初步探索取得了一定的成效,医疗纠纷仲裁机制体现出快捷、专业、经济、保密等不可比拟的优势。

(二)仲裁委员会对医疗纠纷的调解范围

医疗纠纷仲裁委员会也可主持对医疗纠纷的调解。仲裁委员会对医疗纠纷调解的范围,事实上等同于仲裁委员会对医疗纠纷仲裁的范围。国内的学者首先对医疗纠纷的可仲裁性有过激烈的争论。要在我国以仲裁制度解决医疗纠纷,首先要确立医疗纠纷的可仲裁性,即医疗纠纷能否作为仲裁的客体,当事人是否能将医疗纠纷事项经由自由约定,交由仲裁机构裁决。

由于医疗纠纷仲裁尚无像劳动争议仲裁、农村土地承包仲裁那样的专门性规范性法律文件,因而适用《中华人民共和国仲裁法》。该法第二条规定:平等主体的公民、法人和其他组织之间发生的合同纠纷和其他财产权益纠纷,可以

---

① 范愉,2017.当代世界多元化纠纷解决机制的发展与启示[J].中国应用法学,(3):48-65.

仲裁。医疗纠纷是一种发生于医患之间的民事纠纷，因双方就损害结果及其产生原因的认知不一致而发生的争议，其核心争议为损害赔偿的数额，承担责任的方式主要是承担民事赔偿责任，可以纳入仲裁的客体。医疗合同具有财产性内容，对医疗合同纠纷具有可裁性这一点学界并无分歧。但关于作为一种侵权责任纠纷的医疗损害责任纠纷是否具有可裁性，学界是存在争议的。有一种观点认为，医疗损害责任纠纷涉及生命健康权、知情同意权、隐私权等权利，严格说来，这些权利不属于财产性权益，[①]另外，医疗纠纷的患方不仅有请求损害赔偿的核心需求，也有请求医方或经治医生赔礼道歉的核心需求，因此医疗损害责任纠纷不属于仲裁的范围。但我们认为，医方运用医学知识和技术，为患者诊断病情并施以相应救治的诊疗义务，说明义务以及保密义务等均为医方应承担的合同义务，是医疗服务合同效力的体现。医疗侵权行为虽然侵害的是人身权益，但医患双方的交涉主要是权益遭到侵害后的金钱赔偿，况且《仲裁法》也没有将人身侵权引发的损害赔偿纠纷纳入不得申请仲裁的事项，[②]从这个角度说，医疗纠纷的可仲裁性也是符合我国法律规范的。而且，医疗纠纷不仅是专业性的医疗纠纷仲裁委员会的仲裁对象，理论上，只要医患双方当事人就争端解决机制达成协议，自愿将医疗纠纷提交综合性的仲裁机构，后者亦应受理。

(三)医疗纠纷仲裁机构的优势

根据我国《仲裁法》的规定，仲裁实行"一裁终局"制，程序灵活、高效，保密性强，仲裁调解书一经当事人签收或者裁决书一经做出即发生法律效力，当事人不能就同一纠纷再申请仲裁或者向人民法院提起诉讼，也不能上诉，且仲裁协议具有强制执行力，因此，仲裁机制能避免当事人隐私泄露、纠纷久拖不决、成本过高以及法律效力不足等种种弊端。

与法院和医疗纠纷行政调解组织相比，医疗纠纷仲裁机构具有以下几个显

---

① 王金兰,王玮,2004.论侵权行为的可仲裁性[J].河北法学,22(10):106-108.
② 我国《仲裁法》第三条规定:下列纠纷不能仲裁:(一)婚姻、收养、监护、扶养、继承纠纷;(二)依法应当由行政机关处理的行政争议。显然医疗纠纷并未被排除在仲裁之外。

而易见的优势。

1.独立性与中立性

卫生行政主管部门作为医疗机构的主办机关和监管机关,同时行使医疗纠纷行政调解的职权,其独立性与中立性是其最为人所质疑的缺憾。而医疗纠纷仲裁机构非官办组织,与行政机关和医疗机构之间均不存在行政隶属关系,仲裁机构相互之间本来也没有上下级之别,可以有效避免行政干预,保证仲裁与调解公平公正。医疗纠纷仲裁委员会可以按照《仲裁法》的规定在省(自治区、直辖市)人民政府所在地的市设立,也可以根据需要在其他设区的市设立,不按行政区划层层设置,不存在级别和地域管辖。

2.专业性

医疗纠纷诉讼中法官的医学和卫生法专业背景的缺失及其审判对司法鉴定程序的依赖在一定程度上影响了其处理医疗纠纷的公正性。根据《仲裁法》第十三条的规定:仲裁委员会应当从公道正派的人员中聘任仲裁员。仲裁员应当符合下列条件之一:(1)通过国家统一法律职业资格考试取得法律职业资格,从事仲裁工作满八年的;(2)从事律师工作满八年的;(3)曾任法官满八年的;(4)从事法律研究、教学工作并具有高级职称的;(5)具有法律知识、从事经济贸易等专业工作并具有高级职称或者具有同等专业水平的。仲裁委员会按照不同专业设仲裁员名册。而医疗纠纷主要由相关领域的医学专家、法学专家和医院管理专家等组成的仲裁庭来裁决,其高度的专业性有效节约了犯错成本。

3.自律性与规范性

按照《仲裁法》第十五条的规定,中国仲裁协会是社会团体法人,其章程由全国会员大会制定;包括专业性的医疗纠纷仲裁委员会在内的我国所有的仲裁委员会均是中国仲裁协会的会员;中国仲裁协会是仲裁委员会的自律性组织,根据章程对仲裁委员会及其组成人员、仲裁员的违纪行为进行监督,并依照《仲裁法》和民事诉讼法的有关规定制定仲裁规则。而行业协会是市场主体自己组织起来,形成自律整合的力量,对本行业活动进行自律性管理的,介于国家与市场主体之间的辅助管理主体性质的中介组织。仲裁协会的自律作用主要体现在通过其内部组织机制的运行规范其成员单位及其仲裁从业人员行为,维持仲裁业的良好秩序,使之与整个社会的法律秩序相协调。医疗纠纷仲裁机构和仲裁员的仲裁与调解活动必须严格遵守我国《仲裁法》的规定和中国仲裁协会的章程,仲裁机构也在长期实践中形成了一整套严谨规范的工作程序。当事人对全国范围内的仲裁机构、仲裁员乃至仲裁程序和所适用的法律拥有广泛的选择权,同时又适用比较严格的回避制度,在很大程度上规避了因人事牵扯而产生的暗箱操作和地方保护主义。

三、律师调解组织

在 2016 年最高人民法院发布的《关于人民法院进一步深化多元化纠纷解决机制改革的意见》中,明确提出了推动律师调解制度建设,要求"人民法院加强与司法行政部门、律师协会、律师事务所以及法律援助中心的沟通联系,吸纳律师加入人民法院特邀调解员名册,探索建立律师调解工作室,鼓励律师参与纠纷解决。支持律师加入各类组织担任调解员,或者在律师事务所设置律师调解员,充分发挥律师专业化、职业化优势。建立律师担任调解员的回避制度,担任调解员的律师不得担任同一案件的代理人。推动建立律师接受委托代理时告知当事人选择非诉讼方式解决纠纷的机制"。2017 年 10 月 16 日,最高人民法院和司法部联合发布《关于开展律师调解试点工作的意见》(司发通〔2017〕105 号,以下简称《试点意见》),号召北京等 11 个省、市司法厅通过试点的方式推广律师调解。最高人民法院、司法部相关负责同志就《试点意见》答记者问时指出:要建立由律师作为中立第三方主持调解的工作机制,完善与人民调解、行政调解、诉讼调解、商事调解等既相对独立又相互衔接的律师调解制度。2019 年 1 月,《关于扩大律师调解试点工作的通知》提出,力争每个县级行政区域到 2019 年底都有律师调解工作室。各省市司法厅纷纷出台《关于开展律师调解试点工作的试点意见》,各地按照《试点意见》成立了四种模式的律师调解工作室:人民法院律师调解工作室、公共法律服务中心律师调解工作室、律师协会律师调解中心(工作室)、律师事务所律师调解工作室。实践中也存在以律师调解员为主体组成的"民非"组织向当事人提供有偿的调解服务。以杭州市为例,杭州市律师协会于 2016 年建立了全国首个以律师为主体的专业性调解组织——"杭州律谐调解中心"。截至 2019 年 4 月,调解中心已有专属于杭州市中级人民法院、滨江区人民法院、江干区人民法院①等 10 家法院的专业律师队伍,共计调解员 312 名,其业务也涵盖医疗损害责任纠纷。杭州市财政局同意将调解经费纳入杭州法院财政预算,杭州市物价局明确律师调解案件可按法律服务收费标准依法收费。② 再以四川省为例,根据四川省高院、司法厅印发的《关于开展律师调解试点工作的实施方案》,成都、泸州等 119 个市(州)可成立律师调解工作室或律师调解中心,作为中立第三方主持调解,按照有偿和低价的原则向双方当事人收取调解费。③ 有些律师协会或律师事务所将擅长办理医疗损害责任纠纷的律师吸收到其组建的医疗纠纷调解组织中来,主要办理医疗纠纷调解。在丰富的专业知识和强大的法律逻辑能力、文书能力和语言表达能力的加持下,律师调解组织的权威性与公正性颇受当事人的认可。但也有律师担忧这种调解形式会让普通公民混淆对律师事务所、司法行政机关和人民调解组织的功能的认知,让本就竞争激烈的律师行业更加艰辛;或者担忧一旦律师介入就很难让调解继续下去,因为律师毕竟是以诉讼代理为主业而谋生的。律师协会通常通过建立理事会、监事会等监督机构来杜绝后一种情形的发生。目前我国律师已突破 51 万人,律师事务所达 3.4 万多家,这是一个巨大的调解事业的人力资源蓄水池。2021 年《最高人民法院、司法部关于为律师提供一站式诉讼服务的意见》提出,要依托人民法院平台加大律师在线调解工作力度,打造律师调解品牌。律师依法按程序出具的调解协议可在线申请司法确认。这对深化律

---

① 2021 年 3 月 11 日,浙江省人民政府发布《关于调整杭州市部分行政区划》的通知,撤销杭州市上城区、江干区,设立新的杭州市上城区,以原上城区、江干区的行政区域(不含下沙街道、白杨街道)为新的上城区;以原江干区的下沙街道、白杨街道和杭州市原萧山区的五个街道为钱塘新区,法院机构也进行了相应的调整。

② 佚名,2018.律师参与调解工作的"杭州模式".[EB/OL],(2018-03-01)[2019-04-20].杭州律师网,www.hzlawyer.net

③ 刘朝宽,田亮,张敏,等,2018.行业性专业性人民调解工作存在的问题与对策——以四川省人民调解工作为例[J].人民调解,322(10):44-47.

师调解试点工作,充分发挥律师在预防化解矛盾纠纷中的职能作用具有积极意义。[①]

从性质上看,律师调解并非按照调解主体分类的独立调解类型。我国学界素有三大调解之说,即根据调解主体的不同,将我国的调解体系分为三大类:司法调解、行政调解和民间调解,律师可以调解员的身份参与到上述调解中去。从组织运行的制度逻辑上说,律师调解是律师业务的一部分,是商主体的一种商行为,因而与调解公司的调解没有本质的区别。尤其是律师事务所可接受当事人委托对双方展开有偿调解,这是一种贴近市场的律师调解工作模式,属于商事调解的范畴。

总的来说,律师调解依然是处于试水阶段的新事物。通过调研也发现,律师调解也存在着调解员数量少,调解案件案源少,调解成功率不高,调解经费无保障以及低价竞争等现象。即便是具有丰富诉讼经验的律师,也不一定能办好调解案件。主要原因有二:一是律师的"代理人角色"与"调解员角色"之间存在着冲突。律师"代理人角色"主要从"诉讼思维"出发,运用利益对抗体理念、静态利益观、切片式思维与向后看思维。在这种思维的指引下,律师将以当事人为中心,站在当事人和法院之间为其当事人最大限度地争取合法权益,而无须对纠纷中双方当事人的权利义务进行裁断。而在现代调解中,律师"调解员角色"应运用利益共同体理念、动态利益观、综合性思维和向前看思维。在这种思维指引下,律师"调解员角色"需要独自面对争议双方,独立启动调解程序,在调解中综合运用"中介""判断"和"强制"三种行动策略,以促使纠纷双方当事人形成解纷合意。因此,律师"代理人角色"与"调解员角色"的理念具有鲜明的对立性。[②] 在没有有意识地转变角色,并培养从事调解所需要的中庸思维之前,律师是很难做好调解工作的。二是在法律职业共同体内部,对调解的价值依然存在着认知上的偏颇。调解被视为一种门槛低、专业性差的低端的纠纷解决机

---

① 粟裕,代睿,2021.司法部最新数据:全国律师已突破 51 万人,律所超 3.4 万家.[EB/OL].(2021-01-14)[2021-01-14].封面新闻,http://www.thecover.cn.
② 赵毅宇,廖永安,2019.我国律师调解制度中的角色冲突及其化解路径[J].湘潭大学学报,43(4):91-99.

制,当事人通过调解顶多只能达到"廉价的正义""二流正义",无论是调解法官还是调解律师仿佛都"低人一等"。从心理学的角度去分析,法律职业工作者掌握的专业知识有一定的垄断性,其庞杂与深奥令人望而生畏,非积多年之功难以窥其堂奥。除了垄断性的法律知识体系,法律职业共同体拥有令人热血沸腾的法律信仰。办理诉讼案件时,无论是判定事实还是适用法律的环节,都需要专业性的知识和高超的法律思维能力,失之毫厘则谬以千里,这与高级的智力游戏相仿。法律推理的过程有种充满挑战的愉悦感和成就感,正是这种感受赋予法律职业工作者以相当的自恋①,当法律推理的结果有别于普通人的认知时,还有为这种快感推波助澜之嫌。正是这种自恋支撑着法律职业共同体的法律信仰与共同价值,并使之对法律职业"从一而终"。然而,调解却往往本着普通人内心朴素的正义观,而不需要过于依赖庞杂精深的法律知识和高超的法律技艺。即便是一个并不精通法律的非专业人士,仅仅本着朴素的正义观也可能成为口碑良好的调解员。满腹经纶却无用武之地,这就使律师无从体会这种高级的智力游戏所带来的愉悦,更无法通过运用法律知识与展现法律思维能力来维持自己较高的自恋水平并达到马斯洛所说的高峰体验(peak experience)。正如学者所言,"律师群体会忧虑经济上的损失和对调解本质缺乏了解,相对于调解中他们所处的消极与咨询性的角色,他们可能会更喜欢诉讼中的积极表现"。② 因此,在律师行业没有形成相对一致的调解意识之前,自上而下热推的律师调解遇冷是必然的。

如果说类型化的受案范围是判断某种调解组织是否是专业性调解组织的标准之一,那么很难说律师调解组织是一种专业性的医疗纠纷调解组织,因为单纯调解医疗纠纷的律师调解组织是少之又少的,但如果以专业知识丰富与否、专业素养精深与否作为评判标准,那么律师调解组织却是当仁不让的调解

---

① 按照科胡特的说法,自恋其实就是力比多的本质,或者说自恋是人类的一般本质,每个人本质上都是自恋的。自恋是一种借着胜任的经验而产生的真正的自我价值感,是一种认为自己值得珍惜、保护的真实感觉,一般个体的自恋并不是不健康的,而且我们整个社会也是允许适度自恋的,而只有个体过度自恋并超出了社会对于自恋允可的范围才是不健康的。心理学家们对于自恋有着不同的定义,在此不再赘述。

② 赵毅宇,廖永安,2019.我国律师调解制度中的角色冲突及其化解路径[J].湘潭大学学报,43(4):91-99.

医疗纠纷的专业性的社会调解组织。但本书以类型化的专业性医疗纠纷调解组织为重心,因此不再赘述。

四、保险公司组建的医疗纠纷调解机构

为了将医疗纠纷从"医院内转移到医院外",医疗责任保险成为分担医疗损害责任的重要手段。医学是一种不完美的科学,它能提供的只是概率,一种抽象的数学概念。但这种概率到了病人那里,却经常被作为唯一的正确答案接受下来。事实上,任何一种疾病,一旦落到个人身上,每个人都有他的特殊性,没有一个人是概率,没有一个人是"大多数"。比如,对一个具体的病患而言,一起手术是否会出现事故或者并发症,只存在零或者百分之一百,而不存在中间值。医患冲突的逐年增加,尤其是医患冲突的暴力化激烈化,无疑强化了院方和医护人员的戒备心理,导致医院的诊疗行为和管理机制不是以如何治病救人为目的,而是尽量避免官司,导致诊疗中过度检查与防御性医疗盛行,这又势必导致其诊疗水平和对医疗事业的探索停滞不前,最终全社会都将成为受害者。某些医院更是将对患者的赔(补)偿落实到经治医生头上,尽管医院承担了"大头",医生只承担10%~20%的小头,但这依然加剧了经治医师的经济负担和职业焦虑。医学实践的不确定性风险应由全社会分担,而不应由医务界全然承担。引入第三方调解机制,将医疗风险转移给保险公司与医疗纠纷调解委员会(简称"医调委"),无疑有助于解除医务人员的后顾之忧,提高其业务质量,促进医学技术水平不断发展。

(一)"人民调解+医疗责任保险"模式

从2008年开始,浙江、江苏、山西、天津等地开始施行一种新的"医疗纠纷第三方调解机制",这种机制与以往的第三方调解机制的最大不同是建立了两大机制,即以医疗责任保险为核心内容的医疗纠纷理赔处理机制和以医疗纠纷人民调解委员会为核心内容的医疗纠纷人民调解机制。这些省市在实行医疗责任保险的实践中无一例外地采取行政干预的手段,强制公立医疗机构投保。我国的医疗责任保险经历了从所有医疗机构自愿投保到公立医疗机构强制保

险、其他医疗机构自愿投保，从单纯的医疗责任保险到保险公司指定调解组织调解到"人民调解＋医疗责任保险"模式的发展历程。但强制保险显然是把"双刃剑"。一方面，国内医疗责任保险的实践表明，不强制推行，则投保的医疗机构很少；只有强制推行，投保的医疗机构才会大大增加，才能发挥医疗责任保险转嫁风险的功能。"强制推行"也是发达国家实行医疗责任保险的共性。根据大数法则，当 n 充分大时，大量随机变量的总和或均值具有稳定性，随机事件发生的频率也具有稳定性。因此，对于同一险种，投保的医疗机构越多，发生保险事故的概率就越小，风险就越分散，保险的风险管理功能就越能得到淋漓尽致的发挥。以温州市医疗纠纷调解协议的实际赔付额为例，自从推行"人民调解＋医疗责任保险"模式以后，参加医疗责任保险的医疗机构逐年增加，使得医疗纠纷调解协议的实际赔付数额从最初的 68% 增长到近年来的 80%。另一方面，有人提出强制推行医疗责任保险缺乏法律依据。《中华人民共和国保险法》第十一条规定：订立保险合同，应当协商一致，遵循公平原则确定各方的权利和义务。除法律、行政法规规定必须保险的外，保险合同自愿订立。而现有的法律、行政法规并没有规定医疗责任险是"必须承保"的。因此，这些省市在推行医疗责任保险时遇到的一个最大困境是，可能出于违反上位法而使地方性法规无效的考虑，这些省市即使在自己所颁布的地方性法规中也没有明确提出医疗责任保险是必须承保的，而是采取了含蓄的、模糊的表达。《医疗纠纷预防和处理条例》借鉴吸收了"人民调解＋医疗损害责任保险"的"宁波模式"，但也仅规定"国家建立完善医疗风险分担机制，发挥保险机制在医疗纠纷处理中的第三方赔付和医疗风险社会化分担的作用，鼓励医疗机构参加医疗责任保险，鼓励患者参加医疗意外保险"[①]，其宣誓性大于强制性，这也与保险法的规范与精神相一致。

医疗责任险的推广也催生了保险联合体（以下简称"共保体"）在医疗纠纷领域的应用。共保体是承保医疗责任险的保险公司出于风险管理的需要，由两个或者两个以上保险公司组建而成，遵守统一保险条款、统一费率、统一理赔服

[①]　参见《医疗纠纷预防和处理条例》第七条。

务、统一信息平台等公报要求开展服务的松散型联合体,是防范和控制风险的有效措施。共保体对保险合同承保范围内所发生的医疗责任事故进行核查,并对医疗纠纷人民调解组织主持下达成的人民调解协议进行审查,并以协议为基本依据向当事人做出理赔。尽管共保体早在 1997 年就应用于我国保险市场,但在医疗责任险方面,它还是新生事物。共保体的运作有效分散了保险公司的商业风险,也促进了医疗纠纷人民调解协议的实际履行。然而,共保体作为一个社会组织,其有效运行离不开管理费、办案费用与人工工资等必要的经费与支出,这些通常从保险费中开销,事实上侵占了部分用于赔付给当事人的资金,这也使得当事人很难得到足额偿付。还以温州市为例,为了节省开支,共保体的工作人员已由最初的 7 名削减为 3 名。而医院由于已经支付了医疗责任保险费,认为赔偿责任已转移给承保该医疗责任险的保险公司了,一般不愿对赔偿不足部分负担补充责任,如果调解员难以说服医院足额赔偿,最终受到损害的是患者的利益。"人民调解+医疗责任保险"模式发展至今,可根据医疗纠纷人民调解委员会与共保体之间的关系,将这种模式再细分为"调委会主导型"和"共保体主导型"。前者以温州市医疗纠纷人民调解为典型,后者以宁波市医疗纠纷人民调解为典型。前者的共保体较少考虑赔偿的合理性,也没有参与前期的评估与调解工作,只是对于不超过投保限额的赔偿承担出纳的角色,导致共保体对赔偿只有监督功能而没有监管功能。调委会主导型的地方政府通常秉承着医疗责任强制险不应营利的基本准则,保险公司很难逐年增加保费,这有悖于保险市场的规律,导致保险公司积极性不高。后者的医疗纠纷人民调解委员会与共保体相比较为弱势。以宁波市的医疗纠纷人民调解为例,保险赔偿金并未像温州市那样封顶,因死亡赔偿金是逐年递增的,导致保险费率越来越高;相同的责任,每年的保险费却收得不一样,这也导致这种模式较难可持续发展。按照《关于加强医疗纠纷人民调解工作的意见》,在医调委主持下达成的调解协议,是医疗责任保险理赔的依据,但实际赔偿范围往往小于病患因医疗损害而受到的实际损失。在医患双方都不存在过错的情形下,患方既无法依据过错责任原则从医疗机构获得医疗损害赔偿,也无法通过医疗责任险获得经济救济。建立医疗责任保险机制的初衷是为了将医方的赔付责任落到实处,提高医疗纠纷人民调解的成功率,同时也分散医疗行业的执业风险,缓和医患矛盾,但因患者得不到与实际损失相当的赔偿金,认为个人的合法权益受损,事实上人为提升了医疗纠纷人民调解委员会对差额部分的调解难度。借鉴国外的多样化保险互补机制,开发医院、医生与病员共同投保的多险种互补模式也许值得探索。

(二)保险公司的医疗纠纷调解机构

随着医疗责任险的广泛适用,保险公司的组织机构也出现了调解组织内部化的变化,从最初由承保医疗纠纷的保险公司派出的代表参与医疗纠纷调解,演变为出现了由保险公司组建的医疗纠纷调解机构。当然,采纳"人民调解＋医疗责任保险"模式的医疗纠纷人民调解组织也出现了专与保险公司相对接的保险事务部门。这些都是社会分工细化与社会组织边界模糊化相结合的具体体现。在最早引入保险公司,全程参与并见证医患调解过程的南京,保险公司内部的医疗纠纷调解机构甚至被认为是能与医疗纠纷人民调解组织、公司化运作的医疗纠纷调解组织和医院的医患和解机构相抗衡的一股力量。保险公司组建医疗纠纷调解机构,有助于防止医疗保险的"公地悲剧",但保险公司的营利属性和效率机制决定了由保险人派出调解员难免压制患方的合理诉求,令患方怀疑其立场偏移,这在一定程度上限制了其进一步发展,也决定了其难以成为主流的医疗纠纷调解组织。此外,不少医院认为医疗责任保险费过高,达不到分散和转移风险的目的,导致各级各类医疗机构投保医疗损害责任险的积极性不高。特别需要指出的是,由于我国的公立医院作为事业单位是享受一定的行政级别的,各家市属医院又与当地指导医疗责任保险的卫健委以及指导医疗纠纷人民调解的司法局之间均存在着密切的联系,而省属医院却因不隶属于市卫健委而仿佛拥有不听命于前者的底气,导致目前各市属医院一般都已投保了医疗责任险,但部分省属医院仍未投保的怪现象。有些省级医院只是为了通过特定的考核而支付部分保险费,还有些省级医院连应个虚景的投保行为都没有,其背后的心理动机是认为投保支出的保险费总额可能大于该年度因医疗纠纷而支付的赔偿额。省属医院疑难杂症和重大手术比例高,资金流巨大,医疗纠纷多或者患方索赔数额高,其游离于医疗责任保险的体系之外,必然制约医疗责任保险的实际偿付能力,影响医疗责任保险功能的进一步发挥。这也使得目前保险公司无法介入一些重大复杂的医疗纠纷的调处。

五、医疗纠纷民非调解组织

简单地说,在我国,民非调解是指依法成立的具有调解职能的民办非企业组织,在当事人之间斡旋调停,疏解矛盾,促成当事人之间纠纷化解的活动。从事上述调解活动的民办非企业组织即民非调解组织。

民非调解组织既包含人民调解组织,即登记为民非组织的个人调解工作室,也包含其他民非调解组织,以具有调解功能的社会公益组织最为典型。以民非工作室为代表的社会组织在社会风险治理中形成了纵向和横向两种参与路径。从纵向来看,民非工作室处于"区—街镇—居村"这一层级嵌套的"三级网络"当中,形成了社会组织参与社会风险治理的整体合力。从横向来看,民非工作室通过与法院的诉调对接、与派出所的警民联调、与信访办的访调对接,形成了政社协同的工作格局,完善了"三调联动"的工作机制。① 以上海市浦东新区的民非调解工作室为例,"自2008年以来,采用政府购买服务、项目化运作方式,引导专业人才组建民非调解工作室,专门化解街镇以上层面重大、疑难、复杂矛盾纠纷及跨区矛盾纠纷,提升调解能级,推进调解社会化"。民非调解工作室被视为"传统调解组织形式的创新发展,是社会力量和独立第三方组织参与社会矛盾纠纷化解的典范","因为调解工作室第三方社会组织的属性,成了社会矛盾纠纷的'解压阀'"。②

2018年,司法部印发的《关于推进个人调解工作室建设的指导意见》(以下简称《指导意见》)号召"以组织形式创新和队伍素质提升为着力点,积极推进个人调解工作室建设"。如前文所述,目前人民调解组织既非社会团体也非民办非企业单位,但个人调解工作室却是例外。个人调解工作室是以人民调解员姓

---

① 石阳阳,2018.社会风险治理中社会组织的参与路径研究——以上海市P区民非调解工作室为例[D].上海:华东理工大学.

② 上海市司法局,2020.调解"金钥匙"专开"矛盾锁"——记浦东新区民非调解室的"金牌调解员".[EB/OL],(2020-10-22)[2021-02-02].澎湃号·政务,https://www.thepaper.cn/channel_27392.

名或特有名称设立的调解组织。《指导意见》规定了申请设立个人调解工作室的条件:"人民调解员具备以下条件的,可以申请设立个人调解工作室:具有较高的政治素质,为人公道正派,在群众中有较高威信;热心人民调解工作,有较为丰富的调解工作经验,调解成功率较高;具有一定的文化水平、政策水平和法律知识,形成有特点、有成效的调解方式方法;获得过县级以上党委政府、有关部门或司法行政机关表彰奖励。"因此,尽管很多个人调解工作室所承揽的调解业务并未类型化和专门化,但是因个人调解工作室建立的门槛较高,通常是以调解经验丰富甚至拥有鲜明的调解工作风格、调解成功率高、当事人口碑良好、美誉度与社会影响力较高的调解员为"金字招牌"而设立的,拥有相当的化解纠纷和吸引资源的能量,也有调处专业性较强的医疗纠纷甚至提出医疗风险防控建议的能力,而这往往是专业化人才与手段匮乏的基层人民调解组织的弱项。根据《指导意见》,"支持个人调解工作室登记为民办非企业组织,或通过当地人民调解协会承接政府购买服务项目,促进工作有效开展",因此,个人调解工作室也可登记为原民办非企业单位,其登记管理适用《民办非企业单位登记管理暂行条例》,即以民政部门为其登记管理机关,同时接受民政部门管理和所属人民调解委员会的业务指导,并自觉接受司法行政机关指导和基层人民法院业务指导。然而,自未来《社会组织登记管理条例》施行之日起,个人调解工作室是否顺理成章有资格登记为社会服务机构,依然值得探讨,因为一旦登记为社会服务机构,则意味着其是具有独立承担民事责任的法人,而指导与管理上述工作室的人民调解组织却不具备法人资格,甚至在专业性与职业化方面滞后于个人调解工作室,两者之间指导与被指导的关系是否适宜维持下去,值得商榷。这也从一个侧面体现了人民调解委员会定性不明所带来的尴尬。

除了上述营利性和非营利性医疗纠纷调解组织,人民法院也对医疗纠纷进行司法调解,但并未建立专门化的医疗纠纷调解机构。还有学者将医疗纠纷调解组织分为内部调解组织与外部调解组织,[1]笔者以为,当医院内设的医患沟通中心或者医患办等机构调处医患双方所发生的纠纷时,是以医方代表的身份

---

① 邵华,2016.医患纠纷调解的正义之路[M].湘潭:湘潭大学出版社,43.

出现的,因此这种纠纷解决机制宜归入和解机制而非调解。至于医院内部所设立的医疗纠纷人民调解委员会则可归入医疗纠纷调解组织,但其中立性备受质疑。为了防止公立医院因赔偿数额过高而导致国有资产的流失,每一地区的地方性立法都对医患双方自行和解的纠纷做了标的数额上的限制,如《浙江省医疗纠纷预防与处理办法》第二十条规定,医疗纠纷索赔金额1万元以上的,公立医疗机构不得自行协商处理。《上海市医患纠纷预防与调解办法》第二十三条规定,患方当事人请求赔偿金额在3万元以上的医患纠纷,医疗机构应当告知其可以向调委会申请调解,并与患方当事人共同接受调解。在北京和南平,患方索赔额1万元以上的案件医患双方不得自行和解,而应由人民调解组织调解。由于没有规定相应的制裁条款,现实中院方为了息事宁人,罔顾上述规定自行和解并履行和解协议的并非罕见,但整体上看通过医院内部的医患和解机构所解决的纠纷总数不多,涉案金额不大。基于上述两个原因,并未将上述机构列入医疗纠纷调解组织。

六、医疗纠纷调解组织的发展对社会基层治理的启示

根据人类社会活动的国家-市场-社会三分法,现代社会可划分为国家、市场、社会三个既相对独立又相互联系的体系。其中,国家体系的主体是各级各类党政机构等公共组织,市场体系的主体是各种营利性的企业,社会体系的主体则是各种具有非营利性、非政府性、志愿公益性或互益性特征的组织机构。[①] 在国外,后一类组织通常称为"非政府组织"(non-govenrmental organization,NGO)、"非营利组织"(non-profit organization,NPO)、"第三部门"(third sector)、"志愿组织"(voluntary organization)等。治理理论、失灵理论、资源依赖理论等均从不同的立足点出发揭示了政府与社会组织互动合作的必要性。按照失灵理论,市场失灵、政府失灵与契约失灵都是客观存在,政府、市场与社会各有短长。尽管上述理论框架形成于西方语境,所使用的概念和术语也具有浓厚的西式风格,但其无疑深刻阐释了社会发展过程中政府、市场、社会之间的

---

① 王名,2010.社会组织概论[M].北京:中国社会出版社,7.

角色和关系,很好地展示了市场竞争机制、政府强制机制和社会志愿机制共同构成了现代社会三大运行机制的框架,论证了三种角色或机制的各自不足、相互差异及其互补性,表明三者之间只有良好的分工合作才能满足社会中不同人群的需要,才能提供所有的服务,才能实现社会的有效治理。而我国的医疗纠纷调解组织正好是政府公共组织、营利性企业组织和非营利性组织三者的集大成者。这个领域集中体现了国家、市场与社会三者之间的互动。无论政府部门的调解组织、市场化的调解组织抑或公益性的医疗纠纷调解组织,均为满足社会公众和当事人需求的手段,且三者在满足个人的需求方面存在着相互替代性,尽管三者所面对的受众不尽相同。在医疗纠纷调解领域,此三者只有分工合作,各展其长,相辅相成,实现错位经营和互补效应,相得益彰,才能满足不同主体的多元化的需求,实现帮助当事人接近正义、促进医疗事业发展和社会和谐的目标。可以说,西方社会学理论对医疗纠纷调解组织的发展提供了宽厚的理论基础;但反过来,医疗纠纷调解组织在实践中的发展也对我国的社会治理具有可贵的启示价值。

(一)从社会管理到社会治理的转变,是我国行政执政理念的重大创新

社会管理的主要内容在于政府对社会所进行的自上而下的管理行为,其政府主导性突出,各级政府及其职能部门的主体地位显著。而社会治理来源于社会自治权,强调政府、企事业单位、第三部门、公民等多元化主体间的协作与自治,以及权力来源的多样性、治理路径的多样性等。医疗纠纷调解组织在同一类矛盾纠纷的领域串联起各种不同性质的调解组织,以政府为主导,运用市场、法律、文化、习俗等多种方式,以医疗纠纷的化解为基础,通过各种主体之间的自主表达、协商对话,消除社会撕裂,弥合社会创伤,维护社会秩序,促进社会和谐,并帮助政府逐渐形成符合最广大群众根本利益和公共需求的公共政策。

基于目前医疗纠纷人民调解的普遍性,对医疗纠纷调解的社会治理功能,理应首先重视医疗纠纷人民调解的社会治理功能。人民调解的社会治理功能,就是由政府主导,依靠民间组织、社会组织等其他第三方部门的协调与参与,通过人民调解化解社会纠纷,维护社会和谐,从而对社会秩序进行有效治理。在我国基层管理实务中,人民调解组织除了承担基层纠纷化解功能之外,还承担着普法宣传、人际关系融合的文化整合功能以及秩序维护和风险控制的政治控制功能。其中,基层人民调解的纠纷解决功能,是其发挥政治控制与文化整合功能的基础;而其政治、文化功能的发挥,则建立在其解纷功能的基础之上。当然,我国基层人民调解的制度功能要实现从传统的行政管理向现代社会治理功能的转变,仍然面临着一系列的困境,具体表现为人民调解纠纷解决功能的弱化、社会控制功能过于强化,以及文化功能部分失效等。这些阻碍因素不仅包含人民调解制度本身的缺陷,还与社会转型带来社会经济结构和人们生活方式的转变、社会理念的改变有关。此外,"行政化"与"自治化"的矛盾也是影响其治理功能发挥的一个重要阻碍因素。为了充分发挥基层人民调解制度的社会治理功能,需要转变政府理念,实现由"全能政府"转变为"有限政府"的过渡;需要振兴基层调解组织,增强社会自治力量;需要平衡调解与审判的关系,将人民调解制度纳入法制轨道。[①] 由于基层专业性调解组织的薄弱性与医疗纠纷的专业化之间存在的突出矛盾,通过高科技手段对基层人民调解组织和专业性医疗纠纷调解组织进行赋能既是可能的,也是必要的。不仅通过ODR机制实现在线受理纠纷、在线调解与在线签订协议及司法确认等,打破地域界限,以空间换取时间,有效预防矛盾激化,更重要的是通过大数据的筛选,帮助调解员对医疗事故是否构成,诊疗过错是否存在等关键性法律事实问题形成智能化判断,这能在较大程度上为调解员补充专精型知识并避免其对法律事实的主观臆断。对于不愿意做医疗鉴定的当事人更是一种省时省力的程序赋能。大数据服务还可以追溯到纠纷发生的源头,对医疗管理的每一个环节形成反馈,以此推动医院改善医疗服务质量,尽可能避免不必要的医疗差错,在医院、第三方调解组织和高科技的共同牵引之下实现诉源治理的目的。

---

① 朱玲玉,2017.论基层人民调解的社会治理功能[D].湘潭:湘潭大学.

（二）不同性质的社会组织在同一个领域可各尽其能，但各自的功能与价值有所不同

按照韦斯布罗德（Burton A. Weisbrod）的观点，个人需求是异质性的，个体之间的差异导致个人对各种公共物品的需求的差异性，而政府所提供的任何商品的数量和质量都是由政治决策过程所决定的，对于公共物品的提供也不例外；大量的对政府提供的公共物品不满意的消费者（consumer）[1]可以通过求助于私人市场和非营利组织等方式进行替代性选择。[2] 不同医疗纠纷当事人对调解服务的需求也不尽相同。从当事人的纠纷选择偏好来看，政府所提供的医疗纠纷调解的主要弊端是，当事人对公共性调解的可控度比较低。对于不满意公共性调解的当事人来说，可以选择反应更迅速，拥有更多个人控制感，具有较少外部收益的有偿服务，而较少购买公共物品，这就是所谓的"社会无效率"选择。

（三）转变政府职能，建设公共服务型政府，离不开第三部门的支持和发展

在风险治理的全球化语境下，不仅西方有学者认为必须依靠组织，尤其是高可靠组织（high reliability organizations）来应对风险，强调整个过程中的组织力量和制度环境在创建、评估和应对风险方面的作用。[3] 我国的学者也将西方风险社会理论与我国转型时期的实际相结合，提出了提高现代社会风险管理理念以及风险管理多元化、复合化的观点。例如，杨雪冬认为，在全球化风险社会带来的治理危机下，国家、市场以及公民社会都无法独立承担应对风险的重任，而应当采取复合治理的新的治理机制，其基本特征是多元治理主体、多维度治

---

① 韦斯布罗德是在广义上使用"消费者"的概念的，他把政府活动视为市场，那么，一切对公共物品有需求的人都是消费者，包括对政治过程的参与。参见：田凯，等，2020.组织理论：公共的视角[M].北京：北京大学出版社，293.

② Weisbrod B A，1975. Toward a Theory of the Voluntary Nonprofit Sector in Three-Sector Economy [M]//Phelps E. Altruism Morality and Economic Theory. New York：Russel Sage，171-196.

③ Short C J F Jr.，1993. Social organization and Risk：Some Current Controversies[J]. Annual Review of Sociology. 19(19)：375-399.

理和国家、市场与公民社会的合作互补,其目标是就地及时解决问题,①而这一目标正与纠纷解决的基本法则不谋而合。学者们普遍关注社会组织在风险治理中的作用,认为应对与化解社会风险已经成为各级政府与社会组织的共同职责,加强政府与社会组织间的合作是风险社会下我国治理模式转变的重要内容,社会组织需要树立政府、企业、社会多元主体参与风险治理的理念,有效整合和配置社会资源,提升自身能力,获得文化认同,弥补政府治理能力的不足,实现社会风险的多元治理。② 还有学者从经济学角度出发,去探索社会组织在公共服务和社会治理中的补位作用。市场失灵的客观存在,一方面为政府干预经济提供了理由——政府需要在确立和维护市场交易的"游戏规则"、组织公共物品供给、调节收入分配、保持宏观经济的稳定性等方面发挥自身作用,以纠正市场失灵,另一方面也为社会组织的介入和参与提供了机会。由于非政府组织自身的特点以及其提供公共物品和公共服务志愿性地满足集体或公共利益的目标,使得它们能够在上述方面弥补市场的不足甚至比市场更有效率或者更能体现社会的公正性。③ 政府行为同样具有局限性。政府失灵会带来制度与政策供给的路径依赖、政策制定与执行的价值偏移、政府部门自我扩张挤占和浪费公共资源、公共产品供给低效率、公共权力寻租及其他腐败行为等一系列严重的后果。④ 正是政府和市场在提供公共物品方面的局限性,才导致了对于志愿非营利部门的功能需求,而这也是"志愿非营利部门"存在的主要原因和合法性基础。尽管近年来我国社会组织提供公共服务的功能明显增强,但总体来看,目前我国公共服务的主要承担者仍然是政府、事业单位及官办社会组织。与西方发达国家社会组织作为政府提供公共服务"重要伙伴"所发挥的功能相比,我国社会组织在公共服务中的功能发挥仍然不够显著。此外,我国两大类社会组织即官办社会组织和民办社会组织在提供公共服务方面的作用存在着

① 杨雪冬,2004,全球化、风险社会与复合治理[J].马克思主义与现实,(4):61-77.

② 陈秀峰,陈美冰,2010.风险社会中的社会组织参与性公共服务效能探析[J].中国社会组织.(9):28-32.

③ 李红艳,2009.非政府组织的基本理论探讨[J].武汉大学学报(哲学社会科学版),62(3):360-364.

④ 黄健荣,2011.论现代政府合法性递减:成因、影响与对策[M].浙江大学学报(人文社会科学版).41(1):19-33.

明显差异。整体来看,官办社会组织提供公共服务的能力要强于民办社会组织,作用也更显著。比较而言,民办社会组织在提供公共服务方面还处于"边缘地位",更多地起到"拾遗补缺"的作用。①

事实上,国家法秩序也一直无法超脱生活中的"活法"和民间秩序而存在。在 NGO 的民间治理过程中,孕育了一种民间自治秩序,它作为国家制定法缺位和局限时的一种补充和替代,构成了国家法秩序的重要基础。② 近年来,我国中央政府和不少地方政府在建设服务型政府过程中纷纷采取措施引导和支持社会组织提供公共服务。社会组织参与提供公共服务,不仅有助于提高公共服务供给数量,提高供给质量和效率,有效缓解社会公共服务需求快速增长和公共服务供给不足的矛盾,而且有助于政府以更加专业化和个性化的公共服务来满足社会多样化、异质化的公共服务需求,推动公共服务走向精细化,并降低财政成本。

(四)专业性较强的非营利性组织亟须扶植发展

医疗纠纷调解是一种公共需求,政府的供给明显不足,而政府允许和鼓励发展的政策③又为民间组织(NGO)介入医疗纠纷调解提供了良好的契机。但通过调研和统计,我们发现从事公共服务的"民非"组织在这一领域普遍缺位。除了医疗纠纷人民调解组织,民非性质的个人调解工作室也参与医疗纠纷人民调解,但从总体上看,除了人民调解组织以外的民间组织(第三部门)较少参与调解工作,遑论专业性较强的医疗纠纷调解工作。上述组织与人民调解组织一样不以营利为目的,但却无法如人民调解组织那般致力于调解工作。以杭州市

---

① 康晓光,2011.依附式发展的第三部门——第三部门的环境分析[C]//康晓光,冯利.中国第三部门观察报告(2011).北京:社会科学文献出版社,28.

② 马长山,2005,NGO 的民间治理与转型期的法治秩序[J].法学研究,(4):75-87.

③ 2004 年中共十六届四中全会通过的《中共中央关于加强党的执政能力建设的决定》明确提出,"加强和改进对各类社会组织的管理和监督"。《中共中央关于构建社会主义和谐社会若干重大问题的决定》、中共十七大报告、中共十八大报告、《中共中央关于全面深化改革若干重大问题的决定》、国家"十二五"规划等党和国家多个重要文件都体现了这一政策精神,国家"十三五"规划纲要中,专设"发挥社会组织作用"小节;党的十九大报告,党的十九届三中、四中、五中全会均对社会组织做出了部署。这些都体现出党和政府培育、支持和鼓励社会组织发展的态度。

为例,即便曾经有社会公益组织接受政府部门所立的调解项目,也只是昙花一现,在医疗纠纷调解领域更是难有作为。究其原因,主要有以下几点。①政府部门对第三部门的发展不够重视,社会公益组织普遍缺乏维系机构运作的充足的经费。还以杭州市为例,杭州市政府更重视社区及其志愿者的建设,而对发展社会公益组织缺乏总体规划和经费保障。即便是政府购买服务的项目,投入的经费也很不充裕,几乎所有的试错成本都由社会公益组织自身在承担,导致不少社会公益组织或服务项目中途夭折。②社会公益组织的经费运作模式难以突破,致使其生存难以为继。社会公益组织不仅不以营利为目的,不能使用任何国有的或者集体的资金开展业务活动,而且其筹募的资金无论最初是通过何种方式募得的,一旦入账便转化为公共财产。社会公益组织的财务规范是按照事业单位的标准来审计的,政府购买服务的项目通常按政府与社会公益组织之间的协议进行管理和评估,协议中明确规定了款项明细以及每一笔款项所占的比重,后者必须满足相关比例的限定性规范,且在项目运作期间只可调整一次预算。人员经费不足以支撑足够的人力资源,而业务经费即便充分也难以正常使用,很多时候需要社会公益组织甚至是项目负责人自行垫付,这种“靠钱助人”而不是“靠人助人”的模式容易对社会公益组织形成负性刺激,使得很多项目可一而不可二。③社会公益组织运作管理不规范、不专业。全国绝大多数城市缺少上海、深圳、广州这样的国际化大都市发展第三部门的先天优越条件,社会公益组织普遍如襁褓中的婴儿,机构不成熟,人员不稳定,业务不专业,管理不规范。我国绝大多数社会组织是在改革开放后的三十多年中成长和发展起来的,其内部治理结构和治理机制还不完善、不健全,加之受官民二重性和行政化的影响,不少社会组织实际运作管理非常不规范。如果将社会公益组织分为官办的社会公益组织和民办的社会公益组织,相比较于这些官办社会组织,不少自下而上生长起来的民办社会组织的项目运作、资金使用、财务管理等更为混乱,加之工作人员素养不高和缺乏有效的自律机制和监督机制,在运作管理中产生了各种问题,甚至出现贪污、挪用、卷款携逃等恶性事件。民办的社会组织的资源短缺的问题远甚于官办的社会公益组织,因其获得的社会关注和政府帮扶更少,其活动经费、人员工资、办公场地、配置等条件捉襟见肘,更难以吸引人才、获得资金支持和扩大社会影响,因而民办的社会公益组织更难形成良性循环。从社会公益组织的业务活动来看,大部分社会公益组织为生存而疲于奔命,基本没有形成类型化、专门化的业务活动范围与能力,使得政府部门认为其服务不值得购买,遑论"染指"如医疗纠纷调解这种专业性较强的业务。此即莱斯特·M.萨拉蒙所谓的"慈善的业余主义"(philanthropic amateurism),即"用业余的方法处理人类问题",非营利组织因受财力限制而往往没有能力雇用专业人员,结果业余志愿者成了慈善服务的主要承担者,由此造成慈善工作的业余化。[①] 萨拉蒙认为,志愿性是非营利组织的重要特征,非营利组织的活动以志愿为基础,其服务通过志愿者来提供,其经济来源也是由社会捐赠而来,当非营利组织仅靠自身力量难以推进慈善和公益事业时,就出现了志愿失灵。因此,民间性与专业性兼容是今后社会公益组织发展的重要趋势。

---

① [美]莱斯特·M.萨拉蒙,2008.公共服务中的伙伴——现代福利国家中政府与非营利组织的关系[M].田凯,译.北京:商务印书馆,46-50.

第二章 医疗纠纷调解组织的组织要素

虽然在组织研究中,各种组织界定的方式和视角不同,但不论何种定义,作为一个组织,一般都由组织成员、目标体系、社会结构、组织技术和组织环境等五个要素组成。组织本身是一个有着多重维度的,立体而错综复杂的社会现象,它既是在行动者之间建构的关系系统,又是其关系系统构建的过程;既是形式,又是内容;既是行动的过程,又是人类行为的结果;既是限制组织成员肆意妄为的规制性力量,又是促进组织成员集体行为的推动性力量。同时,每一个组织都面临着一种基本的两难处境:一方面,组织成员受与个人的利益目标相一致的组织利益目标的吸引,产生了强大的凝聚力,他们遵守共同的规则,顺应被设定的角色,具有高度的同质性;另一方面,除了共同的目标利益,各个组织成员作为独立的个体也有各自的目标利益。这就使得组织成为既同质又异质,既聚合又离散的矛盾体。每一个组织都必须建立专业机构,确立特定的方向,设立具体的部门,即不得不分化;与此同时,组织的管理者又必须通过设立组织的诸种程序的方式,以控制离心的趋势,并进行冲突管理,将这种分化统合起来。此外,医疗纠纷调解组织关涉治疗、咨询、鉴定、诉讼、调解与谈判等数个环节,有五花八门的形式和制度逻辑,是个更为多元化的复杂的综合体。我们只有对这个复杂的综合体做出微观的体察,并根据其自身的存在状况对其做出解释,而不能仅凭自己对组织的单一、固定的观念僵化地解读这种社会现象,才有可能对相关的理论与实践做出认知上的贡献。

第一节 医疗纠纷调解组织的目标

一、组织目标概述

组织目标是组织期望其未来能达到的一种状态。它反映了组织在特定的时期内,在综合考虑内外部环境条件的基础上,期望在某一时间段内在履行其使命上能够达到的程度或取得的成效。它是组织决策的基本依据,也是评价组织效率和绩效考核的依据。人类组织的产生,正是人类希望实现自身目标的结果。按照德鲁克的说法,并不是有了工作才有目标,而是相反,有了目标才能确定每个人的工作。所以企业的使命和任务,必须转化为目标。如果一个领域没有目标,这个领域的工作必然被忽视。因此管理者应该通过目标对下级进行管理,当组织最高层管理者确定了组织目标后,必须对其进行有效分解,转变成各个部门以及各个人的分目标,管理者根据分目标的完成情况对下级进行考核、评价和奖惩。

二、医疗纠纷调解组织的目标

西蒙(H. A. simon)在《管理决策新科学》一书中提出了有限理性原则,他认为组织目标只能求得满足而不是追求最大,以及因为人们在实际上很难达到完全的合理决策,因而只能请求"令人满意"的结果,而不是"最好"的结果。我们衡量医疗纠纷调解组织的效率和绩效是否"令人满意",必然离不开该组织的目标体系。按照组织目标的重要性,可将组织目标分为长期目标、战略目标和行动目标;按照组织目标的时间跨度,可将组织目标分为长远目标、中期目标和近期目标;等等。每一个医疗纠纷调解组织在不同发展时期和不同层面上,都有着不同的组织目标。不同性质和制度逻辑的医疗纠纷调解组织也有着相异的目标。关于组织目标的评估指标,一般组织只需要满足有效性、效率和人道主义这三项标准即可。作为专业性组织,医疗纠纷调解组织的目标有别于普通的组织,因此还需要重新界定。但所有医疗纠纷调解组织所设置的目标体系中,必然包含着极其明确的组织目标,即解决医疗纠纷,保障医患双方的合法权益,缓和带有强烈社会结构性色彩的医患矛盾,促进社会和谐与医疗事业的健康发展,我们不妨名之为医疗纠纷调解组织的价值目标。需要指出的是,市场化的医疗纠纷调解组织在追求效率的过程中,也应对效率有一个正确的认识,即兼顾有效性和人道主义,而不能把组织牵引到单纯追求效率最大化的错误目标上,否则将伤害企业未来的成长,破坏其自我概念与行为的一致性,妨害医疗纠纷调解组织的价值目标的实现。

社会组织的目标体系既包括整体组织确定的特定的组织目标,也包括组织内每个成员各自的个人目标。对任何一个组织来说,这两者不是二选一的问题,而是相辅相成、互相支持的。共同的利益目标的存在,让组织成员产生一种向心力,为其解决共同面对的问题并达到共同的利益目标奠定了坚实的基础。但组织成员进入组织,不仅仅是为了解决其共同面对的问题,实现其共同的利益目标,而是期待在实现共同目标的同时满足自身的需要,通过组织来实现自己的利益目标。组织成员之间除了有着共同面对的问题与共同的利益目标之外,各自有着殊异的利益目标,这又使他们彼此疏离,甚至离心离德,因而削弱组织成员之间的合作关系和集体联合的力量,瓦解组织结构,令组织变得松散直至解体。[①] 一般而言,只有当个体能借助组织实现自我目标,且从组织中得到的利益与成员的贡献相匹配时,个体才会留在组织内部,这也是个人之所以加入组织的社会原因之一,只有这样,组织才可能维系和生存,组织目标才会有实现的可能。医疗纠纷调解组织内部每个成员的个人目标是千差万别的,唯有当成员个人的目标与调解组织的目标相一致,并通过组织的平台达到个人期待时,医疗纠纷调解组织才是相对稳定的,其组织目标才有实现的可能。因此,医疗纠纷调解组织的设计应与员工的职业生涯设计协调统一。对于这些年我国医疗纠纷调解组织频频出现的"人才荒"问题,我们有必要从组织成员个人目标

---

① 张月,2017.组织与行动者(译者序)//埃哈尔・费埃德伯格.权力与规则——组织行动的动力[M].上海:格致出版社,上海人民出版社,5.

与组织目标的一致性，以及组织的激励机制是否与组织成员的贡献相匹配等方面去考察。①

第二节　医疗纠纷调解组织的调解员

一、医疗纠纷调解组织的成员

任何组织都是由一定数量和质量的成员构成的。成员即组织的参与者，是组织存在的必要条件，成员的数量和质量直接关系到社会组织的目标实现与否。调解员作为医疗纠纷调解组织的参与者，是医疗纠纷调解组织存在的必要条件，医疗纠纷调解组织的专业性，在很大程度上是通过调解员的专业性体现出来的。是否以从事医疗纠纷调解为主业，是否有专职调解员也是医疗纠纷调解组织专业性的具体体现。目前医疗纠纷调解组织的成员就其身份而言，可分为调解员、内勤、行政管理人员、书记员等。就调解员与当地的人民调解协会（或其他协会）、政府部门或者劳务派遣公司等单位所签订的合同来看，合同关系也有不同性质，既有调解员通过与调解公司或者设立调解组织的法人组织签订劳动合同来固定权利义务关系的，也有通过劳动派遣进入调解员队伍的。比如，在 2019 年温州市司法局关于招聘医疗纠纷专职人民调解员的公告中，明确说明经初选、面试、考察、体检合格后确定为拟录用人员要与温州市人民调解协会签订劳动合同，试用期为 1 月，聘期为 1 年（含试用期）。② 而嘉兴市医疗纠纷人民调解委员会的 5 名专职调解员中，则有 4 名劳务派遣的员工与劳务派遣公司、实际用工单位之间存在着劳务派遣合同（labor dispatching contract）关系。③

---

① 参见本书第四章。

② 温州市司法局,2019.浙江温州市司法局医疗纠纷专职人民调解员招聘 1 人［EB/OL］.（2019-6-27）［2019-7-14］.中公教育,https://www.m.offcn.com.

③ 所谓劳务派遣合同,是由实际用工单位和劳务派遣公司首先签订劳务派遣协议,之后由劳务派遣公司代替用人单位招聘员工进行派遣的合同。在员工与劳务派遣公司之间实际上存在着劳动合同关系。

根据上述合同关系的性质不同,医疗纠纷调解组织的成员可分为聘用人员、劳务派遣人员、事业编制人员等。我们以浙江省的若干医疗纠纷人民调解组织为例,来说明其人员结构(详见表2-1)。

表 2-1 浙江省部分市医疗纠纷人民调解委员会人员构成①

各市医疗纠纷人民调解委员会	专职人民调解员数	兼职人民调解员数	专职调解员人员构成
杭州市医疗纠纷人民调解委员会	6人	0人	2名卫生系统退休人员,2名司法行政系统退休人员,1名劳务派遣,1名按最低工资保障聘任。
宁波市医疗纠纷人民调解委员会	6人	0人	均非退休人员,其中1名为内勤兼调解员。
宁波市(市区)医疗纠纷人民调解委员会	32人	5人	专职调解员除4名内勤和宁波市医调委的调解员外,均为退休人员。
绍兴市医疗纠纷人民调解委员会	4人	0人	1名卫生系统退休人员,其余为聘用人员。
嘉兴市医疗纠纷人民调解委员会	5人	0人	1名司法行政系统退休人员,4名劳务派遣员工。
温州市医疗纠纷人民调解委员会	6人	0人	1名公安系统退休人员,1名司法行政系统退休人员,其余为聘用人员。
金华市医疗纠纷人民调解委员会	6人	0人	1名卫生系统退休人员,2名司法行政系统退休人员,其余为聘用人员。
湖州市医疗纠纷人民调解委员会	5人	0人	均为聘用人员。
丽水市医疗纠纷人民调解委员会	4人	0人	1名公安系统退休人员,其余为卫生局招聘的大学生。
丽水市(市区)医疗纠纷人民调解委员会	48人	40人	专职调解员中卫生系统退休人员3人,乡镇政府退休人员1人,检察院退休人员1人,聘用人员2人,劳务派遣1人。
舟山市医疗纠纷人民调解委员会	3人	0人	1名系退休检察长,1名系退休卫生院院长,1名内勤兼调解员,已辞退2名司法局退休干部。

由于这些年各地陆续组建医疗纠纷人民调解组织时人才稀缺,大量的司法行政干部、卫生系统干部与员工退休后进入医疗纠纷人民调解组织。在浙江这

---

① 该数据由浙江省各地人民参与和促进法治处提供。

样的沿海发达地区,退休人员俨然为医疗纠纷人民调解组织的一支生力军。这一点从表 2-1 可见一斑。不能否认很多退休人员的智能结构、社会经验和个人经济能力比较适应人民调解员的岗位需求,但还应看到,青壮年人才大量流失不利于以组织的形式积累贮存技术和经验[①],还造成人民调解员年龄结构和知识结构老化、思维僵化、不思进取、组织学习与活动能力下降等问题。我们可以用"活力陷阱"机制来解释这一现象:人们在提高适应性、提高效率的过程中,逐渐加强了人们从事目前做法的能力和自信心,使得走出已有结构的困难大大增加。[②]

除了招聘专职调解员,有些医疗纠纷调解组织也设置书记员、助理、翻译、财务人员等辅助性工作岗位并公开招聘。成员的构成与组织的管理模式之间有着密不可分的关系,成员基数越大,身份越多样和复杂,该调解组织越有可能倾向于科层化管理,反之则有可能倾向于扁平化管理。

二、医疗纠纷调解组织的调解员队伍的专兼职结构

一定比例的专职调解员在医疗纠纷调解组织中很有存在的必要。按照《人民调解法》第十六条的规定,人民调解员从事调解工作,应当给予适当的误工补贴;因从事调解工作致伤致残,生活发生困难的,当地人民政府应当提供必要的医疗、生活救助;在人民调解工作岗位上牺牲的人民调解员,其配偶、子女按照国家规定享受抚恤和优待。显然"误工补贴"适用的对象为兼职调解员,说明当时立法者将人民调解员定位为兼职性质的工作。2010 年,司法部、卫生部、保监会联合发布了《关于加强医疗纠纷人民调解工作的意见》,提出了设立专职调解员的要求:原则上每个医疗纠纷人民调解委员会至少配备 3 名专职人民调解员;涉及保险工作的,应有相关专业经验和能力的保险人员;要积极发挥人大代表、政协委员、社会工作者等各方面的作用,逐步建立起专兼职相结合的医疗纠

---

① 组织有一个重要的优点,就是使经验以组织的形式保存下来,因为组织比个人更为有效地将以往的经验教训、技术在组织结构、组织规章制度中保留下来。参见:周雪光,2003.组织社会学十讲[M].北京:社会科学文献出版社,317-318.

② 周雪光,2003.组织社会学十讲[M].北京:社会科学文献出版社,178.

纷人民调解员队伍。显然针对医疗纠纷调解这种专业性强、业务量大的调解工作,已明确提出了应该配备一定数量专职调解员的要求,而实践中各医疗纠纷人民调解委员会的招录工作对上述要求产生了积极的回应。2018年,四川攀枝花市人民调解协会招聘医疗纠纷人民调解员2名,资格条件为:(1)年龄22岁至35岁之间;(2)具有专科及以上学历;(3)身体健康,无犯罪记录;(4)具有良好的语言表达、沟通协调、应急处置能力,能独立承办岗位工作事项;(5)有一定的公文写作能力,熟练掌握计算机办公软件;(6)各方面条件优秀者优先。2019年温州市司法局为医疗纠纷专职人民调解员设定的招聘条件为:(1)退休医生或医学相关专业本科及以上学历;(2)善于沟通协调,为人公正,品行端正,无不良记录;(3)年龄30周岁以上至61周岁以下;(4)具有本市(温州市)常住户口。但目前专业性的医疗纠纷人民调解委员会中大量存在的还是兼职调解员,尚无法满足专职调解员占一定比例的要求。比如,建立了全国第一家医疗纠纷人民调解组织的山西省医疗纠纷人民调解委员会现有兼职调解员435名,专职调解员仅121人,这些兼职调解员同时担任着基层法律援助联络员的角色。创造了"宁波解法"的宁波全市的医疗纠纷人民调解组织有兼职调解员491人,专职调解员248人。①

　　组织绩效不仅与组织成员的质量和结构存在着密切关系,也与组织成员的总体数量存在着密不可分的关系。对医疗纠纷调解员人数的统计是实践之中的一个难题。其中的一个重要原因是专兼职调解员界定不明确。目前不仅将专门从事医疗纠纷调解工作的调解员纳入专职调解员的范畴,也将兼职众多分身乏术的村、居委干部与从事调解工作的退休人员等纳入专职调解员的范畴;不仅将实际从事调解工作的调解员纳入兼职调解员范畴,也将挂名却不从事或极少从事调解工作的调解员纳入兼职调解员范畴。甚至在统计中不注意区分专职调解员与兼职调解员,使得调解员的统计数据极其庞大而失真。这不仅不利于确定调解队伍的招聘计划,也不利于统筹安排调解组织的经费,反过来影响着调解工作的正常展开和调解组织的可持续发展。

---

① 上述数据由山西省医疗纠纷人民调解委员会和宁波市司法局人民参与和促进法治处提供。

三、医疗纠纷调解组织的任职条件

为保证医疗纠纷调解组织的成员质量,法律对部分调解组织中的专业技术人员规定了任职条件。如我国《人民调解法》第十四条规定,人民调解员应当由公道正派、热心人民调解工作,并具有一定文化水平、政策水平和法律知识的成年公民担任。司法部颁布的《人民调解若干规定》第十四条规定的担任人民调解员的条件是:为人公正,联系群众,热心人民调解工作,具有一定法律、政策水平和文化水平。乡镇、街道人民调解委员会委员应当具备高中以上文化程度。不过,江浙沪等华东沿海地区的人民调解组织的调解员的学历水平往往达到大专以上,医疗纠纷人民调解组织的学历水平过犹不及,这也与其专业化程度相适应。目前未有规范性法律文件对市场化管理的医疗纠纷调解组织的调解员的入职条件做出统一规范,但每家公司都在实践中形成了适应岗位需求的招录标准。

不仅如此,医疗纠纷调解组织的专业技术人员理应满足一定的专业性条件,而不仅仅是《人民调解法》第十四条规定的基本条件而已。[①] 在司法部、卫生部、保监会联合发布的《关于加强医疗纠纷人民调解工作的意见》中,提出"医疗纠纷人民调解委员会人员组成,要注重吸收具有较强专业知识和较高调解技能、热心调解事业的离退休医学专家、法官、检察官、警官,以及律师、公证员、法律工作者和人民调解员"。实践中各地对医疗纠纷调解员的选拔偏重医学专家、法学专家的组合,尤其偏爱医师和专攻医疗纠纷诉讼的律师。例如,《上海市医患纠纷预防与调解办法》第六条第二款规定:医调委的人民调解员应当公道正派、热心人民调解工作,且具有医学、卫生管理或者法律等专业知识。又如2017 年长春市医疗纠纷人民调解委员会招聘调解员公告全文如下:"为推动全市医疗纠纷人民调解工作发展,长春市医疗纠纷人民调解委员会面向全市公开招聘 3 名专职医疗纠纷调解员。招聘条件如下:(1)1957 年 12 月 31 日后出生的男性;(2)具备主治医师以上资质,有 3 年以上医学临床实践的;(3)热爱人民调解工作,身体健康;(4)有医疗纠纷调解工作实践经验者优先录用……"2017

---

① 关于我国医疗纠纷调解组织的专业化问题,可参见本书第四章。

年安徽枞阳县医疗纠纷人民调解委员会则面向公安、法院、检察院、司法局、卫健委退休人员招聘专职人民调解员3名,要求相关人员满足"公道正派,有社会责任感,热爱人民调解工作,熟悉和掌握相关法律知识;沟通协调能力强,有丰富的调解工作经验;65岁以下退休人员,身体健康,能胜任本职工作"等条件。2019年贵阳市医疗纠纷人民调解委员会的招聘广告则明确专职调解员的招聘条件为"遵守中华人民共和国宪法、法律,无违法违纪行为;年龄在35周岁以下22周岁以上(具有较强调解工作经验者,可适当放宽到40周岁以下);具有良好的品行,热心调解工作,身体健康;持有基层法律服务执业证或律师执业证并从事法律服务工作3年以上(含3年)优先;持有执业医师资格证并从事临床医疗工作3年以上(含3年)优先;熟练使用电脑办公软件;其他工作所需的条件"。2019年山东省潍坊市医疗纠纷人民调解委员会的招聘公告中明确招聘法学、临床医学(护理)专业的专职人民调解员各1名。总之,上述招聘条件中均不仅包含了对调解员年龄、品行、法律与政策水平等基本条件的要求,也包含了对专业知识或专业背景、职业背景等的特殊要求(详见表2-2)。

表2-2　全国各地医疗纠纷人民调解委员会招聘专职人民调解员的专业条件

序号	招聘年份	各地医疗纠纷人民调解委员会	招聘的专业条件	招聘所要求的专业背景
1	2017年	长春市医疗纠纷人民调解委员会	具备主治医师以上资质,有3年以上医学临床实践的;有医疗纠纷调解工作实践经验者优先录用。	医学
2	2017年	安徽枞阳县医疗纠纷人民调解委员会	面向公安、法院、检察院、司法局、卫健委退休人员招聘专职人民调解员3名,要熟悉和掌握相关法律知识。	法学为主
3	2015年	温州市医疗纠纷人民调解委员会	具有政法工作经历,或医学,或法学专业知识,并从事民事审判、基层调解、法律服务以及医疗纠纷处置工作,优先录用。	医学或法学
4	2019年	温州市医疗纠纷人民调解委员会	退休医生或医学相关专业本科以上学历。	医学
5	2019年	山东省潍坊市医疗纠纷人民调解委员会	法学、临床医学(护理)专业背景各1名。	法学、医学
6	2019年	贵阳市医疗纠纷人民调解委员会	持有基层法律服务执业证或律师执业证并从事法律服务工作3年以上(含3年)优先;持有执业医师资格证并从事临床医疗工作3年以上(含3年)优先。	法学或医学

　　律师职业的公共性质与社会责任在法律职业共同体内是毋庸置疑的,对律师而言积极参与公益事业责无旁贷。但是,对于律师是否应当积极参与公益性调解,学术界的看法并不完全一致。对于律师是否适合人民调解工作,学术界历来有两种声音,一种以范愉教授为代表,向来反对法律职业对人民调解的深度渗透和垄断,反对人民调解司法化、行政化;另一种则认为律师是调解员队伍建设中最不应该忽视的一项人力资源,尤其是那些以代理医疗纠纷为主要业务的律师,是医疗纠纷调解员最合适的人选之一,一般情况下他们就属于既懂法又懂医的人才。[①] 我们认为,对于医疗纠纷这样的专业性较强的纠纷,吸收专业人士加入人民调解的队伍,是医疗纠纷调解专业性的内在要求。律师职业的社会责任与特殊使命要求律师在力所能及的条件下积极投身扶贫助弱、保障社会弱势群体合法权益的社会公益事业,既然律师可以提供法律援助的形式为符合相应条件的犯罪嫌疑人或被告人提供无偿的法律服务,为何不可以参与专业性人民调解的形式为当事人尤其是社会弱势群体提供无偿的调解服务呢? 在保障司法公正和接近正义这一点上,诉讼业务与非诉讼业务没有本质上的区别。当然,律师也可以律师调解的形式为当事人提供有偿的调解服务,但有偿调解服务与无偿调解服务分别代表律师业务中不同的价值取向。另外,律师参与调解也需要其做好知识与思维方式上的准备,因为饱含情感因素的医疗纠纷调解不仅需要法律思维,也需要"执其两端而用其中"的中庸思维;不仅需要法律知识和专精的卫生法常识,也需要法学、心理学与社会学等多学科知识的"协同效应"。

　　对于医师是否适合作为医疗纠纷调解员,实践中也存在着两种大相径庭的看法和做法。一种认为医师的知识结构突破了专业壁垒,充任医疗纠纷调解员再合适不过了,杭州市的医疗纠纷调解组织和南京市的医疗纠纷调解组织中都吸收了不少退休医师。还有一种意见则正好相反,认为医师比普通人更无法胜任医疗纠纷调解员的角色。以温州市医疗纠纷人民调解委员会为例,2015 年温州市司法局在《温州晚报》上刊登广告,公开招聘医疗纠纷人民调解委员会的专职调解员,要求"具有政法工作经历,或医学,或法学专业知识,并从事民事审

　　① 邵华,2016.医患纠纷调解的正义之路[M],湘潭:湘潭大学出版社,115.

判、基层调解、法律服务以及医疗纠纷处置工作,优先录用"。事实上该调委会确实曾经聘任过一位退休医师作为专职调解员。但具有戏剧性的一幕出现了,不久之后这位当时在调委会之中唯一的具有医学专业背景的人民调解员被解聘,并给司法局的领导和调委会都留下"医师不适合担任医疗纠纷调解员"的刻板印象。但2019年温州市司法局在媒体上发布的"关于招聘医疗纠纷专职人民调解员的公告",又将招聘的专业条件设定为"退休医生或医学相关专业本科以上学历"。总的来说,医师担任医疗纠纷调解员既有明显的优势,也容易形成矛盾,可谓"成也专业,败也专业"。因与医方代表具有相似的专业背景,容易与之沟通,甚至存在单方面同情医方和经治医生的心理,在一定程度上影响了其保持中立的立场。由于与患方之间的信息不对称,如果不注意沟通的方法和时机,缺乏对患方家属共情的意识与技巧,则反而容易激化矛盾。但因噎废食并不是明智的做法,对此,笔者的建议是医师在做医疗纠纷的调解工作时,可以利用自己的专业知识,但不要代入自己的专业背景;通过对调解员的业务培训调整其认知,是让调解员掌握正确沟通技巧的重要途径。卫生法学专业是医学与法学交叉的新兴学科,当前主要在医学院校开设。[1] 与目前常见的"法学专业＋医学专业"的人才互补型调解员队伍相比,卫生法学专业的大学毕业生以其既懂法学又懂医学的通识性而更具优势,但这一职业是否能吸引合适的人才,还关乎顶层设计、激励机制和人才本身的就业意愿等。我们期待医疗纠纷调解行业以"专职＋兼职"的身份结构,"法学专业＋医学专业"的智能结构,以及"调解员加资源库专家"的职业结构,整合出一批资源共享、优化组合的专业化医疗纠纷调解组织。

第三节　医疗纠纷调解组织的结构

　　每个组织都具有一定的社会结构,既包括制约参与者的规范结构,也包括

---

[1]　学界对于医事法与卫生法、医事法学与卫生法学之争迁延日久,但因对医事法学这一概念的内涵与外延的界定尚不清晰,本书沿用卫生法和卫生法学的概念。

与共同的活动、互动和感知网络与模式相关联的行动结构。规范结构所涉及的是组织内部的价值观、规章制度和角色期待等规范体系,它是有组织地建构起来的一系列相对持久的信条和规范,并指导着组织成员的行为,它体现的是"组织应该是怎样"的规定性要求。与规范结构强调规定性要素相比,行动结构的组成部分则是组织内的实际行为,而非行为规范,它对应的是组织"实际是怎样"的问题,涉及的是组织中实际的人际关系结构和权威结构等。对于任何一个正常的社会组织来说,这两种秩序不可能完全一致,也不可能彻底地背离。规范结构为组织内的行动结构预设了一些原则性的制约因素,决定和引导着成员的行为;而行动结构则通过成员实际的互动和感知模式,进而反作用于规范结构,并且这也是引起规范结构变化的重要缘由之一。① 医疗纠纷调解组织的结构要素主要包括规范、地位、角色和权威等四个方面。

一、规范

在正式组织中,一般来说,规范都是通过规章制度的形式体现出来的,它规定着组织成员"应该怎么做""应该做什么"等问题。如果将组织规范置于广阔的社会背景上加以考察,组织规范的形成深受其所处的组织环境的影响,是出于维持组织生存的目的,充分考虑了合法性(legitimacy)要求的结果。有时明知某些规范将沦为摆设,或消耗一部分宝贵的资源,但为了获取组织生存所需要的资源,还是保留着这部分与效率性机制相冲突的规范。几乎每一个医疗纠纷调解组织在遵守《宪法》《民事诉讼法》《民法典》《保险法》《医疗纠纷预防和处理条例》等规范性法律文件的基础上,还根据各自的组织性质制定了不同的规章制度,来规范组织成员(主要是调解员)的职业道德和执业行为。② 按照不同性质医疗纠纷调解组织的运作模式,其规范的侧重点也有所不同(见表2-3)。从更微观的角度看,这些规章制度也是组织成员互动的基础,是用来维系组织活动统一性的工具。诚如费埃德伯格(Erhard Fricdbcrg)所说的,在游戏(即组织成员在决策上彼此高度依赖对方的有组织的集体行动)过程中,行动者必须受到"游戏规则"的约束,遵守组织成员之间彼此的约定,而不是恣意妄为,才能从游戏之中获益。故从这个角度去看,组织的规范也可以视为组织成员经过博弈所形成的共同意志的最大公约数,是他们相互协商、谈判而达成的成文契约或者不言自明的潜在的规则。只要想把游戏继续下去,就不得不在某种程度上服从游戏规则,不得不接受组织环境对其的限制和约束,并根据其他组织成员能够接受抑或能够容忍的方式进行决策、选择和行动。组织规范也是组织对权力进行配置,推出权力规范化的一种形式,它驯服权力,并制造权力,使得行动者可以在其诸种努力中进行合作。[①]

表 2-3　不同性质的医疗纠纷调解组织的规范比较

	公共性医疗纠纷调解组织	公益性医疗纠纷调解组织	商业性医疗纠纷调解组织
典型组织	卫生行政部门的医疗纠纷调解中心	医疗纠纷人民调解委员会	医院管理公司、调解公司等
性质	公共性	非营利性、公益性	营利性
主要组织运作机制	合法性机制	合法性机制	效率机制
主要规范性法律文件	《宪法》《民事诉讼法》《民法典》《医疗纠纷预防和处理条例》等	《宪法》《民事诉讼法》《人民调解法》《民法典》《保险法》《最高人民法院关于人民调解协议司法确认程序的若干规定》《最高人民法院关于人民法院民事调解工作若干问题的规定》《医疗纠纷预防和处理条例》《关于加强医疗纠纷人民调解工作的意见》(司发通〔2010〕)、各省市的医疗纠纷预防与处理办法/条例等	《宪法》《民事诉讼法》《民法典》《公司法》《保险法》《仲裁法》《医疗纠纷预防和处理条例》,以及各省市的医疗纠纷预防与处理办法/条例等
规章制度	侧重于调解员的行为规范	侧重于调解员的行为规范	侧重于绩效考核
侧重的组织环境	制度环境	制度环境	技术环境

调解与调解组织的制度化、规范化是一种世界性的趋势,专业性调解及其组织更是如此。广义上,医疗纠纷调解组织的规范包括以立法的形式建立的规

---

① 张月,2017.组织与行动者(译者序)//埃哈尔·费埃德伯格.权力与规则——组织行动的动力[M].上海:格致出版社,上海人民出版社,12-16.

范、行业组织所制定的规范、调解组织所制定的规章制度等。但是,除了个别以立法形式所建立的规范以外,比如《医疗纠纷预防和处理条例》《关于加强医疗纠纷人民调解工作的意见》,医疗纠纷调解组织的规范与其他一般性的或者专业性的调解组织相比都没有明显的特殊性,目前两者之间的分化度不足,导致医疗纠纷调解组织的规章制度与规范性法律文件、行业组织拟订的规范之间的重合度过高,立法的精神无法通过细化的规范真正落地。以调解程序为例,只有我国的《人民调解法》对调解程序做出了含糊其辞的规定,相关的法律对于调解员的回避制度,在何种条件下调解员得拒绝或终止调解等影响当事人权利的问题却没有任何涉及,而各地医疗纠纷调解组织的规章制度也鲜有对此做出规定的。总之,往往是通过立法建立的规范和行业组织所制定的规范有什么疏漏,具体的医疗纠纷调解组织的规章制度也有什么疏漏。因此,对医疗纠纷调解组织的规范进行查漏补缺也是组织建设的一项重要工作。行业管理部门和行业自律组织应尽快制定本区域内各地的医疗纠纷调解组织统一适用的资质条件、业务活动范围、调解员的职业规范、调解员的资质认证与培训制度、经费保障措施、基本调解规则等重要的行业规范。各医疗纠纷调解组织应明确调解员的具体聘任规则、专兼职调解员的任职资质、调解职责和值班制度、承办案件的具体规则、回避制度、证据论证与释明适用、终止调解的规则、调解周期、调解员的职业规范、权利义务等。

二、地位

地位是指一个人在组织中所处的相对位置。地位的构成要素包括职位、工作的重要性程度、合作、工作表现等。与初级群体不同,组织一般都按照不同的功能和任务划分为不同的部门,即部门分工结构体系,在不同的部门内部,组织一般还会以制度化的形式设立不同的职位,各职位或相互隶属,或相互支持,而这种关系是通过对不同职位进行明确而清楚的职责和权限规定实现的。每个医疗纠纷调解组织按其性质不同,设置了不同的职位。以医疗纠纷人民调解组织为例,按照《人民调解法》第八条的规定,人民调解委员会由委员三至九人组成,设主任一人,必要时可以设副主任若干人。除了主任、副主任和委员等,医疗纠纷调解组织还设置内勤、助理等职。医院管理公司或者调解公司等公司法人则可按照《公司法》的规定设置董事长、董事、经理、监理、调解员、行政管理、办案秘书等职位。这些医疗纠纷调解组织也聘请法律专家、医学专家、心理学专家作为顾问或评审专家。在医疗纠纷调解组织中,职位也是权力[①]的重要来源之一。在医疗纠纷调解组织中,组织成员的地位也主要由其职位、工作的重要性程度、合作能力和工作表现等要素所决定的。比如医疗纠纷人民调解委员会的主任、副主任以及调解公司的董事长、总经理等人因其职位较高而在其医疗纠纷调解组织之中拥有较高的地位。工作量大,调解成功率高的调解员地位较高,反之则地位较低。随着调解员职称制度日益普遍,事实上也产生了调解员等级制度,等级较高的调解员通常组织地位高于等级较低的调解员。因调解员的工作性质比调解助理、书记员、秘书等辅助人员更核心化,而调解助理、书记员或翻译等辅助人员的工作更有可替代性,加上实践中两者之间“师徒关系”的定位,通常调解员拥有比调解助理、秘书、翻译等辅助人员更高的地位。但需要引起我们注意的是,随着调解工作日趋规范化、数字化、网络化和国际化,调解组织所招聘的调解助理门槛日高,如 2019 年贵阳市医疗纠纷人民调解委员会招聘专职书记员一名,招聘条件为“遵守中华人民共和国宪法、法律,无违法违纪行为;年龄在 45 周岁以下 22 周岁以上;具有良好的品行,热心人民调解工作,身体健康;熟练使用电脑办公软件;具有良好的文字功底,书写能力强;具有较好的文字归纳总结能力;其他工作所需的条件”。我们可以推断,集上述数种懿德干才于一身者,通常其学历不低。又如,2017 年黑龙江齐齐哈尔市医疗纠纷人民调解中心招聘助理,在“具有中华人民共和国国籍,享有公民的政治权利,思想政治素质好,遵纪守法,作风正派,品行端正,具有良好的职业道德”等基本条件以外,还有“35 岁以下”的年龄条件,“全日制大学大专以上学历”的学历条件以及“具有良好的沟通能力、矛盾纠纷化解能力及团队合作精神,能够独

---

① 在这里,权力可被定义为行动者通过自己的活动而创建协商谈判的能力,作为建构于己有利的协商性行为交换的能力,抑或是在其他行动者那里调动资源、使用资源的能力。参见:张月,2017.组织与行动者(译者序)//埃哈尔·费埃德伯格.权力与规则——组织行动的动力[M].上海:格致出版社,上海人民出版社,7.

立承办岗位工作事项""有志于从事医疗纠纷人民调解工作,具有扎实的专业基础知识,较强的专业技能水平及语言表达能力"等专业条件。大学生通常有最起码的计算机操作、文书写作和外语能力,而调解经验丰富的调解员却不一定拥有上述职业能力,这使调解员在工作中高度依赖助理,无形之中拔高了助理的地位。可以说,对助理、书记员等辅助人员的专业技术的依赖,有助于打破领导机关和用人单位的傲慢,使这些辅助人员的组织地位与其技能更相匹配,薪资待遇更市场化,更能体现其社会价值。

三、角色

角色这一词最早来源于戏剧,是指演员在舞台上按照剧本的规定所扮演的某一特定人物。最初在学术著作中出现是在社会学家格奥尔·齐美尔(Georg Simmel)的《论表演哲学》一文中。美国社会学家米德(George Herbert Mead)和人类学家林顿(Ralph Linton)较早把"角色"这一概念正式引入社会心理学的研究,使之成为社会心理学的重要概念。简单地说,在社会心理学上,角色指的是围绕地位而产生的权利义务、行为规范和行为模式,是那些处于特定社会位置的人被期望表现出的行为。将角色置于社会组织之中,可将其定义为按照一定的规范体现组织中社会地位的行为模式。角色是社会地位的外在表现形式,是与社会地位密切相关的一整套权利和义务模式。组织是由一系列角色所构成的角色集,角色之间的关系被明确规定,相互之间都在实现着对方的期待。[①]尽管如此,规范和职位的存在使得不同的组织成员在组织活动中扮演起各自应该扮演的角色,每位组织成员必须严格按照与其职位相符的角色规范进行活动,否则就会出现权力的越界,组织内部的规范会受到破坏,组织的正常互动也会受到影响。不同的医疗纠纷调解组织按照其性质和定位,分别为不同的组织成员设定了不同的角色,当成员顺应其角色而活动,那么,通过这些游戏规则和协调机制,将建构交换和协商的过程,行动者在这一过程中调整和维持与其他组织成员之间相互依赖的关系,使合作得以实现,与此同时,实现组织与环境之

---

① 于显洋,2009.组织社会学[M].2 版.北京:中国人民大学出版社,133.

间的交换,对外输出服务,并换取组织生存与发展的必要条件。其中居于核心地位的,即有能力去与环境进行交换,对外输出服务并获取组织需要的资源的角色,是调解员,因为他们是直接面对问题和解决问题的方案的角色;其他的角色围绕着调解员,要么扮演着分配资源和需要解决的问题的角色,要么是为核心工作提供辅助性服务的角色。在不同管理模式和运作机制的医疗纠纷调解组织之中,居于医疗纠纷调解组织负责人职位的领导者所扮演的角色不尽相同,在科层制管理的医疗纠纷调解组织中,这些人负有更多的管理职责和分配资源的权力,而在扁平化管理的医疗纠纷调解组织中,领导者更多地扮演协调者的角色而不扮演经理的角色。

无论我们如何去界定医疗纠纷调解组织中调解员的角色,都至少包含以下三种角色要素:社会行为模式;由调解员这一社会地位和身份所决定的而非自定的;符合社会期望(社会规范、责任、义务等)。我国的医疗纠纷调解员集斡旋于当事人之间的谈判主持者、法律顾问等角色于一身,偶尔还客串一下心理咨询师的角色。调解员在角色扮演的过程中,有时会出现失调问题。角色不清是一种失调,它指角色的扮演者不清楚角色的权利和义务关系,不清楚他人对角色的期待;角色冲突是比较严重的失调,它指一个人在同时扮演两个以上的角色时,不同角色之间出现了矛盾、抵触和对立,从而妨碍了角色扮演的顺利进行。[1] 前者如调解员在调处医疗纠纷的过程中不明是非,不分责任,一味对当事人进行道德说教,就像改革开放前社区的调解员所做的那样——道德律和人情是传统"熟人社会"中优先考虑的处事原则,而法律作为一种社会规范主要在"陌生人社会"中起重要作用,随着以传统的血缘关系、地缘关系和乡村伦理为基础而建立起来的共同体逐渐离散,那种不以追求法律的正义价值而区分于审判机制的传统的教化型调解,因无法满足当事人的利益诉求和价值追求而逐渐萎靡;[2]对于医疗纠纷这种专业性较强的法律纠纷,调解员不得不扮演能精准

---

[1] 于显洋,2009.组织社会学[M].2版.北京:中国人民大学出版社,133.

[2] 王红梅,莫晓燕,2019."治疗型调解"理论批判及其重塑[J].浙江学刊.235(02):172-178.日本学者棚濑孝雄在其汉译著作《纠纷的解决与审判制度》中将调解分成判断型调解、交涉型调解、教化型调解和治疗型调解四种类型,迄今仍被广泛引用。参见:[日]棚濑孝雄,2004.纠纷的解决与审判制度[M].王亚新,译.北京:中国政法大学,62-67.

分割医患双方权利与义务的专业人员,在纠纷调处过程中更多地体现严谨的法律思维而不是大众思维或者道德思维,要将合法性置于第一位的考虑因素,否则就流于角色不清。调解员是居中斡旋的第三人而不是当事人本人或者当事人的代理人,因此,当调解员代替当事人做出决策的时候,也构成了角色不清的失调。在英国,调解员不直接回答法律问题,因为回答当事人的法律咨询是律师的职责。如果英国的调解员违反了上述规范,那将构成一种角色冲突的失调。在我国,尽管调解员有向当事人和人民群众进行法制宣传的任务及传统,但也不应越俎代庖在不受理纠纷的情形下单独接受当事人的法律咨询,以避免调解员与律师之间的角色混淆,保护此两种职业的协调发展。此外,律师之所以在调解程序中被边缘化,很大程度上是因为律师的"代理人角色"与"调解员角色"之间存在着角色冲突。如前所述,关于律师是否适合担任调解员,学术界也有不同的声音。有学者认为,律师调解制度的本质是律师与调解相结合的产物,即在该制度中,律师混合着"代理人角色"与"调解员角色",两者之间必然存在着角色冲突。因此,设置科学的资质要求与培训体系,是转变律师从事调解工作的思维与行为的基本保障。首先应对律师参与调解设置科学的资质要求。规则制定者需了解律师调解角色与律师代理角色的不同,在规定律师调解员的资质条件时设置担任调解员角色的要求。福建省规定的要求律师具有一定的调解工作经验,山东省规定的热爱调解工作、自愿接受人民法院委派或委托调解纠纷、能够为调解付出时间精力等条件,均可供参考。[①] 医疗纠纷调解组织本身也在纠纷解决与社会治理场域扮演着一定的角色,实现着全社会对其的角色期待。对医疗纠纷调解组织定位不准确也可能造成角色混同。在我国,卫生行政部门既是卫生事业的管理者,也是医疗机构的上级主管部门,同时还在医疗纠纷的调解过程中居于第三方位置。在卫生行政部门主持调解医疗纠纷时,这既当上级又当调解员的行为,致使患方很容易联想到部门保护主义和行业本

① 赵毅宇,廖永安,2019.我国律师调解制度中的角色冲突及其化解路径[J].湘潭大学学报(哲学社会科学版),(4):92-97.

位主义,从而对卫生部门的行政调解是否公正提出了质疑。[①] 鉴于卫生行政主管部门既是医疗机构的"家长",又是医疗纠纷的"裁判员"的情况,以聘任独立于政府机构的专业人士或者以政府购买服务等方式委托专业性社会服务机构负责医疗纠纷调解有助于增强医疗纠纷行政调解的公信力。

四、权威

在组织成员合作的过程中,每一个行动者所拥有或能动用的资源不一样,彼此各有专长,能力大小不一,所发挥的作用各异,其所处的地位就不相同,有的处于重要的地位,有的则处于相对次要的地位,地位的不同使其彼此的重要性显示出差异,使之拥有不同的权力,令其处于不均衡因而也是不平等的关系之中。这种不平等关系不仅表现在分工与协作的过程之中,也体现在达成共同利益目标之后利益的分配环节之中。在费埃德伯格和克罗齐耶(Michel CRO-ZIER)看来,组织中的不平等关系即是权力关系,这种关系体现为人们在进行合作的过程中彼此协商、讨价还价、谈判、协商互让,并在一定的条件下相互达成相对的共识。[②] 权威是组织分析之中绕不过去的概念。对于权威的概念目前还存在着争议,有人认为权威是对客观必然性的认同和选择,这里的认同和选择都由权威客体[③]做出,有人认为权威是权力与威望的有机统一,权力和威望需要得到权威客体的承认;还有些人认为权威是一种意志服从关系,意志的服从者就是指权威客体;等等。但可以肯定的是,权威是一种合法化的权力,是建立在被支配者认可的基础上的支配关系。对一个正式组织来说,权威是其组织结构主要的特性之一,正是组织使得权威合理化。我们可将医疗纠纷调解组织中的权威区分为个人与个人之间的权威关系,以及个人与组织之间的权威关

① 梁平,陈焘,2014.医疗纠纷解决机制构建的理论基石、规范协调与多元导向[J].山东社会科学,(10):124-131.

② 张月,2017.组织与行动者(译者序)//埃哈尔·费埃德伯格.权力与规则——组织行动的动力[M].上海:格致出版社,上海人民出版社,6.

③ 权威客体是指权威主体意志所指向的对象,离开了权威客体,权威关系就不成立,权威也就不复存在了。参见:于洪生,2005.客体视角下的公共组织权威——兼论公众对重塑公共权威的作用[J].学习与探索,(6):61-65.

系。前一种权威关系通常是建立在认知默契、管理者特殊的人格魅力、个人秉性的力量对权威客体的影响力之上,此时组织是通过权威,并以职位和角色等形式实现一体化的,权威依附于职位;但也可能是一种建立在志趣与利益一致基础上的,但未经正式化、制度化、规范化的权威-服从关系。后一种权威关系最终是建立在每一个组织成员的需要、情感和目的的基础上,建立在每一个个体的知识体系和价值体系的基础上的;只有集中地、最大限度地体现了大家的需要、情感、目的的组织,才能得到大多数组织成员的拥戴、服从和维护。组织权威力量的大小,组织权威的强弱,取决于组织体现的价值和追求与个体的需要、情感、目的以及相关知识体系和价值观念一致的程度。[①] 韦伯(Max Weber)曾经指出,一个组织、群体、社团或部落中都有一个权威,他认为统治者与被统治者、领导者与被领导者之间并不单单是一个"强迫"的机制,还存在着另外一个机制即合法性。他将权威分为个人魅力型权威、传统型权威和法理型权威三种。个人魅力型权威即人们因为领袖的个人魅力而追随其后,传统型权威是指人们接受领袖的权威是因为传统使然,法理型权威是建筑在理性之上的,是对理性制度(例如政治制度、法律制度)之上的权威的认同和承认。[②] 从实践中看,韦伯所说的三种权威在医疗纠纷调解组织中都可能存在。比如,某医疗纠纷人民调解委员会的主任可能是选举产生的,高级调解员是经过考核才被聘任的,也许有人对该结果不满意,但大家通常认可这一结果并服从,这就是建筑在法律理性这一合法性基础上的法理型权威。以浙江省为例,实践中医疗纠纷人民调解委员会的主任通常以领导机关从退休的司法行政系统、公安系统或卫生行政系统聘任的退休的领导干部为主,这几乎已形成一种习惯或者传统了,但是,在上述调解组织中,这些领导却凭借着自身德高望重、公平公正的秉性赢得了组织成员的尊重和双方当事人的信任。在专业性调解人才青黄不接的背景下,很多医疗纠纷调解组织的领导人虽荣誉等身却"一枝独秀",既不可替代,又后继乏人,事实上暴露出个人魅力型权威与现代组织管理之间的格格不入。特别是一提起人民调解员,人们头脑中浮现的往往是共同体生活中的道德权威,

① 王利平,周燕,2007.管理过程中的权威作用机制[J].中国人民大学学报,21(4):66-70.
② 田凯,2020.组织理论:公共的视角[M].北京:北京大学出版社,13.

借助自身的人格魅力和苦口婆心的劝说而使一地鸡毛中的双方当事人向共同体规则低头的形象。如何使医疗纠纷调解组织从个人魅力型权威向法理型权威转变,是一个值得讨论的问题。当然,这并不意味着调解医疗纠纷可以完全脱离调解员的个人魅力。

第四节　医疗纠纷调解组织的组织技术和组织环境

一、医疗纠纷调解组织的组织技术

组织技术和组织环境都是组织机构的重要权变因素。与其他组织一样,医疗纠纷调解组织的维系与发展在很大程度上取决于其拥有一定的技术。简单地说,组织技术是指将投入转为产出时所使用的过程和方法。在一个生产型企业组织之中,组织技术就是在将投入转化为产出的过程中(转化过程包括加工、存储、装配、检验、运送等环节)所使用的技术、工具、装备、方法、工艺和设施等。对医疗纠纷调解组织而言,其技术主要为服务技术,而非制造技术。

医疗纠纷调解组织共同的组织技术包括以下几个要素。

(一)独立的办公场地和设备

医疗纠纷调解组织应以一定的住所为空间展开活动,以便于外界与之联系及向其求助,也应有一定的财产、经费和设备作为保障其正常运作的物质基础和独立承担民事责任的必要条件。不仅如此,组织地点的设置及其便利性极其重要,医疗纠纷调解组织的整体布局乃至地理位置均在一定程度上影响着其受理的纠纷数量和服务质量。[1]

---

① 参见本书第四章。

(二)成员的知识、技能

医疗纠纷调解组织的技术更多地体现为无形技术而非有形技术,劳动和知识密集型技术而非资本密集型技术,这也能够解释很多医疗纠纷调解组织在专项经费并不十分充裕,补贴也不高的条件下依然能比较正常地运作下去,尤其是公共性和公益性的医疗纠纷调解组织。虽然如此,但在市场经济环境下,经济收入不仅是组织成员赖以生存发展的重要物质条件,也是其社会价值的重要体现,必然潜移默化地影响着其行为趋向和价值选择。调解员的工作待遇长期得不到满足,便无法充分调动其主观能动性,甚至无法吸引具有专业知识和技能的人才进入医疗纠纷调解员队伍,因为市场毕竟是影响劳动力资源配置的重要手段。在此需强调的是,医疗纠纷调解组织中的调解员并非如普通的调解员那样,只需具备一定的法律和政策水平,以及与当事人沟通的能力,对于调解医疗纠纷这种既有很高专业壁垒,又饱含当事人情感因素的纠纷,调解员更应掌握相当的卫生法、侵权责任法、保险法的知识,以及一定的心理学知识与技术,并能在调解医疗纠纷的过程中结合当地的"地方性知识"熟练运用。

(三)不同性质的医疗纠纷调解组织具有与其定位相适应的组织原则和运作逻辑

新制度主义对不同性质组织的行动倾向、运作逻辑等从不同视角做了阐发。研究发现,在面对制度环境的强制性压力时,不同性质的组织具有不一样的倾向和行动模式。比如,那些离公共领域更近,更依赖公共资金生存、接受公共监督更多、规模更大的组织,建立正式申诉程序的比例更高。[①] 杜宾等人的研究发现,与联邦政府有合同关系,与公共领域更近、规模更大的组织更易于采纳内部劳动力市场机制。[②] 借鉴新制度主义的理论,结合对医疗纠纷调解组织实践活动的观察,不难发现,公共性、非营利性和营利性医疗纠纷调解组织对制

[①]　Edelman L B,1990. Legal Environments and Organizational Governance:The Expansion of Due Process in the American Workplace[J]. American Journal of Sociology,95(6):1401-1440.

[②]　田凯,2020.组织理论:公共的视角[M].北京:北京大学出版社,4.

度压力敏感性存在差异,对合法性和资源的获取方式也大不相同。更依赖公共资金生存的公共性医疗纠纷调解组织和非营利性医疗纠纷调解组织更强调合法性机制,而为了获取更多的公共资源,这些组织合法化的过程持续不断地输入、改变以及输出能量、物质或信息,且更多受制于程序和结构而非基于产出的评估的影响,因而更受到制度压力的制约,还因缺乏明确科学的绩效指标,更容易受到环境中更为复杂的问责机制的影响。而营利性的医疗纠纷调解组织因有明确的所有者、资金来源和绩效评估方式,其面临的制度的压力较小,受效率机制的影响较大。与企业和非营利性医疗纠纷调解组织相比,政府部门的医疗纠纷调解组织更容易受制度压力的影响。

(四)信息技术

组织技术深受社会环境和科技发展水平的影响是不言而喻的。信息技术是当代世界范围内技术革命的核心。ODR 便是信息技术在争端解决领域的广泛应用。尽管饱含着人的情感因素,互联网时代的医疗纠纷调解也很难避免技术化、智能化的趋向。在这方面,擅长 ODR 软件研发的高科技公司在组织技术上已初步显现出其优越性。以下四种信息技术在高科技公司纠纷调解的应用中扮演着重要的角色:一是通过业务处理系统(transaction processing systems,TPS)自动采集纠纷和企业组织的相关数据;二是通过数据储存与开发(data warehousing and mining)将所有数据集合起来,建立数据库,运用云计算等手段进行数据深度分析,找出数据之间的相互关系,比如找出医疗纠纷发生的原因与医院管理之间存在的逻辑联系和不同类型纠纷、不同纠纷阶段中当事人的心理规律和行为取向等;三是通过信息管理系统(management information system,MIS)提供信息和辅助管理决策;四是通过决策支持系统(decision support system),以人机交互方式进行半结构化或非结构化决策,为决策者提供分析问题、建立模型、模拟决策过程和方案的环境。假以时日,随着信息技术思维与调解思维的优化组合,高科技手段在医疗纠纷调解的类型化、标准化以及组织管理方面的应用愈来愈深入,医疗纠纷调解的效率和胜算必将大幅度提高。

同时,信息技术的应用也使得具有调解功能的高科技企业出现了新的组织特点,比如,信息技术的应用促进了组织小型化且多点化。互联网技术提供的在线工作方式打破了地域界限,而同一个智能机器人可同时批处理同一类型的调解事务,使得工作效率大为提高,因此,高科技公司在全国各地所设立的调解组织不需要太多的调解员,而这些调解组织却以高科技公司为依托建立了遍布全国的网络,实现了调解异地化、工作方式智能化。信息技术在调解公司中的核心化也使研发与运作信息技术的部门与组织成员增加,使得高科技组织内部化,组织设计与组织成员的结构迥异于传统的调解组织。人员的专业化反而被削弱,可以既是律师又是管理人员,既是技术人员又是管理人员。信息技术的应用也改变了调解组织与其他组织之间的关系,使得跨界的"斜杠青年"比例增加,从事调解的既可以是企业内部的正式成员,也可以是兼职合作的调解员。信息技术的应用也使得组织结构趋向分权化、扁平化,韦伯式的科层制组织变得松散了,我们想象中的正式组织变得非正式化。信息技术的应用也改善了组织的内外协调,增加了组织成员的参与强度等。事实上高科技公司及其调解组织已经超越了传统的韦伯式组织,为我们提供了新的研究素材和视角。

二、医疗纠纷调解组织的组织环境

组织环境(organization environment)泛指所有潜在影响组织运行和组织绩效的因素或力量。组织环境调节着组织结构设计与组织绩效的关系,影响着组织的有效性。环境虽然是组织的要素之一,但它是外在于环境的。任何组织都不可能完全自足,而是需要通过与外部环境之间的资源交换来维持和发展自身。组织与其环境之间的互动主要体现在几个方面:任何一个组织都不可能脱离社会环境独立存在,它必须从外界环境中吸收资源和人员,而且社会环境会时刻影响着组织的实际运作过程;当组织生产出产品和服务后,组织还得经受环境的检验;组织也在通过行为能动地影响和改变着环境。故此,当前的组织研究越来越注意组织的环境因素。迈耶(John W. Meyer)提出了新制度主义的一个基本命题即组织是受环境影响的,同样的环境会导致同样的组织行为,并强调要从组织环境的角度去研究,认识各种各样的组织行为,去解释各种各样的组织现象。该学派认为组织环境包括技术环境和制度环境(institutional environment),尤其重视从制度环境的影响来认识组织行为和组织现象。技术环境与制度环境对组织的要求常常是相互矛盾的:技术环境要求组织有效率,即按最大化原则组织生产;制度环境要求组织服从合法性机制,采用那些在制度环境下广为接受的组织形式和做法,而不管这些形式和做法对组织内部运作是否有效率。技术环境是以产出来评价组织的环境,制度环境是根据组织机构形式的适当性来评价组织的环境,两者在不同的场域中以不同的方式交织在一起。当然,合法性机制与效率机制也并非冰火不容的,只是那些代表制度化规则的活动,尽管被视为必要的仪式性支出,但从效率的观点看可能是纯粹的成本,这时有可能会产生内部认知和外部认知失调的问题。① 从这一角度去看,医疗纠纷调解组织的环境也包括技术环境和制度环境,所谓制度环境是指医疗纠纷调解组织所处的法律制度、文化期待、社会规范、观念制度等人们“广为接受”(taken-for-granted)的社会事实。组织正是在环境条件的多重压力下活动的。追求对技术环境的适应常常导致对制度环境的忽视;而对制度环境的适应又常常与组织内部的生产过程争夺资源。这两者之间的矛盾冲突和组织的相应对策导致了林林总总的组织现象。②

组织环境理论为我们提供了理解和解释我国医疗纠纷调解组织种种现象的密钥。

首先,不同性质的医疗纠纷调解组织关注技术环境和制度环境两者的侧重点有所不同,商业性医疗纠纷调解组织侧重于关注技术环境,而公共性和非营利性医疗纠纷调解组织侧重于关注制度环境。我国的调解不收费制度不仅仅来自于“枫桥经验”的传统,更不仅仅源自大陆法系国家普遍将调解公益化的事实,而是首先基于非营利性行业的组织行为有着独特的制度逻辑,因为它们的经费保障主要来自政府支持,所以,如果作为非营利性组织的医疗纠纷人民调解组织将其大部分的收入通过奖金的形式分红,那显然是“不合适”(improper)的。同时,全社会对于长期不收费而维护弱势群体利益的公益性调解已经形塑出一种强烈的社会期待——对于跟公共卫生事业关系密切且具有强烈社会结

---

① 田凯,2020.组织理论:公共的视角[M].北京:北京大学出版社,13.
② 周雪光,2003.组织社会学十讲[M].北京:社会科学文献出版社,72-73.

构色彩的医疗纠纷的调解就更是如此——一旦对调解收费,这种约定俗成的社会期待就会落空。这种社会期待制约了组织的观念、行为,这些观念和行为的制度化反过来又强化了这种社会期待,甚至造成这种社会期待的泛化,最终导致政府行为也受制于此。我国的地方政府普遍坚持医疗纠纷调解组织的公益性,并坚持政府购买服务是最好的经费保障模式,即便当事人愿意接受某些社会组织的有偿调解依然"不越雷池一步"。公益性医疗纠纷调解的泛化显然导致了两个值得关注的后果:一是当事人滥用调解程序而致使公共资源虚耗现象屡屡发生,二是客观上导致医疗纠纷人民调解一家独大,市场化的医疗纠纷调解组织发展缓慢。

其次,组织环境的高度复杂性和不确定性使得遵循理性原则的组织天然具有一种环境管理冲动,总是希望努力化解其环境中那些不利于组织生存与发展的不利因素,或者将上述不利因素转化为有利于组织生存与发展的因素。我们通过以下三个方面来探讨医疗纠纷调解组织的环境依赖问题。

一是医疗纠纷调解组织与医院之间存在着不言而喻的高度依赖性。医疗纠纷绝对数量大,矛盾尖锐,暴力化倾向严重,医疗纠纷的激化危害性大且流毒深远,正常情况下医院总是尽力回避与患方之间的纠纷,一旦发生也希望尽快解决,以维持或尽快恢复医疗经营秩序,并竭力将医疗纠纷对医院的声誉影响降到最低。患方也期待在中立的第三方帮助下挣脱医疗纠纷给生活所带来的巨大冲击,尽快获得赔偿或补偿,弥合其精神创伤,而"短平快"的低成本调解方式更受大多数患者及其家属的青睐。无论是在医疗纠纷中处于弱势的患方,还是处于强势的医方(至少表面上看如此)均对医疗纠纷调解组织存在着相当的依赖性,处于争端两造的剑拔弩张的当事人在是否接受医疗纠纷调解这一点上往往能神奇地达成共识。大多数患者并非医院的常客,也不常与医院发生矛盾纠纷,而大大小小的医疗纠纷在医院的上演却是司空见惯的,医院内部的医疗纠纷和解机构容量和公信力有限,医疗纠纷诉讼机制又存在着成本过高、诉讼风险和舆论压力过大的弊端,因此,医院对医疗纠纷调解组织的高度依赖性是毋庸置疑的。事实上,大量患者及其家属正是通过与其处于纠纷另一造的医院的指引而求助于医疗纠纷调解组织的,有些医院甚至通过宣传资料和指引牌对患方形成了规范性指引。医院与医疗纠纷调解组织之间的高度依赖性是社会分工细化的工业社会中社会组织间依赖性的典型表现。

二是医疗纠纷调解组织对政府的环境依赖性。大量医疗纠纷调解组织均为社会转型期为应对医疗纠纷突出的问题而产生的非政府、非营利组织。"即便我们是在组织间关系的意义上去探讨组织的环境依赖问题,也仍然可以发现,组织的环境依赖可以以多种形式出现,有的环境依赖关系可能会以一种组织间的依附关系或从属关系的形式出现。……总体看来,无论在什么样的政治文化条件下,存在于社会中的各类组织都会表现出对政府组织的高度依赖,在很大程度上,这种依赖是以依附关系和从属关系的形式表现出来的。……在私人领域中,组织的环境依赖演变为依附和从属关系的可能性较小,即使出现了这种情况,也是与近代以来的法理相冲突的。但是,在公共领域中,组织的环境依赖演变成依附和从属关系的可能性就比较大。特别是在政府与政府边缘地带的组织间,往往会因为政府所拥有的权力和对其他资源的垄断而使它们的关系演化成依附和从属关系。所以,我们的社会才会表现出处于政府支配和控制的状况。政府对社会的管理,往往是建立在政府对社会中各类组织的控制和支配的前提下的。政府通过控制和支配社会组织而实现了对社会的管理,而社会中的各类组织是因为受到了政府的控制和支配而表现出了对政府组织的依附。"[1]尽管通过调解事业发展基层社会自治被视为"枫桥经验"的应有之义,但现今国家强社会弱的格局并没有发生根本性变化,政府在资源分配和规则制定等方面依然居于主导地位,而任何组织都需要通过获取环境中的资源来维持生存,这就决定了由社会自主发起和有效运作医疗纠纷调解依然是其无法承受之重。离开国家的强势推动和资源整合能力,医疗纠纷调解组织很难运行自如。

三是医疗纠纷调解组织对物理环境的依赖性。"如果我们在实体的意义上来认识组织,而不是专门地去考察虚拟组织,那么,我们就必须承认一切组织都是存在于具体的地理空间中的,物理性的环境设施以及人文环境等因素也对组织产生影响。比如,一个组织所在地的基础设施、交通状况、服务水平等也影响

---

① 张康之,2013.论组织的环境依赖及其新"版本"[J].中共福建省委党校学报,35(5):29-38.

着组织的存在与发展。"①我们重点探究一下医疗纠纷人民调解组织的地理位置对其业务分布的影响。2018年,金华市各人民调解委员会受理的医疗纠纷总量高达419件,其中金华市医疗纠纷人民调解委员会受理并调成的医疗纠纷仅55件,这可能与金华市市区面积狭小,郊区面积广大,而金华市医疗纠纷人民调解委员会地处市中心有一定关系。杭州市的大型三级甲等医院集中分布在市中心和滨江区,杭州市区内却只有杭州市医疗纠纷人民调解委员会"一枝独秀",其每年受理的纠纷数量、调成纠纷数量、涉案金额数量均超过全市的半数,这与该医疗纠纷人民调解组织处于交通便利、大型著名医院林立的闹市区有莫大的关系。无论如何,套用组织理论中的概念,我们不免觉得前者的"生产率"过低,而后者又有过高之嫌。调解工作量畸轻畸重不利于医患双方就近求助,及时化解矛盾。当然,这些方面的环境是传统意义上的环境,如果说这些环境都已经达到了良好的状况,我们对组织的环境依赖问题的研究就可以不予考虑了。也就是说,我们所探讨的组织环境依赖主要是就组织间关系而言的。②

---

① 张康之,2013.论组织的环境依赖及其新"版本"[J].中共福建省委党校学报,35(5):29-38.
② 张康之,2013.论组织的环境依赖及其新"版本"[J].中共福建省委党校学报,35(5):29-38.

第三章　我国医疗纠纷调解组织的趋同化现象及其组织社会学解释

　　我们将那些诱使或迫使组织采纳具有合法性的组织结构和行为的观念力量统称为合法性机制。合法性机制既可以对全社会产生影响,也可以在某一个行业或领域中发生作用。合法性机制使得组织不得不接受制度环境里建构起来的具有合法性的形式和做法。因此,制度化的过程就是这样一个不断采纳制度环境强加于组织之上的形式和做法的过程。这对组织至少产生了两个影响:一是组织之间的趋同现象,即为了制度环境认同,各个组织都采用了类似的结构和做法,二是组织之间的相互模仿学习,这些模仿行为减轻了组织的动荡,因为它扎根在制度环境里,得到了合法性,不容易受环境的冲击。这样,即便这些组织效率不高,它们也可能生存下去,合法性本身提高了组织的生存能力。[①]近年来无论是以医疗纠纷人民调解为主体的山西模式、北京模式、天津模式、宁波模式、南平模式等,还是以商业性医疗纠纷调解模式为主体的安徽模式、山东模式,医疗纠纷调解组织都不同程度地出现趋同化(isomorphism)现象。效率规则告诉我们,每一个组织的内部机构应该随其目标、任务、技术和环境条件不同而异,而不应该出现组织的趋同现象。[②] 诚如前文所述,我国的各种医疗纠纷调解组织目标和任务各异,技术和环境不同,但不同地域、不同性质的医疗纠纷调解组织均不约而同地出现了趋同现象,显然,这是一个需要解释的组织现象。

---

　① 周雪光,2003.组织社会学十讲[M].北京:社会科学文献出版社,76-77.
　② 周雪光,2003.组织社会学十讲[M].北京:社会科学文献出版社,68.

第一节　我国医疗纠纷调解组织的趋同化现象

所谓组织趋同,是指组织在合法性机制的影响下采取相同或类似的结构。我国医疗纠纷调解组织的趋同化主要体现在以下几个方面。

一、从组织的生成到组织的运作都体现了国家与社会之间的合作

2018 年 10 月 1 日起施行的《医疗纠纷预防和处理条例》明确规定:"县级以上人民政府应当加强对医疗纠纷预防和处理工作的领导、协调,将其纳入社会治安综合治理体系,建立部门分工协作机制,督促部门依法履行职责。"[①]"卫生主管部门负责指导、监督医疗机构做好医疗纠纷的预防和处理工作,引导医患双方依法解决医疗纠纷。司法行政部门负责指导医疗纠纷人民调解工作。公安机关依法维护医疗机构治安秩序,查处、打击侵害患者和医务人员合法权益以及扰乱医疗秩序等违法犯罪行为。财政、民政、保险监督管理等部门和机构按照各自职责做好医疗纠纷预防和处理的有关工作。"[②]回顾历史,医疗纠纷预防和处理机制的建立以及医疗纠纷调解组织的组建都由政府强势推动,医疗纠纷调解组织的业务指导、监督、经费保障、秩序维持等都由政府各职能部门各司其职,分工协作。

无论卫生行政系统内的医疗纠纷调解机构还是医疗纠纷人民调解组织均由政府推动建立。就连医院内部承担医疗纠纷调处职能的医患办(或医务办、医患沟通中心等)也是应合法性机制的要求应运而生的。[③] 各地的医疗纠纷人

---

① 参见《医疗纠纷预防和处理条例》第五条。

② 参见《医疗纠纷预防和处理条例》第六条。

③ 医患沟通制度是评估医院管理水平的医疗核心制度之一。尽管卫生部印发的《医院评审暂行办法》没有明确规定建立院内医疗纠纷调解机构在全国的医院等级评审文件中是必要的"规定动作",履行医疗纠纷调解职责的院内机构实为各地评审标准所列出的主要职能部门之一,在实践中负责受理患者家属对医院工作人员的投诉,负责医疗纠纷的处理,组织医疗事故的鉴定,并提出处理医疗纠纷的初步方案等。

民调解组织的组建更是如此。没有政府的宣传重视、人员、经费的支持及统筹安排,作为一种社会型救济方式的医疗纠纷调解,难以如此迅速地在患者和医疗服务机构中推行,并在一定程度上得到信任。人民调解本义应该是群众性组织自发产生的纠纷解决方式,与国家公权力管辖的公力救济分属不同领域,但现在包括医疗纠纷调解在内的众多专业性、行业性的人民调解都由政府强势推进。① 行业性、专业性医疗纠纷调解组织多由司法局或政府组织的专门机构领导,即便少数是由人民调解协会、医学会或心理卫生协会等组织领导的,其业务指导机关依然是各地政府的司法行政机关。如浙江省的医疗纠纷人民调解组织,或接受由分管卫生的副市长亲自挂帅并由司法行政部门、公安部门和卫生行政部门的领导组成的市医疗纠纷预防和处理领导小组的领导,或接受该市司法局或卫生局的领导。政府也提供经费支持。《人民调解法》第六条规定:国家鼓励和支持人民调解工作。县级以上地方人民政府对人民调解工作所需经费应当给予必要的支持和保障,对有突出贡献的人民调解委员会和人民调解员按照国家规定给予表彰奖励。除了山西省医疗纠纷人民调解委员会是由保险公司购买服务的,无论是上海、北京,还是南平,政府都出钱、出编制、出办公场所积极力挺。② 浙江省内除了嘉兴等少数地区的医疗纠纷人民调解委员会采用保险公司购买服务的模式,其余的均由政府提供经费保障,连宁波、温州等采纳保险公司赔付医疗损害赔偿模式的地区也不例外(见表3-1)。其他资源的整合通常由政府出面协调,比如专家库往往经由相关政府部门推荐名单并协调后组建。

---

① 邵华,2016.医患纠纷调解的正义之路[M].湘潭:湘潭大学出版社,100.

② 山西省医调委采用的是全国第一家将人民调解与医疗责任保险结合起来运作的模式。医疗机构向保险公司投保后,保险公司将保费的25%支付给保险经纪公司,由保险经纪公司委派调解委员会对医疗纠纷进行调解。保险经纪公司再将佣金中的15%支付给调解委员会作为活动经费。实际上这种模式的本质是保险公司购买服务。参见:邵华,2016.医患纠纷调解的正义之路[M].湘潭:湘潭大学出版社,96.

表 3-1　浙江省部分市医疗纠纷人民调解委员会管理体制①

调委会名称	组建单位	领导机关	指导机关	经费来源
杭州市医疗纠纷人民调解委员会	杭州市公共关系协会	杭州市医疗纠纷预防和处理领导小组	杭州市司法局、杭州市卫健委	政府财政拨款,杭州市司法局代管
嘉兴市医疗纠纷人民调解委员会	嘉兴市司法局、卫生局	嘉兴市医疗纠纷预防和处理领导小组	嘉兴市司法局、嘉兴市卫健委	从医疗责任险保险费支出,嘉兴市司法局代管
宁波市医疗纠纷人民调解委员会	宁波市司法局	宁波市医疗纠纷预防和处理领导小组	宁波市司法局、宁波市卫健委、宁波市各级人民法院	政府财政拨款,宁波市司法局代管
温州市医疗纠纷人民调解委员会	温州市司法局	温州市医疗纠纷预防和处理领导小组	温州市司法局、温州市各级人民法院	政府购买服务,温州市司法局代管
丽水市医疗纠纷人民调解委员会	丽水市医学会	丽水市卫生局	丽水市司法局	政府财政拨款,每年直拨给丽水市医学会40万元
金华市医疗纠纷人民调解委员会	金华市司法局	金华市司法局	金华市司法局	政府购买服务,金华市司法局代管。
湖州市医疗纠纷人民调解委员会	由湖州市中级人民法院、湖州市司法局、湖州市卫生局共同商定	湖州市司法局、湖州市卫健委	湖州市中级人民法院	政府财政保障每年30万元,列入湖州市司法局预算
舟山市医疗纠纷人民调解委员会	舟山市卫计局、司法局	舟山市医疗纠纷办公室	舟山市卫计局、司法局	政府专项拨款

二、组织边界模糊化

一般认为组织成员是指在组织内部工作的正式成员,为了将组织的内在功能与外部事件区分开来,确保外部事件对组织的内部不构成压力,组织的边界是相对明确和固定不变的。但是,西方管理学中的"利益涉及者"(stakeholder)理论认为,凡是和该关联组织发生关联,其利益受其组织影响的人都算是组织

---

① 该数据均由当地的司法局人民参与和促进法治处提供。

的成员。由此可见,组织和组织边界并不是一个简单的问题。① 组织边界模糊化是这些年来医疗纠纷调解组织逐渐强化的一个组织现象。绝大多数医疗纠纷调解组织已建立起医学专家库和法律专家库,有些还建立起心理学专家库。上海市的医疗纠纷专家咨询库现有 900 多名医学、法学、心理学专家。北京市的咨询库拥有 1497 名专家,医疗纠纷调解操作规程分为 13 个环节,专家咨询是其中的 1 个环节。② 广东医调委依托广东省医学会和广东省律师协会,建立了由 2000 多名具有高级职称的医学专家、法学专家或者资深律师所组成的专家库。厦门市则从执业经验丰富的医师、律师、人大代表、政协委员、行风评议员队伍中遴选产生了医学专家、法学专家、兼职调解员和社会监督员。律师事务、心理咨询、临床医学等都是与医疗纠纷调解差异较大的行业,通过建立专家库以备咨询的行为使得律师、心理咨询师和医师的功能,为医疗纠纷调解组织所"内在化"了。组织边界模糊化,是调解工作的客观需要,其根本原因在于相关知识和技能的稀缺性。尽管调解纠纷无须如审判工作般"以事实为依据,以法律为准绳",但也同样涉及事实与法律问题。由于医方是否存在过错,以及医疗行为与医疗损害结果之间是否存在因果关系是医疗损害赔偿纠纷的争议焦点,而这些具有较高专业壁垒的专业知识和技能却是一种稀缺资源,因此建立专家库,将判别损害结果、医疗过错及因果关系等构成要件的功能移交给医学专家库,显然这是医师功能为医疗纠纷调解组织"内在化"的典型。同样的道理,为了给医疗纠纷调解提供比较精准的法律依据,建立一个由谙熟相关法律的律师所组成的法学专家库也是一种常态,这同样是医疗纠纷调解组织的"外在化"和法学专家功能的"内在化"。除了提供医学和法律咨询,还有心理咨询专家对部分患者家属进行心理疏导,以缓解其偏执情绪,增加达成调解协议的可能性,这也是医疗纠纷调解组织的"外在化"和心理学专家功能的"内在化"。很多医疗纠纷人民调解组织(如义乌市医疗纠纷调解委员会和厦门市的医疗纠纷调解组织)都聘请了行风监督员,加强对医生的诊疗行为的监督,减少医患摩擦;市场化的医疗纠纷调解组织对医院的行风建设也不敢怠慢,很多医院管理

---

① 周雪光,2003.组织社会学十讲[M].北京:社会科学文献出版社,9.
② 邵华,2016.医患纠纷调解的正义之路[M].湘潭:湘潭大学出版社,9.

公司派出工作人员监督医院的管理工作,以防止系统性的诊疗行为中出现疏漏而导致事故成因的"瑞士奶酪模型"不幸应验。

2015年10月,中央全面深化改革领导小组第十七次会议审议通过了《关于完善矛盾纠纷多元化解机制的意见》,指出要坚持"源头治理、预防为主,将预防矛盾纠纷贯穿重大决策、行政执法、司法诉讼等全过程;坚持人民调解、行政调解、司法调解联动,鼓励通过先行调解等方式解决问题;坚持依法治理,运用法治思维和法治方式化解各类矛盾纠纷"。调处医疗纠纷涉及医疗卫生、司法行政、保险、法院等多个部门,各部门都承担着特定的职责和任务,部门之间的衔接与配合至关重要。按照"谁主管,谁负责,谁受益,谁出力"的原则,推动医疗纠纷调解组织的建设,势必强调各部门之间的协调配合。我国的医疗纠纷调解采纳了基于综合治理思路的"大调解模式"。当下的医疗纠纷既然主要是一种社会结构性矛盾,通过平衡的方式来解决更有利于社会稳定和社会公正,那么,最好的办法是改革某些社会风险分担机制,预防医疗纠纷的发生。我国很多地方积极尝试利用医疗责任保险化解日益增多的医疗纠纷,但鉴于保险公司的营利性,由保险公司理赔中心单方调解医疗纠纷并出具理赔额,其公正性首先受到了质疑。为此,各地相继衍生出了第三方调解组织与保险公司合作解决医疗纠纷的新模式,其大体方法为:在医患双方之间介入以第三方调解组织(如医疗纠纷人民调解委员会、协会和研究会的医疗纠纷调解中心等)和保险公司共同为核心的"第三方"。医疗机构首先应向保险公司缴纳保费投保医疗责任险,一旦发生承保范围内的医疗事故、医疗差错、医疗意外等,由保险公司理赔中心和第三方调解组织共同负责调查、评估和协商,在医患双方自愿达成调解协议的基础上,由保险公司负责理赔。目前,北京、山西、吉林、宁波、南通、芜湖、铜陵、无锡等地多采用此模式。盘点我国医疗纠纷第三方调解模式,几乎无不是通过打通组织边界来实现的。在上述调解模式中,有几种模式都运用了综合治理的思路,把公安部门拉入医疗纠纷人民调解体系中,甚至把所有与纠纷解决有关的机构都整合在一起来解决医疗纠纷。这些都沿袭了综合治理和"大调解"的工作思路。有些医疗纠纷人民调解委员会充分发挥人民调解沟通政府与人民群众的桥梁作用,邀请当地的党代表、人大代表和政协委员(以下简称

"两代表一委员")也参与到医疗纠纷调解的"大调解模式"中来。温州市医疗纠纷人民调解委员会不定期邀请"两代表一委员"旁听疑难案件的研讨和调解工作,将上述人员对社会基层的履职功能延伸到了医疗纠纷调解领域,为畅通社情民意提供了新渠道。这些现象都体现了医疗纠纷调解组织一定程度上的组织边界模糊化的趋势。

医疗纠纷调解组织的边界模糊化现象可从多个角度进行社会学意义上的解读。首先,由于组织目标与组织成员的个人目标这双重利益目标的存在,行动者的行动不断地发生改变,其地位也在变化,组织必然会随其而改变,而在具体的时间和环境之中发生着相应的变化,组织的边界不可能是固定不变的,而是呈现为流动状态。伴随着塑造组织的集体行动的展开,组织呈现为开放状态,在结构上具有权变性的特征。组织结构的变动不居,其建构和解构过程的周而复始,使任何想要为组织画出清晰边界的努力都归于徒劳。其次,组织边界模糊化也是调解工作的客观需要,其根本原因在于相关知识和技能的稀缺性。我们看到医疗行为的高度专业性仿佛具有"渗透效应",它能穿透包裹自身的薄膜,使得围绕着它而产生的邻接行业也具有同样的特性,包括医学教育、医疗事故鉴定,也包括医疗纠纷的诉讼代理、审理与调解。这些领域彼此之间既共通又隔膜的双重性质,使得上述邻接行业的行动者之间处于相互依存的关系之中,离开任何一方都很难完成自身的使命。这使得医疗纠纷调解组织的边界更频繁地被打破,变得愈来愈相对化。

三、出现组织制度化和法制化的趋势

在韦伯式的理性组织模式中,组织只是一个技术的组合体,是为了完成某种任务而建立的一个技术体系。这也是古典经济学的观点。但是早期的制度学派代表人物塞尔兹尼克(Philip Selznick)颠覆了这个观点,他的研究表明,组织不是一个封闭的系统,而是受到所处环境的影响,我们观察到的许多组织行为都是组织对制度环境的反应。在这个意义上,组织(organization)即一个制度化的组织(institution)。换言之,所谓的制度化组织是处于社会环境、历史影响之中的一个有机体。组织的发展是一个自然的过程,是在和周围的环境不断

相互作用下不断变化,不断适应周围社会环境的自然产物,而不是人为设计的结果。① 在塞尔兹尼克看来,组织经过制度化(institutionalization)的过程之后就变成了制度化的组织,制度化意味着价值内化于结构的过程。组织制度化的过程也是组织不断采纳制度环境所认可的组织形式和行为的过程;撇开文化观念等要素而从法律制度的角度去看制度环境,这也是一个法制化的过程。由于这种制度环境的影响,我们常常可以观察到在同一制度环境下组织的结构和行为的趋同性。② 医疗纠纷调解组织是随着共享价值观念和规范体系的建立,由非正式系统发展为正式系统的,其社会制度和组织机构从不健全到健全,其社会生活正趋于发展与成熟,表明其正处于制度化和法制化的过程中。可以预见,随着《医疗纠纷预防和处理条例》新规的施行,这种由制度化和法制化所导致的组织趋同性现象将更加强化。

制度化和法制化正在迅速地向医疗纠纷调解组织的各个要素渗透。这与人民调解近年来的制度化与法制化趋势有着不可分的联系。在我国,调解是起源于悠远时代,合乎人情社会、熟人社会之礼仪与秩序的纠纷解决机制。它与陌生人社会、法治社会存在着至少是表面上的紧张关系。就医疗纠纷而言,医患关系的巩固高度依赖于一种可预期的规则之调整,但当医患双方被卷入纠纷之后,调解程序却鼓励和允许一切能够促成双方和解的合法手段和知识力挽狂澜。然而,在以陌生人社会为基本特征的工商社会、法治社会中,高度依赖于情境化交涉和地方性知识的人民调解所具有的灵活有余的优势,可能会翻转为意想不到的劣势。"而为了祛除这种不确定性,使人民调解制度化、程序化,使之与诉讼制度衔接,就成了人民调解的发展方向。"③人民调解的法制化发展方向,契合了社会结构不断发生动态变动的现实。从制度变迁的角度看,从调解所处的社会背景来看,法制化是人民调解应对社会功能分化的基本立场,也是回应现代社会信任模式转变的主要方式。随着"总体性社会"(totalistic society)的解体、陌生人社会的发展不可避免地走向功能分化,不同的社会子系统日

---

① 周雪光,2003.组织社会学十讲[M].北京:社会科学文献出版社,70.
② 周雪光,2003.组织社会学十讲[M].北京:社会科学文献出版社,180.
③ 张波,2012.论调解与法治的排斥与兼容[J].法学,(12):55-61.

趋精细化、专门化,原本在社会中大包大揽的人民调解也面临着被分化的命运。① 人民调解的这种分化,体现在其与行政调解、司法调解之间的细分上,更主要的是体现在包括医疗纠纷调解在内的行业性专业性调解逐渐从传统的人民调解之中剥离出来。医患关系和医疗纠纷均与法律制度有密不可分的联系,医疗纠纷调解组织只有根据自身的纠纷解决功能来划定自身的行动边界,将自身置于法律的框架之下,才能更好地发挥应有的功能。然而,人民调解的法制化发展诱发了人民调解与法制之间的内在紧张关系,呈现出一种"互益与背离"的逻辑线索:调解的本质是一种社会规则的相机处理方式,其目的是综合社会力量和社会资源来修复原有的社会秩序,并为此允许对个人正当权益的克减,也带有强制的契机。而调解的法制化意味着以法律规范为基础的社会规则体系实行相机治理,这就使刚性的法律规则陷入柔性的法律结构当中,使多元的社会规则与一元的法律规范体系之间发生内在冲突。其结果或者是削弱了法律的实效性,或者是滥用了法律的强制力,导致自愿的调解变成了强制的服从。② 但人民调解的话语权却只有在其法制化的过程中才能找到。在这一层面上,人民调解与法制是互益的:人民调解通过法制化得以作为一项基本的非诉讼纠纷解决制度而获得重视,而法制体系由于人民调解的制度化而愈加充实,也发挥着减少法院审判压力的功能。③ 目前,医疗纠纷调解组织的制度化和法制化在两个方面具有最突出的体现:一是对调解组织成立、经费保障模式、调解员队伍建设和调解协议效力等要素的制度化和法制化;二是通过委托调解、委派调解、特邀调解等制度健全诉讼与非诉讼制度的无缝衔接,通过法院与司法行政部门共建调解工作室或者诉调对接中心等形式加快纠纷解决机制的切换,充分发挥诉前调解的功能,即便调解失败,也可迅速立案登记,从而减少当事人的讼累。在浙江省宁波市,医疗纠纷人民调解委员会会将调解失败的医疗纠纷案件直接移送至相关的人民法院,以降低当事人辗转于不同纠纷解决机

---

① 于浩,2020.人民调解法制化:可能及限度[J].法学论坛,35(6):140-147.

② 王启梁,张熙娴,2010.法官如何调解?——对云南省E县法院民庭的考察[J].当代法学,143(5):9-21.

③ 于浩,2020.人民调解法制化:可能及限度[J].法学论坛,35(6):140-147.

构的搜索成本,缩短其争讼周期。

四、出现组织行政化、司法化的趋势

范愉教授认为,由于近年来人民调解组织实际上已呈多元化格局,法律界,特别是司法行政系统主导意见是通过立法将人民调解改造成一种司法化、专业化的纠纷解决机构,从而超越《宪法》的定位,使之脱离对基层自治组织的依附,吸纳大量法律职业者参与,同时通过加强司法行政机关对人民调解的管理,提高调解程序的正规化和调解协议的法律效力,使人民调解的法律地位和权威性得以进一步提升。这就是所谓的人民调解行政化、司法化的表现。[①] 首先,行政化与司法化是近年来人民调解的共同倾向,主要体现在人民调解组织网络的行政依附性和人民调解员的行政化、行政调解与人民调解组织同态化等,只是作为行业性专业性调解组织的医疗纠纷调解组织行政化、司法化倾向尤为明显而已。当下,在作为一种基本理念与中国纠纷解决机制根本要素之一的人民调解愈来愈深入人心的同时,作为传统的三大调解之一的人民调解已日益镶嵌在行政调解与司法调解之中并与传统的人民调解的概念渐行渐远,陷入了"与行政调解、司法调解的语义混沌和纠纷解决模糊不清的现状之中"[②]。由于人民调解被置于"大调解"格局之中,地方上以维稳思维代替法治思维来安排部署人民调解工作,致使人民调解组织的群众性、自治性受到了严重削弱,甚至出现由行政机关主导人民调解的错误做法,完全放弃了人民调解的群众性、自治性,其优势自然无从体现。人民调解组织的规范化首先走的是制度化的路径,即通过完善行政管理和业务办理的方式来履行调解纠纷的基本职责。在行政管理方面,人民调解组织正在逐步向科层制靠拢,同时,行政化也是制度化的一个重要内容。[③] 其次,医疗纠纷调解组织的成员行政化、司法化趋势显著。无论是公益性的还是商业性的医疗纠纷调解组织,目前都大量吸纳了法律职业工作者和退休的司法、行政干部等进入了专、兼职调解员的队伍。司法所同时挂牌镇、街

---

①　范愉,2017.当代世界多元化纠纷解决机制的发展与启示[J].中国应用法学,(3):48-64.

②　于浩,2020.人民调解法制化:可能及限度[J].法学论坛,35(6):140-147.

③　王禄生,2012.审视与评析:人民调解的十年复兴——新制度主义视角[J].时代法学,10(1):19-28.

的人民调解委员会,不仅指导本辖区内的人民调解工作,也主持调解本辖区内重大、复杂、疑难纠纷,其中当然也包括当事人对立严重、损害后果严重或社会影响较大的医疗纠纷,其实质是以人民调解之名,行行政调解之实。尽管这么做有利于借助司法行政的力量开展调解工作,但也对调解组织的中立性带来严重挑战,导致人民调解组织过度依赖公共资源和行政权。再次,医疗纠纷调解组织的行政依附性尤强。卫生行政调解组织隶属于卫生行政部门,其管理模式和运作方式不可避免地具有行政化的特征。其他第三方调解组织虽然身份相对中立,但大部分是由政府部门、行业协会、研究会、司法机构牵头设立,再加之我国管理体制、人情、利益的因素,医疗机构与上述机构总有着难以人所共知的联系。但医疗纠纷第三方调解组织被医患双方认可的前提是保持自身的中立性。行业以及行业协会由于历史原因,依然承接着政府资源并接受国家行政管理,因而无法完全实现独立性和民间性。这种民间性、自治性和独立性的先天不足和行政色彩的先天过剩,使得相关行业在构建相关协会时的中立性地位遭受质疑和挑战。[1] 医疗纠纷调解组织与政府之间的依赖关系一方面弥补了前者资源筹措能力的不足,降低了其公关成本,但也导致第三方调解机构的中立性程度乃至公信力不高。最后,医疗纠纷调解组织的工作程序日益行政化和司法化。人民调解在制度化变革中体现出对正式制度的偏好,是对国际、国内对法治期盼的正式回应。司法化也是制度化的重要方面,它突出表现在对民事诉讼程序的近乎复制的模仿,尤其是对庭式调解的广泛应用使人民调解与审判更为相似。医疗纠纷人民调解组织具有高度的专业性,更容易复制司法程序,从而形成标准化、流水化和司法化倾向。

五、出现组织科层化的趋势

改革开放以来,市场经济的实践对原有的"总体性社会"造成了巨大的冲击,社会领域的自主性正在逐渐增强,社会对政府权力构成了一定的限制,多元主义的公民社会正在形成。但在我国这样一个商品经济基础薄弱且具有长期

---

[1] 王慧林,2017.广西电力行业纠纷调解探索[J].广西电力,(3):43-45.

中央集权传统的国度,试图在短短数十年内实现一个"社会制约权力"的"弱国家—强社会"目标,其难度可想而知。事实上政府在资源分配和规则制定等领域的主导地位并未发生根本性变化。比如,对非营利性组织的研究表明,组织在合法性获得的支持方面仍然强烈地依赖于政府,以至于出现组织机构与政府科层体制的"同构"以及"组织的同形化趋势"。① 尽管专业性的医疗纠纷调解组织从成立伊始就是按照理性原则而组织起来的正式组织,但与基层社会自治特征鲜明、运作方式灵活且内部关系松散的社区调解组织相比,医疗纠纷调解组织在管理模式和运作方式上更趋于正式化和科层化。全国多数医疗纠纷人民调解组织的设立主体是司法行政部门和卫生行政部门,而且很多调委会的组成人员还是由行政部门领导和机关干部兼任,呈现出浓厚的行政化色彩。不少医疗纠纷人民调解委员会的主任由退休的原公安或司法机关领导干部担任,组织权威的个人阅历和管理习惯无疑也对这些组织的结构形态产生了潜移默化的影响。

　　小型组织的扁平化管理较常见,因其层级简单,管理灵活,管理费用低,信息纵向流通快,被管理者有较大的自主性、积极性和满足感。传统的社区调解组织通常都采纳扁平化管理的模式。但是,由于扁平化组织的管理幅度较宽,权力分散,某些医疗纠纷调解组织及其领导机构认为这种模式不利于实施严密管理和防止腐败现象,容易导致职责不清,对主管人员和调解员的素质要求也很高,这与医疗纠纷调解组织的实际情况产生了冲突。另外,医疗纠纷往往事发突然,当事人情绪激烈,矛盾尖锐,纠纷反复性强,群体性纠纷比例高,社会影响大,容易为黑恶势力所利用,且鉴定周期长,一起医疗纠纷历时一年半载才达成协议的屡见不鲜,不少医疗纠纷调解组织的工作量和调解员工作强度都比较大,上述原因导致医疗纠纷调解组织的负责人不宜管理过多的调解员和其他工作人员。很多医疗纠纷调解组织不仅建立了承担调解职能的科组,还建立了其他科组,使其组织结构复杂化、组织管理科层化。

　　浙江省温州市医疗纠纷人民调解委员会的管理模式体现了比较典型的科

---

① 邓锁,2004.开放组织的权力与合法性——对资源依赖与新制度主义组织理论的比较[J].华中科技大学学报(哲学社会科学版),(4):51-55.

层制管理(见图 3-1)。该调委会在通行的调解工作制度以外,还设置了坐班制度、疑难案例研讨制度、节假日值班制度、调解员职称晋升制度、调解员绩效考核制度、案件质量评估制度等。将调解员分为两组,分别由副主任和高级调解员担任组长,以老带新展开调解,平时以小组为单位承接、调解、跟踪医疗纠纷和回访当事人,遇重要的节假日由此两组轮流执勤,一接到当事人的求助后就由执勤的小组迅速介入纠纷和应对舆情。此外,附设医学和法学两个专家咨询委员会,以备专业知识之咨询。该调委会旨在通过比较严密的组织结构和严格的准行政化管理,及时准确规范地处理医疗纠纷,并制止和防止腐败。山西省医疗纠纷人民调解委员会的组织结构更为正式化科层化,设置主任一名,副主任若干名,各副主任分管调解一部、调解二部、保险部和办公室等机构,管理层次森然,组织体系严密,制度规范,这些都是采纳科层制管理模式的正式组织的特征。

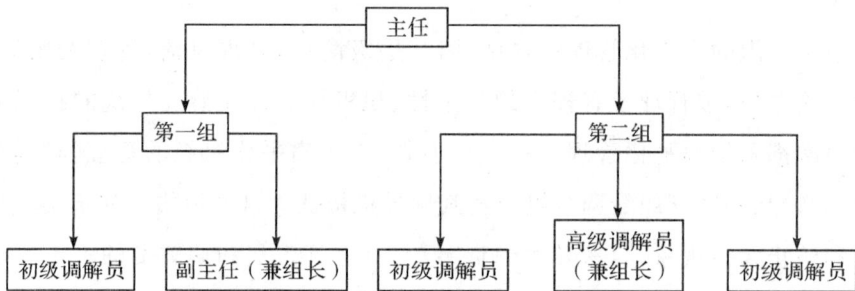

图 3-1　温州市医疗纠纷人民调解委员会组织结构

总的说来,医疗纠纷调解组织科层化趋势主要体现在以下几个方面。

一是基本职能专业化和劳动分工。部分医疗纠纷人民调解委员会因规模太小只有调解部或者调解小组,但很多医疗纠纷人民调解组织不仅设立了承担调解职能的科组,还建立了承担其他职能的科组,使其组织结构复杂化。北京市医疗纠纷人民调解委员会下设调解部、法律事务部、综合部、培训防范部等四个部门,附设医疗纠纷专家咨询委员会,根据实际需要设立并调整派出机构,并在七个远郊区县设立了医疗纠纷人民调解委员会分站(见图 3-2)。调解部负责纠纷的受理,调查取证,实施调解,组织专家进行医疗损害鉴定,拟订调解协议等,是整个医调委的核心部门。其他医疗纠纷人民调解委员会的机构与之相仿,有些增加了保险事务部,如山西省医疗纠纷人民调解委员会。这些医疗纠纷调解组织的专职调解员所占比重较大,不同于传统的社区调解组织中的调解员身兼数职。对健全的医疗纠纷调解组织来说,领导职位、专职调解员、财务人员、书记员或调解助理等辅助人员均为标配。作为一个科层组织所必须从事的正常活动以正式规定的职责形式固定落实到人,明确每一个组织成员的权利、义务与责任,并把这些权利、义务与责任作为正式职责而使之合法化。与医疗纠纷人民调解组织相比,规模较大的律师事务所、医院管理公司、调解公司的组织结构更为精密和复杂,人员配置和业绩考核制度更高效科学,也体现出明显的科层化倾向,但高科技的应用反而会使得公司呈现出扁平化的特征。

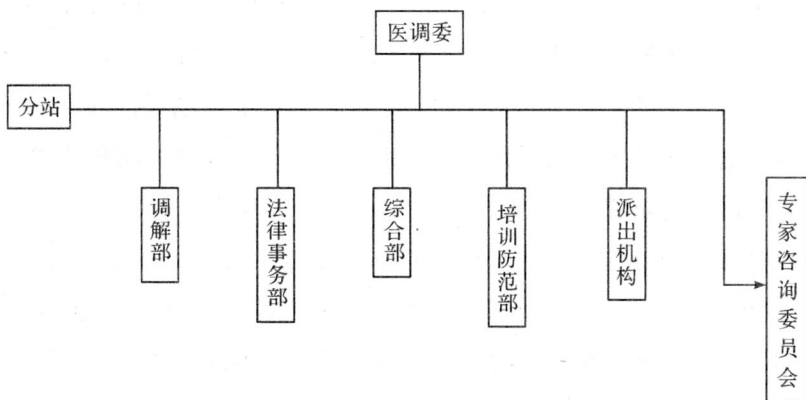

图 3-2　北京市医疗纠纷人民调解委员会组织机构

二是组织内部出现了等级分化,建立了一套按年资、工作表现或两者兼顾的晋升制度。这既有领导者的权威,也有调解员职称制度日益普遍的原因。

三是在组织中人们的各种行动和日常事务的解决都以理性的规则为依据。这种理性的规则包含组织各种权力的层级化、岗位任务的责任化、工作行为的规则化和劳动酬赏的薪水化等。[①] 稳定的规章制度包括岗位责任和考评制度、文书档案管理制度、学习和工作例会制度、纠纷登记制度、跟踪回访制度等。

---

① 李莉,2009.民主政治发展进程中的中国非政府组织理性化建构[J].武汉科技大学学报(社会科学版),11(4):10-15.

四是量才用人。目前的医疗纠纷调解组织为调解员入行设置了门槛,甚至按照技术资格招聘、录用人员,且不得任意解聘。为保证员工的工作积极性,让调解员觉得自己"有奔头",医疗纠纷调解组织内部还有一套按年资、工作表现或两者兼顾的职称或职级晋升制度。

五是追求行政效率。越来越多的医疗纠纷人民调解委员会体现出鲜明的准确性、稳定性、纪律性和可靠性的特点,其追求行政效率不仅是可能的,也有着必然的组织逻辑。

组织结构形态没有优劣之分,它随着组织的任务、技术、环境和组织成员而变化,没有任何一种结构形态可以通用于所有的组织状况。一些组织适合于现代网络化结构,另一些可能适宜传统的科层制。按照韦伯的观点,在现代社会中科层组织具有普遍的适用性,无论教堂、国家、军队、政党、企业等,甚至包括日常生活全部形态都可以纳入这个框架中。在他看来,科层制是最合理的管理模式。科层制组织理论揭示了西方工业化初期组织运作的基础和结构形态,并且从纯理性的角度证明了科层制组织的有效性。莫顿(Robert King Merton)认为,科层制组织有严密的法规,这当然可以使组织成员的行为具有可靠性和可预测性,但是,同时也会使他们的行为失去弹性,因而导致本末倒置,将手段当作目的。莫顿认为社会组织的结构因素目标的实现既可能有正功能,也可能有负功能。[①] 我们不能否认科层组织理论是组织研究中最有影响力的理论之一,它所描述的科层组织性质、结构和过程与现实生活中的组织有着惊人的相似。但是,医疗纠纷调解组织是否完全采纳科层组织的结构形态还是值得商榷的。调解是一个高度互动的沟通过程,作为一系列互动过程的促进和驱动者,以及当事人所拥有的资源的发现者和认知缺陷的矫正者,调解员应当具备比当事人本人更宽广的视角和更清明的理性,去发现调解程序与具体的调解方案对于实现个案正义的价值,调整当事人和自己的调解行为和策略,引导冲突往正向的方向发展。医疗纠纷调解同时涉及法学、医学、心理学等多种学科知识,对调解员的智能以及调解组织的管理水平都有很高的要求。每一次纠纷的调处

---

① 李莉,2009.民主政治发展进程中的中国非政府组织理性化建构[J].武汉科技大学学报(社会科学版),11(4):10-15.

工作都像一次个性化且没有彩排的"现场直播",千人千面,永不重复,也不可能重来,没有一定的主动性和创造性是很难驾驭的。而科层制可能会使工作呆板僵化,高度正式化的结构对组织成员的主动性和创造性可能会产生压抑的作用,严格规范的程序结构也可能干扰和妨碍组织信息的传递和沟通,论资排辈的晋升模式也可能使人趋于保守,严格的等级结构可能导致官僚主义甚至专制主义等。过分冗杂的分支机构会加大组织的运作成本,影响其自我纠错的反应能力。正如韦伯所担心的那样,科层组织否定个人身份和情感会把人变成一个"机器上的简单齿轮",从而会使人产生一种无能为力的感觉。可见医疗纠纷调解工作所需要的人的主观能动性、创造性与科层制管理之间的冲突是客观存在的。这是一种面向"人"、抚慰"人"心理创伤的工作,只采纳理性系统组织理论的视角去看待和解决医疗纠纷调解组织的架构问题,就会无视有个性的人,压抑人的积极性和创造性。

六、出现标准化的趋势

泰罗(Frederick Winslow Taylor)曾经通过一系列细致的实验,指出专业化分工,合理化的工艺流程和标准化的训练是组织效率的根本保障。他认为,既然每个企业都有自己的管理模式,其中一定有一个是最好的,完全有可能把它找出来并使之标准化和普遍化。他还将标准化视为制约人惰性的最有效的方式。为了避免劳资矛盾激化和效率低下的问题,泰罗还提出了科学地挑选和渐进地培训工人是管理者的责任,并主张将经过科学挑选和训练的工人与科学的劳动过程结合起来。泰罗的科学管理理论与西方工业化初期的规模化、自动化趋势是相契合的。随着我国工业化进程的不断推进,各种社会组织的管理也日趋标准化格式化,医疗纠纷调解组织也不例外。医疗纠纷调解组织在管理上出现标准化的趋势主要体现在组织成员分工专业化,组织设置网络化,组织名称规范化,组织成员资质化,组织建设制度化,物资保障标配化,调解流程标准化,调解文书格式化等方面。其中调解文书格式化是标准化的最显见的物质载体。司法行政机关对人民调解文书形式的要求,从最初的"口头协议亦可"到"简单案件登记化,普通案件协议化,复杂案件案卷化",再到"一律制作调解案卷"(浙江等地甚至要求调解案卷数据化),清楚地显示出一条从随性化到标准化的脉络。2018 年,浙江省以绍兴市上虞区为试点单位,展开人民调解省级标准化试点工作。项目承担单位构建了由 107 项标准构成的上虞区人民调解标准体系,涵盖了人民调解工作流程,矛盾纠纷排查、登记、分析研判及卷宗文书格式规范等内容。2018 年 9 月 14 日,浙江省司法厅在杭州组织专家对浙江省《人民调解工作规范》进行了地方标准立项论证,会议上提交的《人民调解工作规范(工作组讨论稿)》框架庞大,抱负深远,对人民调解组织建设中的人民调解组织网络体系、人民调解组织的设立、人民调解委员会的选举和换届、人民调解组织的名称管理以及队伍保障、场地保障、经费保障、制度保障、工作程序及要求,乃至服务质量控制等都做出了明确的标准化规制。在服务质量控制这一部分中,对于各地都在探索的人员进出机制、考评制度、调解员等级评定等都做出了明细的规范,甚至为满意度调查的计算方法给出了各种极其专业的计算公式。2019 年 6 月 1 日,浙江省市场监督管理局标准处组织专家组对绍兴市上虞区人民调解省级标准化试点项目进行全面评估,在听取汇报、审阅资料,并经现场验收,经专家组量化打分,最终以 94.5 分通过验收。关于标准化建设是否显著提升了人民调解工作,我们尚且缺乏足够的样本来建构个体与总体之间的关系,因而缺乏明确的结论。我们所能肯定的是,人民调解工作即将进入全面深入探索标准化的阶段。

医疗纠纷人民调解组织具有高度的专业性,配置相对有保障,调解员的文化水平普遍高于普通的人民调解委员会,在其他人民调解组织不容易掌握的标准化要求,对医疗纠纷人民调解组织来说相对容易。从法学的角度来看,标准化最主要的优点是便于保存证据和进行举证,有利于双方在调处纠纷和提起诉讼时分清责任。然而,人民调解工作毕竟存在着强烈的地域性和个性化的特点,怎样既奠定了纠纷调解工作的最低标准,又不以此压制调解员和调解组织的个性化创造,依然是一个需要进一步探讨的问题。此外,医疗纠纷调解组织是否需要建设一个与众不同的标准,也是值得深思的。

第二节　我国医疗纠纷调解组织趋同化现象的组织社会学解释

　　根据权变理论(contingency theory),组织的最佳结构取决于一个组织的具体的环境条件、技术、目标和规模,等等。组织的结构因环境、技术、目标的条件不同而变;如果环境条件变了,组织结构也应该相应变化。[①] 不同地域不同性质的医疗纠纷调解组织出现趋同化,需要社会学上的解释。比如,目前的医疗纠纷调解组织以政府买单为主,但是部分地区不具有京沪江浙等地那样雄厚的财力。又如各地都对医院内部和解机制做了数额限制,突破此数额限制的案件就须经由第三方人民调解,而不能由院方与患方自行和解,但实践中医院为了"花钱买平安"而突破这一数额限制的情形屡见不鲜,呈现一种大同小异的态势。可见,有些结构和制度在很多组织中是不必要的和无效率的,是非理性活动的结果。

一、对我国医疗纠纷调解组织趋同化现象的组织社会学解释

　　新制度主义可以对医疗纠纷调解组织趋同化现象做出比较圆满的解释。塞尔兹尼克发现了组织中的非理性的活动,指出组织不仅仅是为了完成一个任务,不是一个完全封闭的系统,其存在、运行受到周围所处环境的影响。塞尔兹尼克所谓的"制度化"是"超过了组织具体任务或者技术需要的价值判断渗透、渗入组织内部的过程"。新制度学派的代表人物迈耶则发现不同的组织会同时采纳类似的管理经验和组织模式,或者说,在同一个制度环境下的不同组织会出现相同的行为,迈耶对此做出解释:组织的发展是和周围的环境不断地相互作用的结果,组织必须要适应环境,这里的"环境"就是指"制度环境"(institu-

---

　　① 曹正汉,2005.无形的观念如何塑造有形的组织——对组织社会学新制度学派的一个回顾[J].社会,(3):207-216.

tional environment)，广义上包括法律制度、文化制度、观念制度、社会期待等制度环境对组织行为的影响。① 前些年我国医疗纠纷调解组织之间争相模仿的行为正体现了这些组织为了获取合法性而克服焦虑的一种努力。为了解释这一现象，迈耶不仅通过对美国各州教育体制非常相似这种现象的观察，提出了组织中的制度趋同命题，认为组织结构本质上反映的是制度化的规则内容；另一方面，很多制度一旦被制定出来就成了摆饰，从本质上讲是与组织的内部运作过程处于"松散连接状态"(loose coupling)。为了解释这一现象，迈耶又提出了合法性机制(legitimacy)这一重要的分析概念，它主要强调的是在社会认可基础上建立的一种权威关系，即合法性机制可以在无形中迫使组织接受特定制度环境中所要求的具有合法性的行为模式。② 迈耶认为，当合法性要求所导致的压力和组织所追求的效率相矛盾时，组织往往会采取把内部运作和外在结构分离开来的办法，从而解决合法性地位和效率实现过程中的冲突问题。迪玛奇奥(Paul J. Dimaggio)和鲍威尔(Walter W. Powell)从组织与环境关系的三种具体机制入手讨论了组织趋同性问题，即强制性机制、模仿性机制和社会规范机制。迪玛奇奥和鲍威尔认为，趋同现象源自组织所面临的制度环境，因为制度能通过影响资源分配的方式来激励人们采纳那些社会上广为接受的做法。与迈耶的抽象描述不同，迪玛奇奥和鲍威尔提出并论证了建立在中层理论基础上的若干实证命题：从静态的角度出发，他们认为组织间的依赖关系导致了组织趋同。从动态的角度出发，在谈到组织变迁问题的时候，迪玛奇奥和鲍威尔认为竞争或效率机制在组织趋同过程中发挥的作用要远远小于合法性机制的作用。在《制度分析范围的扩展》一文中，迪玛奇奥和鲍威尔假设了两种力量：竞争和制度同形性。他们认为有些组织的生存是依靠内部生产效率的高标准，而另一些组织的存在则需要同相关网络的标准规则保持一致。在组织的年轻阶段，效率是主要的；而在成熟时期，制度的同形则控制着生存，这个阶段中制

① 制度学派并没有区分组织内部合法性与组织外部合法性，这是制度学派的一个不足，或者是由其研究角度决定的，只是关注组织所处的制度环境，对组织内部的合法性缺乏解释力。参见：路连芳,汤明,2007.组织合法性的探讨[J].辽宁行政学院学报,9(3):85-86.

② John W. Meyer J W, Rowan B,1977. Institutionalized Organizations：formal Structure as Myth and Ceremony[J]. American Journal of Sociology,83(2):340-363.

度的应用会倾向于提供合法性而不是改进性能。

我国的医疗纠纷调解组织获取合法性主要通过三种机制,我们分别对其如何作用于上述组织的外部合法性和内部合法性进行阐述。

(一)强迫性机制

法律机制的强迫性是造成医疗纠纷调解组织出现趋同性现象的重要原因,因为组织行为具有一定的趋利性,接受这些规范就会有许多便利和利益,不接受这些规范则会出现相反的结果。在迪玛奇奥和鲍威尔看来,强制性趋同源于一个组织所依赖的其他组织向它施加的正式或非正式压力,以及其所运行的社会中存在的文化期待施加的压力。导致强制性趋同的压力直接或间接来自政府,政府通过直接命令或制定法律、政策,成为促使组织趋同的一个重要的动力因素。国家是资源和强制性权力的关键性来源,现代政府常常把一种统一的结构和程序强加给组织。法律是促使组织趋同的强制性因素之一,迫使组织不得不采纳符合相关法律的程序或实践。共同的法律环境会促使组织的行为和结构呈现出相似性。[①] 法律通过对组织内外部人员的意识和注意力进行引导,形成外在的社会压力,促使组织采取合理的治理模式,最终导致工作场所中正当程序(due process)的扩张。[②] 我国的医疗纠纷调解组织必须遵守《宪法》《民事诉讼法》《人民调解法》《民法典》,以及国务院颁布的《医疗纠纷预防和处理条例》、最高人民法院相关的司法解释等一系列的规范性法律文件和政策,从活动内容和形式上满足社会期待,否则就会失去合法性而难以生存。比如作为专业性人民调解组织的医疗纠纷人民调解委员会不得向当事人收费,否则就不得不将名称中的"人民"两字抹去,从而失去其作为人民调解组织存在的合法性,失去相应的社会认可和资源的支持。关于其内部合法性,我们可以用我国学者赵孟营的理论来解释组织内部合法性的取得,即组织合法性的内部资源基础是来

---

① Dimaggio P J,Powell W W, 1983. The Iron Cage Revisited Institutional Isomorphism and Collective Rationality in Organizational Fields[J]. American sociological Review,48(2):147-160.

② Edelman L B, 1990. Legal Environments and Organizational Governance:The Expansion of Due Process in th American Workplace[J]. American Journal of Sociology,95(6):1401-1440.

自组织成员对权威机构的承认、支持和服从。[①]

(二)模仿机制

迪玛奇奥和鲍威尔提出了模仿性趋同的概念,并分析了导致模仿性趋同的条件。在制度环境或组织技术不确定、组织决策模糊的情况下,一种模式一旦形成并行之有效,就难免引起其他同类组织的效仿,以降低成本和风险或提高合法性,从而出现组织趋同性现象。迪玛奇奥和鲍威尔提出,环境的不确定性主要由以下三方面因素造成:一是组织目标的模糊性而导致组织对环境的客观状态感知不确定。而这些混乱而又模糊的目标感诱使了组织模仿的行为。二是组织技术的不确定性,导致组织没有能力预测环境的未来状态对组织产生的影响。组织的基本活动内容,或者是由专业权威认定,或者由活动者本人自作主张,而个人判断的独特性自然也就很难与知识标准的统一化相契合,而且对这种知识选择进行评价的标准也有太多的模糊性。这样只能通过模仿成功的组织模式或行为模式来降低不确定性。三是组织决策的模糊性导致组织没有能力预测相应选择决策的可能结果。组织的有限理性使其没有能力精力预测一项决策的结果是什么,组织的决策通常都是对过去经验的总结,而过去的经验不一定适用于未来的环境条件和组织演变。组织的决策过程是一个复杂的博弈过程,有许多其他主体参与进来,利益的对比,力量的比拼都可以影响到最后的决策,更加导致了组织决策过程的模糊性与无助性。而通过向其他先进同行学习可以降低其模糊性,使其自身也获得合法性,走向成功。有些研究者还发现,强制性趋同具有情境性和阶段性,组织在不同阶段受到不一样的强制性压力,不同时期受到不同趋同机制的影响。[②]

以"枫桥经验"发源地浙江省为例,该省的医疗纠纷人民调解组织建设经历了两个时期。在医疗纠纷人民调解组织初创时期,医疗纠纷人民调解组织作为专业性调解组织,是否建立以及如何建立,是每个地区的理性选择。随着宁波、

① 路连芳,汤明,2007.组织合法性的探讨[J].辽宁行政学院学报,9(3):85-86.
② 田凯,赵娟,2017.组织趋同与多样性:组织分析新制度主义的发展脉络[J].经济社会体制比较,(3):172-180.

温州等地的医疗纠纷调解组织先后设立并不断成熟,尤其是医疗纠纷调解的"宁波模式"风靡一时,其他地区争相效仿,逐渐出现"医疗纠纷人民调解＋医疗责任保险"的模式在全省范围内的趋同性现象。自 2010 年 3 月 1 日起实施的《浙江省医疗纠纷预防与处理办法》借鉴吸收了"宁波模式",要求"保险监督管理机构应当依法加强对医疗责任保险工作的监督管理""市、县(市、区)人民政府可以根据本行政区域医疗纠纷预防与处理工作的实际需要,建立医疗责任保险制度或者医疗责任风险金制度"[①],并在该《办法》第四章明确了医疗责任保险与医疗责任风险金管理,进一步促进了统一的社会规范机制的形成。从发展的观点去看,模仿性机制和强制性机制这两种机制分别存在于浙江省医疗纠纷人民调解组织发展的初期与后期。初期在竞争的压力下各地区的医疗纠纷调解组织出现了组织的趋同化,但以 2010 年 3 月 1 日起实施《浙江省医疗纠纷预防与处理办法》为界,强制性机制开始占据上风。[②] 相关的地方性立法的彼此借鉴,是造成各地医疗纠纷调解组织制度的同质性的重要因素,如各地都鼓励第三方调解机构与保险公司合作,建立风险共担机制,各地都对医院内部和解机制做了数额限制等。这两年各地各级人民调解协会的建立是规定和普及医疗纠纷调解组织及其专业人员行为规范的另一个传播媒介,导致医疗纠纷调解组织的趋同性强化,这既可以理解为规范性趋同,也可以理解为模仿性趋同。

我们还可以从组织规模的角度对此做出解释。规模越小的组织,合法性程度越低,越不容易为社会所接受和认可,所以有很强的模仿性。[③] 作为小型组织的医疗纠纷调解组织之间比其他大中型的社会组织更容易发生模仿性行为。如果我们引入时间序列,后成立的组织可将先成立的组织的特征和行为视为理想的模板而亦步亦趋。而地位较低知名度较低的组织更容易模仿地位较高知名度较高的组织。但是,一旦这个组织拥有一定的社会地位和知名度,其模仿性就会降低。而现实仿佛是上述理论的完美复制。

---

① 参见《浙江省医疗纠纷预防与处理办法》第九条。

② 模仿性机制又分为竞争性模仿与制度性模仿。制度性模仿接近于迈耶和罗恩(Ron Burt)提出的观点,即因为有一个合法化的机制,大家都承认社会中的某些组织形式或做法是好的,是合情合理的。参见:周雪光,2003.组织社会学十讲[M].北京:社会科学文献出版社,88.

③ 周雪光,2003.组织社会学十讲[M].北京:社会科学文献出版社,97.

(三)社会规范机制

这里所说的社会规范机制,是指社会规范产生一种共享观念或共享的思维方式。社会规范产生一种共享的观念和思维,可以对组织的生存与发展起到至关重要的作用。任何组织都生活在制度环境里面,如果它想得到社会的承认,为大家所接受,就必然要认同与接受这些共有的价值观念与思维方式。一般来说,医疗纠纷调解组织所展示的价值观与社会所认同的价值的观念体系的一致性越高,其存在的合理性也就越高。因此,医疗纠纷调解组织为了在其价值观中体现其与社会规范的一致性,也一定会采纳与模仿那些具有合法性的观念和思维方式,比如恪守人民调解的基本原则和不收费的基本制度,凡事以处于困境中的当事人的便利为行动的准则等。

迪玛奇奥和鲍威尔认为,规范性趋同主要是由专业化导致的。大学、专业培训机构、行业协会培养了专业人才,这些人员接受了相似教育,以相似的方式做出决策,从而导致组织趋同。专业人员支配着组织改革的意图和方向,影响着组织的形式和功能。迪玛奇奥和鲍威尔还认为,当组织面对不确定性时,处于同一个专业协会或专业网络的组织会采取相似的行为。[①] 但格拉斯契维茨对此提出了异议,他认为当组织面对不确定性时,更倾向于向网络关系中拥有更多知识或地位更高的组织寻求解决方案,而不是与自身相似的组织。格拉斯契维茨还发现,专业人员所处的网络对场域内组织的行为具有规范作用,网络关系的邻近性和专业协会对组织行为具有间接的趋同影响。[②] 专业化程度越高的组织,在组织结构和人才管理上通常有着惊人的相似性,[③]而如前所述,在所有的专业性人民调解组织中,医疗纠纷人民调解组织的专业化程度是首屈一指的。专业化的调解过程,就是一个接受规范训练的过程。这一趋同现象不是组织的硬性结构的结果,但组织成员在接受专业化训练的过程中,不知不觉地

---

① Dimaggio P J,Powell W W,1983. The Iron Cage Revisited Institutional Isomorphism and Collective Rationality in Organizational Fields[J]. American sociological Review,48(2):147-160.

② Joseph G J,1985. Professional Networks and the Institutionalization of a Single Mind Set[J]. American Sociological Review,50(5):639-658.

③ 周雪光,2003.组织社会学十讲[M].北京:社会科学文献出版社,88-89.

接受了这些基本的行为规范,这些规范是组织成员专业化规范的一个有机组成部分。人才流动的过程,在一定程度上也可以说是组织趋同化的过程。[①] 医疗纠纷调解组织的人才流动频繁,加剧了组织趋同化的程度。

二、对我国医疗纠纷调解组织过度趋同的原因分析

与制度化建设同步发展的是同构主义。所谓的"同构"是这样一个过程,一个机构以另一个机构为模板,在外观、感受和运作上进行转变。从狭义上讲,同构化表现在调解组织之间的制度建设从多元化转为统一。从广义上讲,同构化则表现在人民调解组织对行政机关和司法机关运作模式的模仿,即行政化和司法化。[②] 组织趋同化折射出竞争的完全性以及制度环境的相似性。然而,"大家都如此"的现象无法掩盖那些值得我们深思的问题:科层制管理是否适合所有的医疗纠纷调解组织? 全国各地的医疗纠纷人民调解组织普遍存在的"人才荒"现象根子何在? ……尽管如何精准测量组织趋同化程度问题,依然是一个世界性的难题,但建立在量性研究基础之上的质性研究依然足以令我们怀疑,目前这种愈演愈烈的组织趋同化现象显然已超过了合理的限度。我们通过不同流派的组织社会学理论与我国医疗纠纷调解的实践之间的对话,分析其中最主要的原因。

(一)组织定位不清

形形色色的医疗纠纷调解组织集中体现了我国转型时期纠纷主体利益诉求多元化、社会救济方式多元化而引致的纠纷解决机制多元化。从组织运作方式上看,存在着市场化运作与公益性运作两种;从组织形式上看,存在着专业性人民调解委员会、普通的人民调解委员会,医院管理公司、保险公司内部调解组织、卫生行政机关内部调解组织等不同组织形式;从调解性质上看,存在着人民调解、司法调解、行政调解和商业调解等。但对上述组织定位不清,盲目模仿与复制组织机制,致使管理模式单一的现象普遍存在,也未对不同性质的医疗纠

---

① 周雪光,2003.组织社会学十讲[M].北京:社会科学文献出版社,88-89.
② 王禄生,2012.审视与评析:人民调解的十年复兴——新制度主义视角[J].时代法学,10.(1):19-28.

纷组织实行分类管理。在医疗纠纷调解组织的发展过程中,如果对其定性模糊,很容易导致司法行政权力扩张的趋势,或重复设立一些低效运行的机制。领导机关一方面对医疗纠纷人民调解组织自治能力的强大怀有戒心,另一方面又将医疗纠纷人民调解视为"窗口行业""绩效抓手",试图通过吸纳法律职业者参与、提高调解程序的正规化等方式提升人民调解的法律地位和权威性,将医疗纠纷人民调解组织改造为淡化基层自治色彩的司法化、行政化的专业性纠纷解决机构,实现其隐含的权力扩张的意图。医疗纠纷调解组织定位不清,还导致了经费保障单一化和困难的问题。目前的医疗纠纷调解组织以政府买单为主,但是部分地区不具有与之相匹配的政府财政水平,这就有必要在准确定位不同性质的医疗纠纷调解组织的前提下,根据实际情况建立不同的经费筹措机制,前提是准确定位不同的医疗纠纷调解组织的性质。调解的经费来源对医疗纠纷调解组织的可持续性发展有很重要的影响。可见,要管理好不同模式的医疗纠纷调解组织,明确其性质确实是十分必要的。

(二)政府主导性过强

在政府边缘地带的那些组织在与政府间建立起依附和从属关系的过程中,会首先表现出组织的同形化。比如,在 20 世纪后期,由于社会转型以及应对新的社会问题的需要而产生了非政府的、非营利的社会组织。这些组织作为一种新的社会现象本应不同于基于现代传统的组织,然而,由于政府或拥有较大规模和有着较强实力的组织的影响,这些新社会组织表现出了同形化的状况,即与政府组织以及基于现代传统的那些组织同形化了。也就是说,在运行中逐渐地与政府组织趋同,甚至在组织文化方面也染上了政府中所拥有的那种官僚主义,一些非政府组织甚至会把官僚主义诠释得更加淋漓尽致。新加坡国立大学东亚研究所所长郑永年教授指出,党的十八大提出"市场起决定性作用,政府起更好的作用",就是说要在经济领域确立"大市场、小政府"的体制。但实际上,中国迄今仍然没有改变"府内市场"的格局。当然,从政府与社会关系来说,也没有改变"府内社会"的局面。在"府内市场"或者"府内社会"的体制下,市场和社会都被有效控制,市场和社会高度依赖政府,自治空间很小,两者都在政府设定的空间内活动,即从前所说的"鸟笼经济"。① 还有学者认为,西方社会首先在市民社会中孕育着组织的雏形,而我国秉承占据主导地位的政治组织演化出其他组织的传统,由政府直接设立"官办社团"和政府发动与社会自发产生相结合的"半官半民社团"曾为了政府公权力延伸的领地,而政府放任自发成立的"民间社团"却极大地受到控制。② 政府主导性过强,容易模糊或打破政府对医疗纠纷调解组织的权力边界,甚至越俎代庖,挤占社会组织自主发展的空间,因此,在新的社会秩序构建中,引导社会组织健康发展的关键是要调整政府与社会组织的关系,重新界定各自的角色和职能,厘清各自的边界。③ 尽管按照《人民调解法》《医疗纠纷预防和处理条例》的规定,司法行政机关、卫生主管部门、人民法院等机关与医疗纠纷人民调解组织之间并不存在行政隶属关系,而只是存在着行政机关与群众性自治组织之间的指导与被指导,监督与被监督,服务与被服务的关系,但行政化的所谓"指导关系"也很常见,即政府机关对调解组织以"命令"代替指导,后者在相关事务中缺乏应有的自主性,在本应由社会自治组织充任公共权威的领域,政治权威卷入太深,管得过宽,统得过死。由于立法与行政管理部门对医疗纠纷解决机制和医疗纠纷调解组织建设的高度重视,各地的医疗纠纷人民调解的活动经费通常有独立的财政支持,比其他行业性调解更有保障,但从总体上看,在物质保障和心理保护上医疗纠纷调解组织对行政管理部门还有强烈的依赖。全面规范地推进医疗纠纷调解组织,必须要突破其与行政管理部门之间的依附关系,实现真正的自律和自理。

(三)医疗纠纷调解组织人才流失严重

从某种意义上说,人是决策的动物。作为行动者的组织成员在其自身存在的环境中,首先关注的就是其如何生存以及如何更好地生存。他们根据自身对环境的领悟,必然做出自认为有利的选择。价值理想是吸引组织成员的重要意识形态,但价值理想本身往往难以成为组织长期运行的激励机制,其对于组织

---

① 郑永年,2017.未来三十年 2:新变局下的风险与机遇[M].北京:中信出版社,108.
② 袁曙宏,苏西刚,2003.论社团罚[J].法学研究,(5):58-70.
③ 崔月琴,张冠,2014.社会组织管理模式变迁及创新路径[J].江海学刊,(1):99-106.

的凝聚力会随着组织发展的日常化而消退,因而难以维持稳定的人员结构。[①]
人才流动就是组织成员所做出的用脚投票的决定。合理的人才流动是人力资源优化配置的客观要求,有利于调动人才潜能,也有利于医疗纠纷调解组织吸引适应该组织的人才。员工的退出就是赫希曼(Albert Otto Hirschman)所说的一种修复机制,因为该行为向管理层发出了组织出现问题的信号。但是,医疗纠纷调解组织毕竟不是花旗银行或者大型三甲医院,频繁而无序的人才流失导致专有技术、专用性训练的浪费,是对这种小型专业性组织的较大损耗。医疗纠纷调解组织的人才流动通常都是宏观和中观的人才流动,[②]主要体现为大专院校毕业生迅速成长起来后,从待遇较差保障不够健全的医疗纠纷调解组织流向公务员岗位、事业单位,资深的调解专家从医疗纠纷人民调解委员会向待遇好得多的医院、商业性医疗纠纷调解机构或其他岗位流动。其流动率与当地的社会经济发展状况成正相关关系,即社会经济越发达,人才流失率越高;与其成员的学历呈正相关关系,即学历越高,越有可能流失,硕士及以上学历的调解员很难在医疗纠纷调解组织中沉淀下来;与年龄层次呈负相关关系,即年纪越轻的大学毕业生越不容易留在医疗纠纷人民调解队伍里。此外,医疗纠纷人民调解组织的人才流失率远高于其他第三方医疗纠纷调解组织,且此两者之间呈现人才单向流动状态,即多由前者向后者流动,而少由后者向前者流动。这种频繁发生的单方面的人才流动,是医疗纠纷调解组织过度趋同化的重要因素。为了提升人民调解员的职业荣誉感,各地的调解组织如八仙过海,各显神通,主要措施有:(1)编制留人。如上海浦东医疗纠纷人民调解委员会为调解员争取到事业编制,稳定了人才队伍。对生活压力较大的青壮年而言,事业编制即便没有与足够的激励捆绑在一起,也满足了他们回避风险的需要,但事业单位改革后各地编制紧张,"浦东经验"难以复制。(2)待遇留人。如通过政府购买服务的方式提高薪资待遇。(3)建立调解员评级制度。调解员评级制度产生了一

---

① 崔月琴,袁泉,2013.转型期社会组织的价值诉求与迷思[J].南开学报(哲学社会科学版),(3):117-125.

② 宏观人才流动,是指各级各类人才根据产业、系统、部门、专业等类别在全国范围内进行的流动;中观人才流动是各级各类人才在企业、系统、部门、专业地区内的流动;微观人才流动是基层人才在任用单位内部的流动。

种新的声誉等级制度,但这种职称评审制度并未与人社部的职称评审制度挂钩,而只是与调解员的津补贴挂钩,其精神安抚功能强于实质性的激励功能。而目前的薪酬制度既无法促进人才在组织间的合理流动,也很难将人才留在调解组织之中。

(四)盲目的模仿和组织学习

由于组织嵌入在社会网络和制度观念中,组织的很多行为和结构形式是约定俗成或者模仿性的。[①] 哈弗曼(Heath A. Haveman)的研究也表明,新组织确实会模仿旧组织及场域中成功的组织,新组织根据组织规模和盈利能力选择成功的组织进行模仿。[②] 如前所述,迪玛奇奥和鲍威尔从组织与环境关系的三种具体机制入手讨论了组织趋同性问题,即强制性机制、模仿性机制和社会规范机制。医疗纠纷调解组织的趋同性现象是数种机制混合作用的结果。相关的地方性立法的彼此借鉴,是造成各地医疗纠纷调解组织制度同质化的重要因素。单向的大规模的人才流动,强化了医疗纠纷调解组织趋同化的程度。这两年各地各级调解行业协会的建立以及调解组织日趋标准化,都加速强化了我国医疗纠纷调解组织的趋同化程度。然而,组织的有限理性使得其学习和模仿行为时而是盲目的。当组织面临技术、目标、环境或解决方案的不确定性时,会为了降低成本和风险或提高合法性而模仿其他组织,模仿的对象可能是更具合法性或更成功的组织,即使这种模仿可能"并没有任何具体的证据表明能够提高效率"。[③] 新组织模仿旧组织及场域中的成功组织,而忽略了两者之间的个性差异。不同模式的医疗纠纷调解组织目标与性质不同,不同地区的医疗纠纷调解组织制度环境与技术环境亦不尽相同,千人千面的"地方性知识"有着相当微妙的影响,组织环境自身也处于不断的变化之中,这些因素都决定了医疗纠纷

① 邓锁,2004.开放组织的权力与合法性——对资源依赖与新制度主义组织理论的比较[J].华中科技大学学报(哲学社会科学版),(4):51-55.

② Haveman H A,1993.Mimetic Isomorphism and Entry into New Markets[J]. Administrative Science Quarterly,38(4):593-627.

③ Dimaggio P J,Powell W W, 1983, The Iron Cage Revisited Institutional Isomorphism and Collective Rationality in Organizational Fields[J]. American sociological Review,48(2):147-160.

调解组织不应盲目学习,过度趋同。可以说,每一个成功的医疗纠纷调解模式,其经验都无法完全复制。明智的模仿行为会在模仿的同时结合自身的环境进行变更以更好地适应环境,但是盲目的模仿行为常常造成资源的浪费和不必要的无益于效率提高的结构制度的产生,从而导致组织的实际运行与它的结构并不是一致的。

第三节 我国医疗纠纷调解组织的差异性及其组织社会学解释

一、关于组织差异性的理论概述

新制度主义的主流研究范式是将组织之间的相似性作为关注的核心,但制度环境是复杂的、分割化的、模糊的,甚至包括各种相互矛盾的要求,这会导致产生多种不同的组织结构。豪斯查尔德(Pamela R. Haunschild)和曼纳(Anne S. Miner)观察到,模仿不一定仅仅导致组织之间的趋同,也可能导致差异性。组织自身的特性是多样化的,组织在模仿和采纳其他组织的实践时,往往会同时采用多种模仿方式,从而可能导致新制度的差异性或创新,而不一定是趋同。[1] 同时,在面对制度环境的强制性压力时,不同性质的组织具有不一样的行为倾向和行动模式。比如,公共和非营利性组织更多依靠舆论来获取合法性资源,更多受制于程序和结构,更容易受到制度压力的制约。[2] 由于资金来源和绩效评估方式的差异,制度压力对不同类型组织的影响也是不一样的。[3] 对组织的多样化和异质性以及制度变迁的过程理应给予更多的关注。鲍威尔认

---

① Haunschild P R, Miner A S, 1997. Modes of Interorganizational Imitation: The Effects of Outcome Salience and Uncertainty[J]. Administrative Science Quarterly, 42(3):472-500.

② Frank Dobbin F, Sutton J R, Meyer J W, et al., 1993. Equal Opportunity Law and the Construction of Internal Labor Markets[J]. American Journal of Sociology, 95(6):396-427.

③ Frumkin P, Galaskiewicz J, 2004. Institutional Isomorphism and Public Sector Organizations[J]. Journal of Public Administration Research and Theory, 14(3):283-307.

为,制度环境既有促使组织趋同的因素,也有导致组织异质性的因素:(1)组织
生存的环境资源是存在差异的,有些环境允许组织策略性地对外部要求做出回
应;(2)不同产业之间存在明显差异,政府干预程度不一样,组织、政府干预进行
回应的方式也有所不同;(3)不同层级、不同类型的政府机构对组织提出了矛盾
性的要求,导致了组织的复杂性和异质性;(4)组织面对政府要求时可能会与政
府讨价还价,两者的谈判和妥协会增加组织的异质性;(5)不同的职业和专业人
员对如何建立组织有着不同理解,从而导致组织的多样性;(6)制度环境中的各
种约束是多样化的,甚至是相互冲突的,也可能为组织多样性提供了发展
空间。①

　　贝克特(J. Bechert)认为,迈耶和罗恩以及迪玛奇奥和鲍威尔仅仅关注趋
同过程,这一研究取向忽略了制度的差异性和多样性。他倡导运用一种更为综
合的观点来理解制度发展过程。要解释制度的同质化和异质化过程,必须理解
制度模式在特定背景下得以采纳或不被采纳的机制与过程。贝克特在迪玛奇
奥和鲍威尔提出的三种趋同机制的基础上,增加了竞争机制,作为他解释制度
变革的动力机制。他认为,这四种机制在特定条件下会导致制度同质化,但在
不同条件下也可以推动制度异质化。当存在强有力的外生性权力、存在对制度
模式的功能性或规范性的吸引力、制度企业家(institutional entrepreneur)之间
存在认知及规范上的一致性、利益相关者的制度模式存在合法性,或未分化的
市场中存在直接的竞争压力时,制度容易走向同质化。但是,当本土制度规则
具有强有力的拥护者、在不同国家背景下行动者的认知框架不一致,或者制度
之间存在互补性、在不同制度下当权者的利益存在差异、特定的制度模式缺少
合法性、公司存在差异化的产品和结构上的自主性时,制度更趋向于向异质化
发展。②

_____

① 田凯,赵娟,2017.组织趋同与多样性:组织分析新制度主义的发展脉络[J].经济社会体制比较,(3):
172-180.
② 田凯,赵娟,2017.组织趋同与多样性:组织分析新制度主义的发展脉络[J].经济社会体制比较,(3):
172-180.

二、对我国医疗纠纷调解组织趋同现象下的差异化的组织社会学解释

曾经有学者以新制度主义的视角分析我国的人民调解的复兴现象,并指出,在新制度主义的视角中,"制度环境"是一个内涵十分丰富的概念,它由不同层次的环境构成,不同"制度环境"的适用决定了人民调解复兴过程中多元的地方实践,因为人民调解生存在不同的"制度环境"之中。"它们不仅生存在'法制建设'的环境中,同时也生存在'加强纠纷的调解'的制度环境中……它们不仅需要面对全国性同构化的制度环境,还要应对本地的政治实践。正是因为制度环境表现出如此多的面相,从而导致了人民调解组织在追求生存与发展过程中表现出很大的差异性。这一点与同构主义并不矛盾。同构主义的观点认为如果认为两者具有同构性,是指 $A \approx B$ 而非 $A = B$。"[①]同样的道理,我国医疗纠纷调解组织的过度趋同化依然伴随着一定范围和一定程度的异质化现象,在我们对其给出组织社会学的解释时,两者是不可分割的同一整体。总而言之,组织的趋同化主要发生在制度环境相似的背景下,而组织的差异性更多地受社会经济文化等因素影响。医疗纠纷调解组织的模仿性与医疗纠纷调解组织成立的时间序列、规模、社会地位、社会规范机制等要素有密切的关系,但也不能忽视地方财政、政府干预程度、地域文化差异、组织定位和运作机制、组织权威和专业人员的个体差异等因素对医疗纠纷调解组织的影响,正是这些因素在不同程度上决定了医疗纠纷调解组织彼此间的差异性,使之无法完全趋同。

(一)地方财政

我国的《人民调解法》第六条规定:国家鼓励和支持人民调解工作。县级以上地方人民政府对人民调解工作所需经费应当给予必要的支持和保障,对有突出贡献的人民调解委员会和人民调解员按照国家规定给予表彰奖励。其第十二条也规定:村民委员会、居民委员会和企业事业单位应当为人民调解委员会开展工作提供办公条件和必要的工作经费。财政部、司法部《关于进一步加强

---

① 王禄生,2012.审视与评析:人民调解的十年复兴——新制度主义视角[J].时代法学,10(1):19-28.

人民调解工作经费保障的意见》也明确了人民调解工作经费的开支范围、人民调解工作经费的保障办法和人民调解工作经费的管理问题,明文要求司法行政机关指导人民调解工作经费列入同级财政预算。然而,经济不发达地区的县级以上地方政府往往难以落实支持和保障人民调解委员会开展活动的专项资金。作为基层群众自治组织的村民委员会、居民委员会在自身的物质保障捉襟见肘的前提下,本应用于支持人民调解活动的办公条件和必要的工作经费也难以落实。目前,在医疗纠纷调解领域,全国主要有几种经费保障方式:①国家支付(财政买单),指以政府专项资金作为医疗纠纷调解组织的主要经费来源,或者以政府购买服务的形式承担医疗纠纷调解组织的经费开支;②医方支付(医院购买服务),指通过医疗机构提供经费支持来维持医疗纠纷调解组织的运转,如医院管理公司和以医院为会员的行业性医疗纠纷调解组织;③医疗保险公司支付,即通过推广医疗责任险,从保险费中提留相应比例经费用于医疗纠纷调解组织的工作;④通过司法行政部门或卫生行政部门自筹解决医疗纠纷调解组织的经费。这几种经费保障方式,在没有实证研究的结果出来之前,很难有定论,[①]但可以肯定的是,后建的医疗纠纷调解组织在经费保障方式上的模仿性,深受各地地方财政负担能力和运作方式的影响。"宁波模式"是在学习借鉴"山西模式"的基础上形成的,其核心与灵魂是实施医疗责任保险理赔协商机制和医疗纠纷人民调解机制,但为了保持医疗纠纷人民调解的中立性与公正性,医疗纠纷人民调解组织的经费由当地政府财政负担,而不像"山西模式"那样由保险公司买单,其管理与运作方式强调社会自治,比较松散,而不似山西省医疗纠纷人民调解委员会那样倾向于科层化。但"宁波模式"有雄厚的地方财政,全市公立医院对医疗责任保险的理解与支持,以及公益事业发达等因素作为支撑,对其盲目的模仿和学习对组织目标的实现并无裨益。"宁波模式"影响了周边不少地市的医疗纠纷人民调解组织的建设,如嘉兴市的医疗纠纷人民调解组织从医疗纠纷人民调解委员会的组建和领导机构到风险共担机制,无不显示出浓重的"宁波模式"的痕迹。但是嘉兴市并没有复制宁波市的政府财政支持的方

---

①　邵华,2016.医患纠纷调解的正义之路[M].湘潭:湘潭大学出版社,154.

式,而是采纳与山西省医疗纠纷人民调解相似的经费支出方式,即由保险公司收取投保医疗责任险的保险费中支取。这显然是一种主要是基于成本考虑的"效益模仿"。

(二)地域文化差异

山西与浙江分处西北内陆与东南沿海,山西省于 2006 年 10 月 12 日建立了全国第一家医疗纠纷人民调解委员会,浙江乃"枫桥经验"和医疗纠纷人民调解"宁波模式"的发源地,现有医疗纠纷人民调解组织多达 102 个,因此该两省的人民调解组织建设有一定的标本意义。两者之间既有共性亦有区别。两地医疗纠纷人民调解组织兼职调解员人数众多,专职调解员数相形见绌,但这为数不多的专职调解员解决了本地区的大部分医疗纠纷。在退休人员占比上两地却存在着很大区别,山西少,浙江多。山西地处内陆,物价水平较低,就业机会少,且山西人素有安土重迁的传统,因此山西的医疗纠纷人民调解组织比浙江更容易招录到年轻、稳定的专职人民调解员。而浙江省生活成本高,就业机会多,当地的医疗纠纷调解组织招录到的专职人员以退休人员居多。年轻的应届毕业生缺少社会阅历,适合医疗纠纷调解岗位的本就较少,其中较受用人单位青睐的法学、医学和心理学等专业,都是考取时门槛较高,考取后学习成本更高的专业,毕业生有较强的精英意识,人才流动性高,反而是生存压力较轻的退休人员更为稳定,"铁打的老兵,流水的新兵"便成了常态。详见表 3-2。

表 3-2　山西省和浙江省医疗纠纷调解组织人员结构[①]

调解组织	专职调解员数	兼职调解员数	退休人员占比
山西省医疗纠纷人民调解组织	121 人	435 人(联络员)	不超过 10%
浙江省医疗纠纷人民调解组织	248 人	491 人	不低于 30%

(三)组织定位

不同的定位所导致的组织行为是完全不一样的。所谓制度环境对组织的

---

① 该表数据分别由山西省医疗纠纷人民调解委员会与浙江省司法厅人民参与和促进法治处提供。

影响,主要表现在组织对自身地位的认同,这一中介环节使组织产生不同的行为。① 医疗纠纷调解组织自身的抱负不同,领导机关对医疗纠纷调解组织的功能和合法性机制的认知不同,导致医疗纠纷调解组织的定位有异,深刻影响着医疗纠纷调解组织的运作机制、经费保障和人员构成等。

(四)运作机制

一个组织如何行为,通常有两个解释:经济学的效率机制和社会学的合法性机制。经济学的效率机制强调组织的经济属性,认为在市场的自动调节下,基于理性选择原则的组织只要追求自己私利的最大化,市场就可以实现帕累托最优。不同性质的医疗纠纷调解组织中立性不同,运作机制也不同。保险公司、医院管理公司等商业组织是典型的逐利组织,其内设的医疗纠纷调解组织的行为就不得不遵循利益最大化的效率机制,尽管其运行也要考虑合法性问题,但支配其运行的主要是效率机制。而医疗纠纷人民调解组织尽管资源有限,也必须考虑资源的利用效率问题,但其主导性的运行机制是合法性机制。正如迈耶、罗恩所指出的,非营利性行业组织行为有其独特的制度逻辑,即合法性机制。合法性机制使得组织不得不接受制度环境建构起来的具有合法性的形式和做法。

(五)行业协会

诚如贝克特所说的那样,强迫性机制、模仿性机制、社会规范机制和竞争性机制等在特定条件下会导致制度同质化,但在不同条件下也可以推动制度异质化。这两年各省、市陆续建立的人民调解协会和其他专业性行业性调解协会日益普遍,这些行业协会既强化了各地调解组织的趋同化,也促使各地的调解组织趋向差异化。比如,各省、市的人民调解协会制定各区域的人民调解组织及其成员的规范,组织该省、市的人民调解员的培训工作,行业经验也得通过行业协会的网络关系而扩散,这些因素都在一定程度上强化了各地人民调解组织的

---

① 周雪光,2003.组织社会学十讲[M].北京:社会科学文献出版社,98.

趋同化。但不同地域的人民调解协会也有制度逻辑的差异,有个性化的创新举措,这是造成各地人民调解组织差异性与异质性的推手之一。如浙江省人民调解协会成立了在线矛盾纠纷人民调解指导委员会,以顺应"互联网＋"的时代趋势和"互联网大省"在线调解矛盾纠纷的实际需要,这是行业协会推动形成组织个性化实践的典型。

此外,竞争性的,甚至是相互冲突性的制度逻辑,也导致不同组织实践中的差异性。按照桑顿(Patricia H. Thornton)的解释,制度逻辑(institutional logics)是指由社会建构的,关于实践、假定、价值、信仰和规则的历史模式,个体通过该模式对物质生活进行生产和再生产,对时间和空间进行组织并对社会现实赋予意义。制度逻辑常常是多重的、竞争性的,甚至相互冲突的。①

总而言之,多元化纠纷解决机制不仅是调解组织类型的多样化和差异性,全国各地各行业的千姿百态的社会文化特质也在纠纷解决领域有所折射,使医疗纠纷调解组织无法完全趋同。在关注我国医疗纠纷调解组织的趋同化现象时,也应关注和解释其异质化过程,并理解制度模式在特定背景下得以采纳或不被采纳的机制与过程。

① 田凯,赵娟,2017.组织趋同与多样性:组织分析新制度主义的发展脉络[J].经济社会体制比较,(3):172-180.

第四章　医疗纠纷调解组织转型的路径探索

医疗纠纷调解组织蜕变的艰难,是社会自治组织在萌芽时期举步维艰的缩影。目前医疗纠纷调解组织的正式化、行政化和科层化,可视为政府与社会合作的一种形式。在国家权力逐步退出医疗纠纷调解这个场域的今天,要弥合公共领域和私人领域撕裂的状态,只能大力发展以医疗纠纷人民调解组织为代表的社会组织,积极实现组织转型。

第一节　从维护政治权威向树立公共权威转型

党的十八届三中全会第一次在党的文件中提出"国家治理",这是在扬弃"国家管理"基础上提出的。以"治理"为主旨的新公共管理模式囊括了多个主体对公共事务的共同参与。与国家治理模式的深刻变迁相对应的纠纷解决模式也应发生相应的改变,即在主体层面上建立政府与市场、政府与社会的合作,在制度层面以作为公共意志象征的法律约束公共权威的行为,在工具层面上同时发挥多种纠纷解决机制的作用。按照《关于改革社会组织管理制度促进社会组织健康有序发展的意见》(中小发〔2016〕46 号文件)的精神,应进一步厘清政府、市场、社会的边界,使各归其位,发挥各自的功能。作为一种在转型期于医疗纠纷调解场域承接社会公共职能的协调性组织,医疗纠纷调解组织应准确定位与政府部门之间的关系,清晰界定各自的边界。

一、树立医疗纠纷调解组织在医疗纠纷调解的公共权威角色的法社会学意义

公共权威在基层公共生活的语境中,是指那些能有效规约人们行为,增强一致与合作,减少冲突与摩擦,整合社区的人、组织和规则体系。[①] 医院是村、居民重要的公共生活空间,医疗纠纷的激化,易迅速演化为公共事件。医院内部只能消化一部分小额医疗纠纷,这从一个侧面体现了旧的单位制难以治理当前多元异质的社会。专业性医疗纠纷调解组织事实上扮演的是这个领域的公共权威的角色。作为医疗纠纷人民调解组织主体的医疗纠纷人民调解组织应当按需设立,尤其是在大城市的大型医院集中的地域,有必要设立足够的市(县、区)医疗纠纷人民调解组织,或加强现有的医疗纠纷人民调解组织的力量。除了专业性的医疗纠纷人民调解委员会,非专业性的人民调解委员会、人民调解工作室等机构也消化了部分医疗纠纷。从人民调解层次上看,尽管村、居委会所设立的人民调解机构与镇、街人民调解委员会和区、县、市人民调解委员会之间并不存在行政隶属关系,但后者毕竟有更强的资源整合能力,而传统的社区调解机构在专业性较强的医疗纠纷调解领域捉襟见肘,导致大量的医疗纠纷上浮。患者与社区医院和城乡基层的小诊所之间所发生的矛盾冲突,标的数额小,具有较强的地域性和熟人调解的特征,因此大部分下沉到基层。发生在县城或县级市的医疗纠纷则往往就近分流到该地的医疗纠纷人民调解组织或镇、街的人民调解组织等。上述机构解决不了的医疗纠纷则大多被引导至该地级市医疗纠纷人民调解委员会或人民法院。可见,基层村、居委会与社区调解组织的自治功能显然是随着医疗纠纷赔偿标的额的走高、医院等级的走高等因素而趋向弱化,政府却不可能如计划经济时代那样一统到底,承担所有的社会功能;只有以专业性的社会组织和社区居民为载体,去填补这些缺失,共同建构一个以非权力性影响为特征的主体社会,推动基层社会自治中权威的转型,才能真正实现社会自治。

---

① 董磊明,2010.村庄公共空间的萎缩与拓展[J].江苏行政学院学报,33(5):51-57.

在医疗纠纷调解场域,究竟应该树立何种权威,还关涉到如何定位政府部门与医疗纠纷调解组织之间的关系。在"大社会、小政府""大市场、小政府"的体制真正建立之前,主导医疗纠纷调解组织与政府间关系的还是费孝通先生所说的"熟人社会"的"差序格局",是人情而不是法律。此关系网络,既包括以医疗纠纷人民调解为主体的非营利性的医疗纠纷调解组织与政府之间的关系,也包括营利性的医疗纠纷调解组织与政府之间的关系,还包括非营利性的医疗纠纷调解组织与营利性医疗纠纷调解组织之间的均衡关系,但究其实质还是政府如何在医疗纠纷解决的场域分配社会资源的问题。上述问题的解决,有赖于社会转型的成功以及社会与市场的进一步成长。人与人之间的亲疏远近是"熟人社会"之中处理资源分配问题的基准,在这样的关系网络之中,作为工商社会和陌生人社会之中处理问题的基准的法律很难有用武之地,因为法律的普适性与关系的个别性、特殊性之间的冲突在所难免。无论是营利性的医疗纠纷调解组织还是非营利性的医疗纠纷调解组织,遇到问题,很难诉诸法律,而必须求助于和熟悉的政府官员之间的特殊关系。这也人为地增加了医疗纠纷调解组织与组织环境之间的交流成本,因为人才流动难免使得"熟人关系"转变为"陌生人关系",由陌生到再度熟悉的过程必然包含着组织必须付出的双方人为增加的成本。因此,以法律规制政府与医疗纠纷调解组织之间的关系,是构建我国政府与医疗纠纷调解组织之间良性互动关系的法治前提。

二、路径:如何实现从政治权威向公共权威的转型

目前政府对医疗纠纷调解组织的干涉,实质是政治组织依其权威向协调性组织进行的扩张或渗透,但某些干涉行为降低了医疗纠纷调解组织与外界交换资源的公关成本,故而两者之间容易形成类似于上下级的依存关系。假若政治组织与协调性组织之间边界模糊的现象普遍化,非但无法使后者进入良性循环的轨道,反而会造成对社会结构的破坏。两者之间健康的关系埋应是调解组织本身保持了较高的独立性和自主性,同时能较好地完成其功能,各级政府又能对这些组织提供适当的支持、指导和帮助,既不是放任自流,老死不相往来,也不是消极被动的支配与服从的权力关系。如何减少协调性组织对政府的依赖

性,在很大程度上取决于协调性组织的培育和发展。① 与政治组织相比,医疗纠纷调解组织在资源筹措方面并不具有天然的优势,也并不是承载医疗纠纷调解的社会公共性的唯一模式,其能力仅可承载局部的公共性;而转型期国家与社会的分化尚不完全,国家对于社会组织发展的支持存在差异,但其对于社会组织的监管和培育仍有重要的意义。故而医疗纠纷调解组织应妥善处理自身生存与发展以及公共性建构之间的公共问题,在彼此尊重的基础上,努力营造同政府、医疗机构以及其他组织之间交往的规制和机制,以程序化的方式来解决各种矛盾和冲突,并策略性利用购买服务的主体所提供的行动空间来拓展自身的自主性。另一方面,通过行业协会等自律组织强化各医疗纠纷调解组织的自治自律,加强信息公开,变以行政监管为主的模式为以社会监督为主的模式,是医疗纠纷调解组织去行政化和自我成长的重要途径。我国正处于社会转型的关键时期,传统的社会治理模式已难以适应社会发展形势,传统宗族或政治的强制性权威无法持续,而以"平等协商"为特征的自治性权威却有着广阔的生长空间。② 当医疗纠纷调解组织的合法性不再附丽于一定的政治组织或者权力结构中的某些角色尤其是领导职位,而是建立在社会的承认、支持和顺从,以及组织成员对其权威机构的承认、支持和服从上,才是实现了从政治权威向公共权威的转型。

按照《人民调解法》第五条的规定:"国务院司法行政部门负责指导全国的人民调解工作,县级以上地方人民政府司法行政部门负责指导本行政区域的人民调解工作。""基层人民法院对人民调解委员会调解民间纠纷进行业务指导。"第六条规定:"国家鼓励和支持人民调解工作。县级以上地方人民政府对人民调解工作所需经费应当给予必要的支持和保障,对有突出贡献的人民调解委员会和人民调解员按照国家规定给予表彰奖励。"司法部、卫生部、保监会共同发布的《关于加强医疗纠纷人民调解工作的意见》则指出:"医疗纠纷人民调解委员会是专业性人民调解组织。各级司法行政部门、卫生行政部门要积极与公安、保监、财政、民政等相关部门沟通,指导各地建立医疗纠纷人民调解委员会,

---

① 胡剑锋,王晓,2000.论现代社会的组织多元化及其结构优化[J].浙江社会科学,(4):217-222.
② 邱国良,2014.多元与权威:农村社区转型与居民信任[J].国家行政学院学报,(6):45-48.

为化解医疗纠纷提供组织保障。""要积极争取党委、政府支持,建立由党委、政府领导的,司法行政部门和卫生行政部门牵头,公安、保监、财政、民政等相关部门参加的医疗纠纷人民调解工作领导小组,明确相关部门在化解医疗纠纷、维护医疗机构秩序、保障医患双方合法权益等方面的职责和任务,指导医疗纠纷人民调解委员会的工作。"各级司法行政部门和卫生行政部门应当加强沟通与协作,通过医疗纠纷人民调解工作领导小组加强对医疗纠纷人民调解工作的指导。要建立健全联席会议制度,定期召开会议,通报工作情况,共同研究和解决工作中遇到的困难和问题。""司法行政部门要会同卫生、保监、财政、民政等部门加强对医疗纠纷人民调解委员会的监督指导,建立医学、法学专家库,提供专业咨询指导,帮助医疗纠纷人民调解委员会做到依法、规范调解。要对医疗纠纷人民调解员的工作进行定期评估,帮助他们不断改进工作。""卫生行政部门要指导各级各类医疗机构坚持'以病人为中心',提高医疗质量,注重人文关怀,加强医患沟通,正确处理事前防范与事后调处的关系,通过分析典型医疗纠纷及其特点进行针对性改进,预防和减少医疗纠纷的发生。各省(自治区、直辖市)卫生行政部门可根据本地实际情况,对公立医疗机构就医疗纠纷与患者自行和解的经济补偿、赔偿最高限额等予以规定。"结合《医疗纠纷预防和处理条例》的规定和其他相关规定,医疗纠纷调解组织实现从政治权威向公共权威的转型,必然落实到各级政府部门与医疗纠纷调解组织的关系上面,重点是将政府各职能部门(其中司法行政部门和卫生行政部门乃重中之重)和人民法院的职责明确化、制度化。简言之,各级司法行政机关应当对本辖区范围内的医疗纠纷调解组织的设立与发展、医疗纠纷人民调解组织的队伍建设与制度建设等做出统筹规划,对医疗纠纷人民调解组织的物质待遇、人员进出等有整体把握;统筹协调本地区医疗纠纷人民调解组织的专家库建设,扶持和促进本辖区内个人调解工作室的建设。但人民法院、司法行政部门和卫生行政部门指导医疗纠纷人民调解组织的工作,应当避免调解组织成为其附庸角色,防止公权力对人民调解组织的中立性、群众性和自治性产生侵蚀。其中司法行政机关对医疗纠纷人民调解组织的刚性考核在考核体系中所占的比重可适当降低,其对医疗纠纷人民调解组织的职责重在提供支持帮助,并负责经验总结和推广。目前对医疗纠纷人民调解组织的培训事出多门,庞杂而缺乏针对性,既有各级司法厅、局、镇、街道(司法所)和各级人民调解协会组织的业务培训,又有卫生行政部门、人民法院等组织的业务培训,可由医疗纠纷人民调解组织做出统筹协调,并以不影响又能促进调解员的成长为宗旨。人民法院对医疗纠纷人民调解组织的指导主要停留在业务指导方面,组织培训、案例研讨、行业交流等都是常见方式。由于我国很少有法律法规对除了医疗纠纷人民调解委员会以外的医疗纠纷调解组织做出明确规定,如何准确界定其他医疗纠纷调解组织与政府之间的关系,我们只能就此做出一些学理性的探讨。简言之,对于市场化的医疗纠纷调解组织,市场机制发挥着重要功能,但政府对于其设立与发展,尤其是公共性、公益性医疗纠纷调解组织和商业性医疗纠纷调解组织之间的协调发展有统筹规划,应当由物价局对后者的收费做出审核批准,人民法院和司法行政机关应对其进行业务指导,并规范、促进公共性、公益性医疗纠纷人民调解组织与商业性医疗纠纷调解组织之间的经验交流和人员双向流动。除了准确界定政府与医疗纠纷调解组织之间的关系以外,也应准确界定不同层级的医疗纠纷调解组织(主要是医疗纠纷人民调解组织)之间的关系,以及各级人民调解协会与医疗纠纷人民调解组织之间的关系,并通过加强日常的组织管理保障其中立性与自主性。

第二节 从群众性、民间性组织向专业化组织转型

一、我国医疗纠纷调解组织的民间性与专业性之辨

与早期相比,目前不同国家和地区调解人结构出现了分化。我国台湾地区的调解委员中法律职业(如律师)的比例越来越高。直接由简易法庭法官进行调解的情况也比较常见,显示司法化趋势加强;而日本则更注重保持调解人社会化结构,如家事调解中要求男女调解委员各一名主持调解。[1] 我国的医疗纠

---

[1] 范愉,2017.当代世界多元化纠纷解决机制的发展与启示[J].中国应用法学,(3):48-65.

纷调解组织(尤其是作为"枫桥经验"和社会治理体系参与主体的人民调解组织)具有一定的民间性固然无可厚非,但其专业化、社会化、职业化也有其法律、政策和现实的基础。而医疗纠纷的专业性与人民调解的民间性之间存在着天然的张力,民间的群众性自治组织是很难吸引大量具有专业化的医学知识和法学知识的高端人才的。那么,在民间性与专业性之间,哪个才是我国医疗纠纷调解组织的首要属性?

简单地说,专业性调解委员会要具备以下几个特点才称得上专业:一是有相对稳定的专门化的受案范围;二是具有专业化的职能,如医疗纠纷调解组织的专业化职能是提供医疗纠纷调解服务和医疗风险防控方面的建议等;三是有常态化的工作状态,医疗纠纷的发生具有一定的不可预知性,医疗纠纷调解委员会通常都以重要节假日值班制度、例会制度和案例会诊制度等来应对,使调解组织的工作常态化;四是有接受过一定资质认证和专业训练的调解员,且有一定比例的专职调解员;五是具备专门化的调解方法和手段,调解程序有一定的规范化标准化流程,强调调解协议的合法性与规范性;六是具备稳定的办公场地、工作经费等其他重要条件,并通过悬挂统一标识、调解员穿着统一制服等方式进行有效的印象管理。我国目前的医疗纠纷人民调解组织,不是在现有的人民调解组织内部进行分工,建立一个医调委分部,而是重新建立的组织,虽然名称是人民调解,但建立的逻辑和依据与人民调解组织的建立有较大区别,纳入了不同性质和功能的解纷机制,超越了原来人民调解的基本定位和能力。[①]医疗纠纷人民调解组织通常除了具备上述条件以外,还具有以下专业化、职业化和社会化的必要性以及现实性。

首先,对医疗纠纷的处置时常涉及专业性、技术性问题。医疗纠纷的处理离不开专业性较强的医学知识、法学知识乃至心理学知识与技术。与一般的民间纠纷相比,医患纠纷的责任判断及救济都具有极高的专业性,如果没有专业知识或经验,很难做出相对合理的判断和处理。而且,如果调解机构没有实现得到负责赔付的保险公司的认可,达成的协议肯定无法得到确认和履行,这些

---

① 邵华,2016.医患纠纷调解的正义之路[M].湘潭:湘潭大学出版社,111.

专业性的要求对医患纠纷调解提出了很高的要求。[①] 专业性的调解有助于均衡当事人之间的博弈能力,使调解更接近实质意义上的正义;同时也有助于过滤调解活动的功利性和简单化,使调解也更接近程序正义。对于纠纷所涉及的医疗方案是否科学、诊疗行为是否科学规范、当事人的诉求是否合理合法等关键问题,医疗纠纷调解组织可依据医疗鉴定或司法鉴定的结果或医学专家所提供的专业意见做出判断、解释和提供调解方案,但很多时候调解员凭借自身具有的专业知识足以做出决策。传统的婚姻家庭纠纷、邻里纠纷、民间借贷纠纷、损害赔偿纠纷等民间纠纷没有这么高的门槛,其调处也无须掌握对普通人而言绝对外行的专业知识。任何专业知识都具有一定的垄断性,更何况是令人望而生畏的医学知识和法学知识,掌握了上述知识的人才本身便是稀缺的。并非所有的纠纷解决人员都必须经过法律或医学专业训练,传统社区调解的优势在于其民间性、自治性、"自己人效应"和非职业化,普通的社区调解也许可以避免专业化、职业化的过度渗透;但专业性调解组织的调解员却正好相反,近年来具有医学专业背景和法学专业背景的专业人士向医疗纠纷调解委员会的渗透在一定程度上正是说明了专业性之不可或缺。

其次,普通的民间纠纷及其调解的本土性、地域性与医疗纠纷的共通性、专业性形成了鲜明的对比。普通的民间纠纷通常是就地解决的,所谓"小事不出村,大事不出镇,矛盾不上交",而医疗纠纷人民调解通常是由医疗纠纷发生地的医疗纠纷调解组织解决的。患者异地就医的大有人在,医疗纠纷对于患方而言其实常是异地解决的,不仅出了村,出了镇,还可能出了县,出了市,甚至出了省。因此,普通的人民调解与医疗纠纷调解所占有的知识背景和话语体系其实是大相径庭的,在人民调解中村规民约、风土人情等民间法、习惯法占据着很大的比例,而医疗纠纷调解尽管难以完全避免地方性知识的运用,但大量医疗纠纷是依凭国家法、制定法解决的,法制的统一性保证了不同纠纷调解的实体结果不至于相去甚远。打个比方,全国各地有大量患者涌入北京协和医院去治疗疑难杂症,很难完全避免纠纷产生,医疗纠纷调解组织的调解员对待来自辽宁

---

① 邵华,2016.医患纠纷调解的正义之路[M].湘潭:湘潭大学出版社,111.

铁岭某村的患者、来自上海市中心的患者和来自新疆乌鲁木齐的患者所使用的往往是同一套话语体系，同一个规范性法律文件，在这方面的共性与原则性远远大于个性和本土性。这也是医疗纠纷调解专业性的具体表现之一。

再次，当我们比较专业性调解组织的调解员的"专业"（professional）以及传统社区调解的"专业"时，会发现两者的意涵是如此的不同。①社区调解的调解员有一定的调解经历，能沟通，公道正派，便当得起"专业"二字了，而专业性调解组织的调解员除了拥有调解员的核心素质与技能之外，一定的专业知识和法律知识也是必不可少的。医疗纠纷调解组织的调解员还应当具有相当的心理学知识和技术。而当事人情绪对立性强、矛盾冲突尖锐、纠纷反复性强等特点，更决定了医疗纠纷的调解高度依赖调解员高超的沟通技巧及其对当事人心理活动规律之准确把握。双方当事人之间由于互不信任，易因激烈的医患冲突而引起心理改变，并建立自我防卫机制（defense mechanisms），甚至将己方的一切诉求合理化而将对方"妖魔化"，致使当事人的思维极端化，行为富有对抗性和攻击性，很多常规的调解手段难以在短期内奏效。医疗事故对患方和经治医生所造成的心理创伤，也使医疗纠纷的调解天然地倾向于治疗型调解。① 治疗型调解如果想真正给调解实践提供有效的指导理念，必须先对纠纷是否适合于这种方式解决进行甄别，并要求调解者在相当程度上具有心理治疗专家的素养和技术知识。② 通过医疗纠纷调解组织的斡旋，调解员在调解过程中洞察当事人的纠纷动机心理，与不同人格、气质、性格的当事人进行有效沟通，并选择相应的技巧与措施影响、转变纠纷当事人的态度，促使对立的当事人之间顺利达成合意。②两者的准入资格亦有所不同。按照我国《人民调解法》第十四条的规定："人民调解员应当由公道正派、热心人民调解工作，并具有一定文化水平、政策水平和法律知识的成年公民担任。"有威望和调解经验的、热心的长者、基层

---

① 棚濑孝雄将调解模式分为判断型调解、交涉型调解、教化型调解和治疗型调解四大类，后者指以追求一种完全独特的纠纷解决方式为目的的模式，这种模式基本上把纠纷视为人际关系的一种病理现象，试图通过广义的人际关系调整方式来治疗病变，使其恢复正常。笔者引用这一概念，也有强调心理学方法与策略的疏导功能，提倡调解人对当事人实际困难与痛苦经历的充满关注、理解和尊重的共情之意。参见：［日］棚濑孝雄，2004. 纠纷的解决与审判制度［M］. 王亚新，译. 北京：中国政法大学出版社，52-69.

② ［日］棚濑孝雄，2004. 纠纷的解决与审判制度［M］. 王亚新，译. 北京：中国政法大学出版社，67-68.

干部与普通村居民等皆可参与社区调解,而专业性的调解组织的调解员应当具备相应的更为严格的准入资格。司法部、卫生部、保监会联合发布的《关于加强医疗纠纷人民调解工作的意见》(以下简称《意见》)明确指出,"医疗纠纷人民调解组织是专业性人民调解组织",要"加强医疗纠纷人民调解员队伍建设",提出"医疗纠纷人民调解委员会人员组成,要注重吸收具有较强专业知识和较高调解技能、热心调解事业的离退休医学专家、法官、检察官、警官,以及律师、公证员、法律工作者和人民调解员"。③由于专业的意涵不尽相同,对两者培训的重视程度与培训的内容亦有所不同。《人民调解法》第十四条规定:"县级人民政府司法行政部门应当定期对人民调解员进行业务培训。"而《意见》明确指出:"要重视和加强对医疗纠纷人民调解员的培训,把医疗纠纷人民调解员培训纳入司法行政队伍培训计划,坚持统一规划、分级负责、分期分批实施,不断提高医疗纠纷人民调解员的法律知识、医学专业知识、业务技能和调解工作水平。"显然后者对培训的目标和要求更为明确具体。现实中医疗纠纷人民调解组织的调解员不仅要参加人民调解员的相关培训,也要参加针对专业性调解组织和特为医疗纠纷人民调解组织所开设的培训课程,总培训时长远远超过前者,且培训内容更丰富,手段更多样。传统的社区调解通常以调解员的行为规范、沟通规则和最基本的法律原则为培训内容,而医疗纠纷人民调解组织除了前述课程内容,通常以调解技巧、法律和社会政策、相关的专业知识和心理学知识等为培训的重点,在培训中常穿插角色扮演、案例会诊、现场观摩、行业交流等教学手段。

再则,医疗纠纷调解组织的专业性也是由近年来我国人民调解组织自身的变化所决定的。我国的人民调解委员会实际上已经出现了一种分化现象,即完全依托于基层自治的民间调解组织和在司法行政部门直接指导下的人民调解委员会的分化,后者还有进一步增强的趋势。① 人民调解是随着"枫桥经验"的发展而发展起来的,并以自身的完善而丰富着"枫桥经验"的内涵与外延。将社会治理的重心落实到基层,依靠群众化解社会矛盾,运用法治思维和法治方式

---

① 刘耿,2011.第三方调解机制"转正"[EB/OL].(2011-9-30)[2020-8-26].赢了网,http://www.yingle.com/.

解决涉及群众切身利益的问题等,既是人民调解的规范要求,也是"枫桥经验"的重要特征。人民调解是人民群众自我教育、自我管理、自我服务的重要手段,这一属性及定位是人民调解工作赖以存在的基础,也是长期以来人民调解工作保持强大生命力、深受群众欢迎的根本原因。人民调解的本质属性主要体现在其群众性、民间性和自治性这三个方面。人民调解组织不是行政机关,也不是司法机关,人民调解员(不管是公职人员还是兼职人员)在调解活动中只是人民调解员。但近年来关于人民调解的性质和定位在法律表达和实践之间存在着背离,因此这个问题仍然有讨论的空间:①人民调解群众性的根据在于人民调解员是来自群众、依靠群众而工作的,故人民调解理所当然具有群众性,但新时期的人民调解已经演变为主要是领取国家津贴、薪水的调解员以及村官、司法干部的调解,普通群众对人民调解的参与普遍不足。有些人民调解委员会还进入了事业编制,调解员日益官僚化,人民调解与行政调解之间有混淆不清的嫌疑,因而人民调解的群众性、自治性大不如从前。②通常民间性是指不带有国家公权力性质,既非行政也非司法,是民众自我管理自我服务的组织形式,但是目前依照《人民调解法》和其他规范性法律文件的规定,人民调解在组织、队伍、业务、工作等各个方面均需接受政府司法行政部门的指导,同时在业务上还需要接受人民法院的指导,大量官员参与其中。人民调解已经被纳入国家治理的权力体系中,服务于基层的维稳和信访治理,具有明显的政府主导性,所以民间性也遗存不多。③与传统人民调解兼职化、业余化不同,职业化、专业化成为城市人民调解制度发展的趋势。人民调解员职业化包括推行人民调解员公开招录、职业培训、持证上岗、资格认证、等级评定、考核奖惩等整个过程的职业化、制度化。[①] 上述原因使得人民调解与民间调解之间渐行渐远。人民调解组织与纯粹的民间调解组织在形成的路径、运行与管理方式以及制度逻辑等方面均产生了一定的距离,并逐步从传统的民间调解组织中剥离开来,医疗纠纷人民调解组织自然也不例外,更何况在法律和政策的指引下,医疗纠纷人民调解组织的建设主动选择了一条专业化、职业化的道路。

---

① 陈尧,王哲,2020.中国城市基层社会自治发展的路径——以改革开放以来城市人民调解制度的发展为例[J].上海行政学院学报,21(3):23-34.

最后,医疗纠纷人民调解组织的专业化、社会化、职业化势在必行。可以说,专业知识的垄断性、稀缺性与培养专业人才、运用专业知识开展社会服务所消耗的社会资源呈正相关关系。高度专业性和职业排他性将凝聚起涂尔干所说的"职业共同体",这对医疗纠纷的处理而言也同样适用。按照涂尔干的观点,职业共同体作为一种社会群体对社会整合必不可少,它不仅是经济生产的基本单位,更对道德的形成、发展和确立具有重要影响。当代社会的特殊的社会屏蔽机制在促进职业群体形成。当代社会涌现出一批专家控制型的排他性组织,医疗纠纷调解组织或将成为其中的一种,与其他的排他性组织一样,职业资格证书、培训证书、职称等级制度、许可证等均为常见的制度化的屏蔽手段,用以审核资格,建立准入门槛,防止非专业人士的竞争,限制圈外人士进入,在更加细化的层次上控制职业成员的进出。[①] 这种排他性组织与以民间性、基层群众自我管理、自我教育为基本特征的人民调解组织是很难彻底水乳交融的。同时,也只有职业化才能改变目前因兼职过多而不够专注于这种专业性较强的调解工作所导致的问题,充分发挥医疗纠纷调解组织的特定功能。

二、向专业化组织转型的路径选择

从组织社会学的角度去看,医疗纠纷调解组织的专业性,比较接近费埃德伯格所谓的"管辖权"的概念。[②] 专业化的优势来自对具体领域中"既定的"不确定性所产生的一种事实上的"管辖权"。毋庸置疑,实用的知识与专业技能,可以让行动者对不确定性加以控制,这种实用知识唯有在实践的领域中,在过程之中,才能得以最大限度地使用,不仅如此,通常这种实用知识越是在困难的条件下使用,越是在错综复杂的事件之中加以运用,其发展也就越是完备。"管辖权"的正当使用无疑有助于诸种具体行动体系高效有序地运行。[③] 我们通过对医疗纠纷调解组织的组织要素的梳理,来充分阐述如何使这些要素之间协调

---

① 田丽,2009.中国社会整合对涂尔干职业共同体思想的借鉴研究[D].西安:陕西师范大学.

② 参见本书序言。

③ 张月,2017.组织与行动者(译者序)//埃哈尔·费埃德伯格.权力与规则——组织行动的动力[M].上海:格致出版社,上海人民出版社,16-18.

运作,将这种"管辖权"的高效有序运行推向一个高潮。除了要有独立的办公场所、必要的设备和经费保障,调解组织的专业化还主要体现在所受理的纠纷类型化、调解人员专业化、组织技术专业化、组织功能多样化等方面。

(一)受理的纠纷类型化

医疗纠纷调解具有很强的专业性,首先要求医疗纠纷调解组织所受理的纠纷有相对稳定的纠纷类型。调解医疗纠纷不仅需要调解员正派公道,热心调解工作,也需要其具备一定的文化水平和沟通技术,懂得当地的风土人情,更应具备法学和医学双重专业背景,显然只有相关医疗行业调解组织、律师事务所等社会调解组织、专业性人民调解组织,仲裁机构调解组织,以及专业性较强的调解公司(如医院管理公司、健康管理咨询服务公司等)才具备这样的条件,而城乡基层社区的调解员不一定具备这些职业素质。医疗纠纷调解理应以专业性的调解为主;标的数额较小、事实清楚、法律关系简单的医疗纠纷,以及基层卫生所、小诊所发生的医疗纠纷,出于便利当事人的考虑,可由当地的地域性人民调解委员会调解。

(二)调解人员专业化

医疗纠纷调解人员的专业化,主要体现在其具备基于分析诊疗行为的过错性以及因果关系是否存在的专业知识的判断能力,基于相关法律知识从法定赔偿角度提出调解方案的解决实际问题的能力,体验当事人内心世界的同理心,准确把握当事人心理特点及其变化的沟通能力,以及恪守公道的职业伦理等。这些都是保护双方当事人合法权益的必要条件。医疗纠纷的特殊性,在于双方当事人之间的信息不对称和举证能力的不均衡性,虽然法律已通过过错的推定来缩短双方之间的这种差距,但打破医方的侥幸心理,使其承认医疗过错的存在或诊疗行为与损害结果之间的因果关系的存在,需要调解员具备很高的业务水平。医学是一种入行门槛较高的科学,没有经过比较系统的专业培训难以对很多具体的医学问题做出客观的评价。因此,一起医疗纠纷是否能得到公平合理的处理,不仅有赖于调解员的职业伦理与正义感,也极大地依赖于调解员的卫生法知识与医学知识,否则就算医学专家提供了医疗事故技术鉴定结论,也无法准确地判断其科学性。如果调解员仅出于保护弱势群体的"一颗好心",却因专业知识的局限性而做出了错误的判断,那就很可能达成一个对医方而言不公平的调解协议,令医务人员寒心,最终既导致国有资产的流失,又伤害了医疗事业的健康发展。

如前所述,目前医疗纠纷调解行业以"专职+兼职"的身份结构,"法学专业+医学专业"的智能结构,以及"调解员加资源库专家"的职业结构,整合出一批资源共享、优化组合的专业化医疗纠纷调解组织,这种组织成员专业化的模式是其实现组织目标的重要前提。理想的医疗纠纷调解员是既能基于医学知识分析医疗过错与因果关系是否存在,判断医疗事故鉴定或司法鉴定结论的可采性,又了解行动中的法律,能判断具体的调解方案的合法性与可行性。关于调解员是否应该是专职调解员的问题,我们认为,一项职业是否专业,并不全在于其是专职还是兼职,法官都是专职的,但仲裁员是兼职的,两者都被认为是纠纷解决体系中的专业人员,关键还在于是否有基数足够庞大的合乎专业要求的调解员,以及调解员本身的质量是否过关。医疗纠纷兼职调解员往往是医学、法学、心理学等某一领域的专家,兼职调解员的引入有利于调解机构的充实以及整体专业水平的提升,还减轻了调解机构针对兼职人员的培训负担,且有利于协商中多角度思维的凝聚,借助兼职调解员的专业知识、行业威信以及一定的社会关系,更有利于纠纷的平息和解决。兼职人员的选择应当严格遵守规定,对其人格、专业素质、从业背景做出充分考察后方可予以聘请,并要求其保证一定的办案时间,强调调解案件的高质量要求,从选拔程序起就消除其由于时间精力的有限而对调解案件重视度不足不认真的可能性。[①] 但因专业性医疗纠纷调解工作难度大,工作强度高,形成一个专兼职相结合的且专职调解员占相当比例的调解员队伍还是很有必要的。

(三)调解组织技术专业化

由医患双方当事人自行和解或者通过调解来解决医疗纠纷的方式简便快

---

① 李建胜,2012.关于构建行业性专业性人民调解机制的思考[J].中国司法,(4):77-79.

捷,对于解决纠纷和保障当事人的合法权益发挥了相当的作用。但是实践中也暴露出当事人之间自行和解或者调解解决医疗纠纷存在着一些问题。

(1)其自主协商的形式和强调意思自治的特点,容易为双方当事人所利用。医方可能希望借此达到"花钱买平安",避免良好的社会评价降低的目的,或者利用医学知识的专业壁垒蒙骗当事人以达到少赔偿和保护医院声誉的目的;而患者则利用医方这种怕影响声誉的软肋"漫天要价",甚至采用影响医院正常经营的过激手段逼迫医方签订有利于患方的协议。自费患者或与医方串通,私下达成协议,由医院不足额赔偿,还将发票交给患者,后者凭病历与发票回单位报销。

(2)调解不以分清是非和责任为前提,无论医方是否存在过错,但凡医疗纠纷调解组织介入,患方总能获得一定的经济补偿,这对医方而言不公平,对公立医院而言还造成了国有资产的流失,"羊毛出在羊身上",最终这些不合理的补偿都由广大患者分担了。协商和解和调解的方式还容易引起患方的攀比心理,当医方表示无法承受,就容易导致矛盾激化。

(3)医疗纠纷的反复性很强,如果调解协议未经司法确认,当事人一旦反悔,就会导致纠纷诉讼化的情形,浪费了宝贵的社会资源。

(4)协商和解和调解的方式容易掩盖错误甚至犯罪行为,许多存在严重失职行为的医疗行为,通过自行和解或调解解决,既不鉴定,也不定性,医疗机构不进行总结,吸取教训,不利于警示医疗机构及医务人员。多数医疗过错以及医疗事故发生在组织化运作的医院中。在一个组织中,事故的发生有四个层面的因素,即组织影响、不安全的监督、不安全行为的前兆、不安全的操作行为,也被称为"四层奶酪",每一片奶酪代表一层防御体系,每片奶酪上的空洞即代表防御体系中存在的漏洞或缺陷,这些孔的位置和大小都在不断变化。当每片奶酪上的孔在瞬间排列在一条直线上,形成"事故机会弹道",危险就会穿过所有防御措施上的孔导致事故发生。这就是著名的"瑞士奶酪模型",也称为累积的行为效应。医疗安全文化的重点,不是强调提升个人的注意义务,而是着眼于从错误发生的根本原因中分析并找出系统性的预防或拦截医疗过错的措施。医疗纠纷的解决,也应当满足把医疗过错看成系统性问题的需要,以期整个医疗安全系统更安全。在诸多预防医疗不良事件及促进医疗安全的策略中,鼓励医院和医务人员公开、诚实地面对医疗过程中产生的错误,被视为发现及预防医疗过错的重要基础。在协商和调解的过程中,理应将错误公开并坦诚相对,这是能否通过医疗纠纷调解来预防类似的医疗过错的关键。

这些问题的存在,与其说与和解或调解机制本身的局限性相关,不如说与调解组织的调解技术是否专业化有极其密切的关系。调解员对解决个案的追求超越了对公平公道的追求,对当事人的心理把握不准确,对卫生法的理解不确切,在一味不分是非和责任的基础上"和稀泥",都有可能造成当事人态度的反复,进而使医疗纠纷激化,无法促进医疗安全管理文化的发展。

从组织技术的角度看,医疗纠纷调解组织的专业性主要体现在以下几个方面:(1)有保障组织运行的必要的设施,最好有易于辨识的行业或职业标识。基于医疗纠纷调解的专业性,整个行业可统一职业标识,如调解员穿着统一的制式服装、佩戴统一的职业标识,也有助于对医疗纠纷调解组织进行印象管理。(2)构建国家财政支持、社会捐助、有偿服务等相结合的经费保障制度和多元化的激励机制。(3)保证足够的调解员基数,在进行个案调解时,根据案件的复杂程度或标的数额的大小决定由一名调解员独任调解或者由当事人选择合适的调解员进行调解。(4)在调解程序的设计上,一方面要有合理的调解期限的限定,在保证公平的前提下尽量简化调解流程,减少程序成本,实现快速调解,另一方面要规范调解程序与调解制度,建立严格的委托制度、保密制度和回避制度,规范调解文书及其送达程序,在调解前有针对性地调查研究,在调解实施阶段有完整的约谈、陈述、证据论证、事实确认、阐明适用、拟订协议或履行告知义务等环节,调解成功后回访当事人并督促当事人履行。(5)在衔接调解与其他程序的关系时,可以采取调解与其他程序相分离的制度,调解的程序和其他程序相关时,可以单独进行调解程序而不中止其他程序。[1] (6)本着依法调解的原则公平合理地处理医疗纠纷,对侵权责任法、卫生法、保险法等法律法规能全面把握和准确运用,并精准把握在某一个具体的医疗纠纷中法律、道德、风俗习

---

① 李建胜,2012.关于构建行业性专业性人民调解机制的思考[J].中国司法,(4):77-79.

惯与人情之间的比例和次序。(7)能娴熟运用心理学的知识和技术帮助当事人调整认知和改变态度,对当事人进行心理疏导,能准确把握促进和解的时机和灵活运用各个调解阶段的策略、技术。(8)尊重当事人的意思自治和权利,保护双方当事人的合法权益,能及时引导当事人合理运用调解协议的司法确认制度来促进调解协议的履行,等等。

上述组织技术,都需要通过规范、科学的组织规则构成一个有机体,依照一定的运作逻辑与组织环境之间互动,才能成为医疗纠纷调解组织从外部汲取资源和能量的手段,并反过来将这些资源转变为特定的社会服务,最后,组织还需以这些组织技术顺利实现社会服务的输出。可见组织规则对医疗纠纷调解组织的重要性。遗憾的是,目前绝大多数医疗纠纷调解组织都以《人民调解法》所规定的人民调解员的权利与义务条款①、司法部《人民调解若干规定》所规定的调解员的职业纪律条款,②结合该组织所依托的行业单位的职责等(如司法所有管理人民调解工作,参与调解疑难、复杂民间纠纷的职责,③行业协会有保护其会员和从业者的利益,调解行业纠纷的职责等)拟订出粗线条的合乎合法性机制的组织章程,而很少根据医疗纠纷和医疗纠纷调解组织的特殊性去针对性地细化规则或者去发现隐藏着的规则机制,这当然很难满足与环境之间进行交换,塑造组织行为,促进组织目标实现的要求。医疗纠纷调解组织作为一种围绕着特定问题和问题的解决方案而结合在一起的行动者体系,是以规则机制为关注的中心的;但《人民调解法》总体上是一个授权性规范文件,且在调整对象、调解的受案范围、收费制度等方面留下了立法空白,又将市场化的调解组织排除在外,这就使得很多医疗纠纷调解组织的规则机制具有太多的不确定性或沦

---

① 《人民调解法》第十五条规定:人民调解员在调解工作中有下列行为之一的,由其所在的人民调解委员会给予批评教育、责令改正,情节严重的,由推选或者聘任单位予以罢免或者解聘:(一)偏袒一方当事人的;(二)侮辱当事人的;(三)索取、收受财物或者牟取其他不正当利益的;(四)泄露当事人的个人隐私、商业秘密的。

② 《人民调解若干规定》第十七条规定:人民调解员调解纠纷,必须遵守下列纪律:(一)不得徇私舞弊;(二)不得对当事人压制、打击报复;(三)不得侮辱、处罚纠纷当事人;(四)不得泄露当事人隐私;(五)不得吃请受礼。

③ 在司法部公布的《司法所条例(征求意见稿)》第八条第一项规定,司法所指导辖区内人民调解、行业性专业性调解、行政调解工作,参与调处重大疑难复杂纠纷。

为摆设。在这方面,一些律师调解组织的做法值得借鉴,律师调解组织往往设置了一整套专业化的调解程序,制定了严密的组织章程、调解规则、收费办法、调解员管理办法,创建了调解员奖惩制度、回避制度等工作制度,使用规范的调解文书模板。医疗纠纷调解组织的工作与普通的民间调解不同,只有在完善规则机制的基础上才谈得上专业化。

(四)调解组织的功能多样化

调解组织功能不仅关系到其组织技术与社会声誉,也关系到其收入渠道能否拓宽,因而事实上关系到其在法律的框架内能否可持续发展。调解组织最基本的功能无疑是预防与调解纠纷,但专业性调解组织的功能不仅止步于此。医疗纠纷调解组织除了处理医疗纠纷,还应定期召开会议讨论工作方针、原则、年度报告等重要事项,制定修改具体的调解规则和内部文件,并应主管机关或行业协会核准后组织调解员培训并开展行业交流与学术研讨活动等,有条件的医疗纠纷调解组织可承担理论研究与国际交流的功能。

第三节　从单一化向多元化转型

当我们打破传统思维的单一性与封闭性,尝试以多元化的思维对同一事物进行解释的时候,由于路径、方法和研究范式的不同,所得出的答案往往也大相径庭。建设我国的非诉讼纠纷解决机制,必须依靠我国目前大量存在的各种组织,这是基于国情而做出的现实选择。一个理性、成熟的社会,不仅要为其成员提供解决纠纷的多种途径,而且要求各途径相互补充、有效衔接,达到多元化、高效化的程度。

在前文我们已阐述了专业性组织对于自己所拥有的实用性知识和专业技能的活动领域拥有无可辩驳的"管辖权"。然而,行动者总是倾向于过度使用这种权力,而过度的使用非常容易造成垄断,权力向某些行动者手中聚集,导致行动组织结构的失衡,造成组织的畸形发展,整个行动系统的运行效能在相当大的程度上受制于持有管辖权的行动者的控制。显而易见,"管辖权"的高度集中和滥用,会造成具体行动组织的优先权的颠倒、目标的置换,以及事件之链的混乱。因此,阻止管辖权的过度集中与过度使用,是组织体系应该完成的一项重要的任务。① 我们既要探讨如何将医疗纠纷调解组织的专业化推向纵深,同时也应警惕这种管辖权的滥用。可以说,医疗纠纷调解组织理应打破垄断,引入竞争机制,实现多层次多元化的发展,有其深刻的组织社会学上的原因。

近年来医疗纠纷调解组织尤其是医疗纠纷人民调解组织实际上已呈多元化格局,但眼下僵化的管理体制与多元化趋势之间已成抵牾之势;我们留住了传统,但传统和新型社会形态需求之间的关系,有待于更好地解决。通过对传统的医疗纠纷解决机制的反思,我们不难看出医疗纠纷调解组织的存在和发展应以专业和高效为基础,其运作应兼顾公平与效率。以意思自治作为本质特征的低成本高效率的协商和调解应作为医疗纠纷解决的基本方式,并应进一步完善医疗纠纷诉讼机制,构筑最后一道救济防线。与此相适应,在现阶段发展以人民调解组织为主体部分,其他营利性与非营利性组织相互衔接、彼此嵌错的组织网络,是医疗纠纷调解组织从单一化向多元化转型的重要标志。

一、对我国医疗纠纷调解组织的精准定位

(一)我国医疗纠纷调解组织的定位方法

我国对医疗纠纷调解及其组织的定位,应当进一步区分公益性与营利性、自治性与司法性、合意促进型与判断指导型、地域性与行业性、一般民事纠纷与专门民事纠纷、内部解纷机制与社会性调解组织之间的分工、协作与平衡等。

对目前通行的医疗纠纷人民调解及其组织进行精准定位是重中之重,只有建立起以医疗纠纷人民调解为核心,因地制宜的多元化多层次的医疗纠纷解决机制,实现由过度趋同化向求同存异的转变,医疗纠纷调解及其组织才有可持

---

① 张月,2017.组织与行动者(译者序)//埃哈尔·费埃德伯格.权力与规则——组织行动的动力[M].上海:格致出版社,上海人民出版社,17-18.

续发展的生命力。当然,医疗纠纷调解组织应以司法行政系统指导的人民调解组织为重,并不意味着人民调解"一统天下"。尽管医疗纠纷人民调解组织解决了我国百分之六十以上的医疗纠纷,但它无法完全取代其他形式的医疗纠纷解决机制,更不可能解决所有的纠纷,不可过高地估计其作用;也不意味着专业性医疗纠纷调解必须永远停留在人民调解的队伍中以维持人民调解组织占据主导地位的格局。

(二)我国医疗纠纷调解组织的激励机制与多元化

在清晰定位的基础上,可探讨多元化的经费筹措机制和多元化的组织内部激励机制,允许商业性医疗纠纷调解机构计价收费,引导当事人自行选择适合的纠纷解决方式(appropriate dispute resolution),同时提倡和发展医疗纠纷仲裁机制,让不同的当事人拥有更多的选择。允许政府购买服务的医疗纠纷调解组织在法律和政策的框架内采纳适当的激励机制。

1.非人民调解属性的行业性、专业性调解的定位与监督管理

近年来,在行业性专业性人民调解领域,一些非人民调解属性的新型调解组织开始萌芽。主要类型有三种:一是公益性的行专调解,主要由各类协会、学会设立,未在司法行政机关登记,多集中在县级以上的工会、团委、妇联、工商联、贸促会等组织,以四川省为例,全省共有 203 个;二是收费的行专调解,其案件来源于法院或信访等部门委托,调解成功后,按争议标的比例收取调解费;三是律师调解。[①] 对于非人民调解属性的行业性、专业性医疗纠纷调解组织,由于被排除出《人民调解法》的调整范畴,对这些组织的指导和管理并不到位,既缺乏业务指导,调解质量也较难以监管,司法确认难以进行。其中部分收费的调解组织以非法人机构的形式设立,其收费未经过政府部门的批准和审核,缺乏明晰的边界和标准。[②] 笔者以为,上述行业性、专业性医疗纠纷调解组织毕

---

① 刘朝宽,田亮,张敏,等,2018.行业性专业性人民调解工作存在的问题与对策——以四川省人民调解工作为例[J].人民调解,(10):44-47.

② 刘朝宽,田亮,张敏,等,2018.行业性专业性人民调解工作存在的问题与对策——以四川省人民调解工作为例[J].人民调解,(10):44-47.

竟不同于目前《人民调解法》定义为基层群众自治性组织的人民调解组织,其中,但凡符合《民法典》第五十七条、五十八条规定的法人的特征与成立条件的医疗纠纷调解组织,理应纳入法人的管理机制,若同时符合《公司法》所规定的公司的性质与特征的,还应纳入公司的管理机制;但凡符合《民法典》第一百零二条、第一百零三条规定的非法人组织的特征或者成立条件的,也应按照《社会团体登记管理条例》进行设立、变更或注销登记,依法以社会团体的名义进行活动,接受民政部门和业务主管单位的监督管理,同时也有权利开展章程所规定的活动和获得合法收入,有权利以社会团体的名义接受捐赠和资助,并在其组织目标所指向并由其章程所规定的业务活动范围内使用和支配其合法财产。对于这些收费的非法人组织,其性质属于民办非企业组织是不存在太大争议的,但其从事营利性活动却突破了我国现行法的边界,可借鉴上海、重庆、厦门、江西、浙江等地对其辖区内商事经贸调解中心的管理经验,由相关的行政部门批准,经物价局审核收费调解,并在调解协议达成后,引导当事人向有管辖权的人民法院申请司法确认。

2.行业性医疗纠纷调解组织的定位与发展

在上述非人民调解属性的医疗纠纷调解组织中,原本有行业性医疗纠纷调解组织的身影,随着《人民调解法》的施行和这些组织陆续被并入人民调解的队伍,其身份陷入尴尬。

笔者以为,行业性调解、专业性调解与人民调解本是三个相距遥远的概念。事实上,在《人民调解法》的立法过程中,商事调解、消协调解和一些行业性调解组织并不情愿采用人民调解的组织形式,而作为公益性解纷机制的人民调解,也与这些机构的运行机制不同,如何加以统合成为一个难题。① 行业性调解是在地域性人民调解的成熟运行与成效基础上创新的一种全新的调解模式,两者在组织性质、工作原则和工作方式等方面具有不少共性,行业性调解的很多观念和做法深受地域性人民调解的影响。但行业性调解在组织设立、人员要求、工作机制以及纠纷类型等方面与人民调解存在着明显差异,无论行政管理部门

① 范愉,2011.《中华人民共和国人民调解法》评析[J].法学家,(2):1-12.

还是行业调解组织本身,以地域性调解的传统观念去处理行业性调解活动,必然会产生理念的冲突和障碍。行业纠纷的特殊性决定了谁最了解行业政策要旨、行业发展境况,谁就是行业纠纷解决的最佳主体,否则行业调解的特殊功能将难以发挥。医学会、医师行业协会、医药行业协会等行业自律组织所组建的医疗纠纷调解组织,乃典型的行业性医疗纠纷调解组织,在调解规范、调解员资质、运作机制和经费保障等方面还有待更深入的探讨。

行业性调解与专业性调解都有一定的专业优势,比较难以区分清楚。至于行业性调解组织与专业性调解组织彼此之间的关系,简单地用一句话来概括,那就是行业性调解组织通常显示出相当的专业化水平,但专业性调解组织不一定是行业性调解组织。

首先,两者处理的纠纷性质、调解员的身份不同,中立性也不同。行业协会调解是最典型的行业性调解,比如商业调解协会、保险行业协会、医师行业协会、医药行业协会、律师协会等主持的调解。行业性调解以调处企业与企业家彼此之间的商事纠纷和与行业相关的纠纷为主,显然对某些纠纷的调解服务超出了公共产品的范畴,不应由政府买单。而专业性调解组织主要调解婚姻家事、医疗、交通、物业、劳动、网络购物合同等自然人之间、自然人与法人或其他社会组织之间涉及民事权利争议的纠纷,关注对弱势当事人的救助。两者的调解员身份和中立性也不同。行业性调解组织的调解员通常是本行业内的行家,能理解和把握本行业纠纷的特殊性,对于当事人均为行业协会会员的纠纷,行业性调解组织表现出高度的中立性和专业性,但当处理行业协会会员和其他人之间发生的纠纷时,其中立性受调解员专业素质、利害关系等各种因素的制约。而专业性调解组织通常超脱于利害关系和人情脸面,其中立性更为彻底。其次,两者的运作机制和经费保障机制不同。行业协会调解的正常运作通常是以会员单位自愿入会并缴纳会费为基础,有些行业协会财力强、信用好,但是也有些行业协会多年来没有形成有效的会费缴纳制度,会员欠费现象严重,财务能力较弱,甚至缺乏基本办公条件,只能依附于行政机关合署办公,这就形成了一个恶性循环,使得行业协会很难正常地为会员单位提供包括调解在内的服务。而专业性调解只要其性质依然属于人民调解,就应当提供满足公共需要的公共产品，就应当坚持法律规定的不收费调解制度，政府应根据《人民调解法》的相关规定，保障其经费。

在调解机制多元化的今天，行业调解是否应视为人民调解的一种形式，也是值得认真对待的问题。

行业性调解"不情愿"留在人民调解之中，背后的动力机制，不仅是一种阻抗人民调解不收费的趋利机制，主要还是商业性调解、行业性调解与人民调解背后不同的制度逻辑使然。两者的设立背景与宗旨不同。行业性调解的设立逻辑是基于其行业自治职能，而人民调解的设立逻辑是基于其基层性、群众性和自治性，是"枫桥经验"长期发展所形成的一种社会治理机制。作为调解在专业性、行业性领域的延伸，目前我国的行业调解主要适用《人民调解法》及其他的司法解释，这种参照人民调解的立法模式掩盖了行业调解的特殊优势，客观上限制了行业调解在专业纠纷解决领域中效用的发挥。各行业协会制定的行业调解规则基本套用《人民调解法》，在程序规则层面未能实现内容和技术的突破，有的规定过于简单，关于调解的方式、秘密信息的披露、调解的时限以及证据规则等核心问题尚未涉及。[①] 北京市医疗纠纷人民调解委员会成立之前，北京有两家分别由北京市医学会和北京医学教育协会指导的行业性医疗纠纷调解组织，现已并入北京市医疗纠纷人民调解委员会，但这些行业性医疗纠纷调解组织既有熟悉行业特点和相应管理能力的主管协会，又具备行业调解组织的专业水平，从效率和引入竞争机制的角度看，取消这两家行业性调解组织，不一定就有利于医疗纠纷调解的发展。[②] 现实中掀起过一轮人民调解与行业性医疗纠纷调解合并的浪潮，其效果有待实践去检验，但从提高效率的角度看，通过行政命令强令行业性调解组织加入人民调解的行为对于打破垄断，防止"管辖权"的滥用并不一定有裨益。如果允许它们独立运行，产生竞争机制，不啻于使当事人多了一种选择，毕竟并不是所有的医疗纠纷调解组织都应该由国家买单。目前行业性调解并非太强势了，而是正好相反，行业协会的自治权在法律上不够明确，有些行业协会调解运转不顺利。能有效运转的通常是会员正常缴

---

① 王慧林，2017.广西电力行业纠纷调解探索[J].广西电业，(3)：43-45.
② 邵华，2016.医患纠纷调解的正义之路[M].湘潭：湘潭大学出版社，156.

费,主管协会管理有效的。为了更好发挥其行业自治职能,引入竞争机制,发挥行业调解特有的行业特色与专业优势,理应借助行业协会等行业自律组织成熟的平台,强化行业调解的功能,淡化行政色彩,将化解矛盾的重心置于真正协调社会经济关系和社会公共利益,让行业性调解回归行业,加大对行业内矛盾纠纷化解的力度。这不仅对于保障各方合法权益、减轻法院诉累、促进政府职能转变和社会诚信体系建设具有重要意义,也应该是相关行业调解制度存在的价值和发展动力。

3.专业性医疗纠纷人民调解组织的定位与发展

有学者提出,人民调解最重要的特征是基层社会自治,而专业调解、行业调解的目标是行业自治,与基层社会自治的目标并不能重合。对专业化程度较高的医疗纠纷人民调解及其组织有重新定位的必要。[①]

根据《人民调解法》第七条的规定,人民调解委员会是依法设立的调解民间纠纷的群众性组织,显然该法将群众性、民间性和自治性规定为人民调解的本质属性。然而,专业性医疗纠纷调解组织具有鲜明的社会调解属性,唯其如此,目前主要由政府买单,并由大量专职调解员领取薪酬的运作方式才说得通。但无论专业性的医疗纠纷人民调解组织是基层群众自治组织还是专业性社会组织,其提供的医疗纠纷调解服务均为公共产品。医疗纠纷人民调解是一种公共需要,医疗纠纷的广泛性、公共性等特点使之与其他的专业性调解区别开来。广大的中国底层民众对不误工、不花钱、就地解决问题的廉价的纠纷解决方式仍然存在迫切需求。[②] 对于那些面临着沉重经济负担,承受着因病致贫风险的病患家庭而言,这项需求更为迫切。专业性调解与医疗纠纷人民调解的公共产品属性并不矛盾。在我国生产力发展水平总体不高,社会保障水平也不高的当下,对医疗纠纷的调解,应以非竞争性的(免费的)、非排他性的(开放的)方式为主,但为了避免对公共资源的滥用,也应探讨对免费调解的限制和对专家咨询的限制等问题,可借鉴国外对免费调解会议有次数限制的规定,以促使当事人

---

① 邵华,2016.医患纠纷调解的正义之路[M].湘潭:湘潭大学出版社,112-114.
② 何永军,2012.论人民调解的公共产品属性[J].昆明理工大学学报(社会科学版),12(4):29-34.

尽快做出决定,提高调解效率;对专家咨询的使用,也应该有免费次数的限制,[①]也应允可商业性医疗纠纷调解机构和行业性医疗纠纷调解机构经物价局审核后展开收费服务。

4.医疗纠纷行政调解组织的定位与发展

(1)强化医疗纠纷行政调解机构的中立性。

调解机构的中立性是获得当事人信任的重要前提,而中立性恰恰是现今医疗纠纷行政调解机构最为人所诟病的欠缺。在行政调解制度中,调解机构基本上有两种设置:一是作为附属于某个行政机构的一个职能部门,设置在该行政机构内部;一是作为独立于某个行政机构的一个专门机构,设置在该机构之外。显然,相比较而言,后一种设置更能保证行政调解机构独立于某个行政机构,确保其中立性。若能将行政调解机构从卫生主管部门中挪出来,使其具有一定的独立性,无疑有利于避免行政机构的任意干涉,提升医疗纠纷行政调解组织的中立性和公信力。当然,医疗纠纷调解组织的人员构成也影响着其中立性和公信力。为此,应主要由能在调解活动中保持中立性的成员来充实调解员队伍。如果其成员仅局限于卫生行政系统,则调解的中立性难免在当事人心目中打了折扣。

(2)完善医疗纠纷行政调解组织的制度环境,适当拓宽医疗纠纷的适用范围。

行政调解的优势较好地满足了解决医疗纠纷的需求,应该正确处理行政调解和司法诉讼的关系,充分拓宽行政调解在解决医疗纠纷中的适用空间,发挥行政调解的积极作用。除了立法上在处理行政调解与医疗纠纷诉讼的关系时应将行政调解挺在前面,以及在处理人民调解与行政调解的关系时应充分尊重当事人的意思自治和节约社会成本以外,还可在以下几方面有所作为。

①必要时延长医疗纠纷行政调解的周期。《医疗纠纷预防和处理条例》(以下简称《条例》)第三十八条将医疗纠纷人民调解的周期限制为自受理之日起30个工作日内完成调解。需要鉴定的,鉴定时间不计入调解期限。因特殊情

---

① 邵华,2016.医患纠纷调解的正义之路[M].湘潭:湘潭大学出版社,155.

况需要延长调解期限的,医疗纠纷人民调解委员会和医患双方可以约定延长调解期限。超过调解期限未达成调解协议的,视为调解不成。而《条例》第四十条第三款也将医疗纠纷行政调解的期限定为自受理之日起 30 个工作日内,需要鉴定的,鉴定时间不计入调解期限,但并未如对待人民调解委员会那样规定特殊条件下可延长周期。姑且不论对于专业性和对抗型较强,矛盾尖锐的医疗纠纷而言上述调解期限是否太过苛刻,事实上,在尊重当事人的意思自治和医疗纠纷本身复杂多变这一点上,行政调解与人民调解并无不同,但是考虑到医疗纠纷解决机制的设置应充分发挥每一种机制的优势和特色,而灵活高效是行政调解的重要优势,因此,《条例》第四十条第三款似可修订为:"卫生主管部门应当自受理之日起 30 个工作日内完成调解。需要鉴定的,鉴定时间不计入调解期限。因特殊情况需要延长调解期限的,卫生主管部门和医患双方可以约定延长调解期限,但一般不超过 60 个工作日。超过调解期限未达成调解协议的,视为调解不成。"

②进一步明确规定医疗纠纷调解协议的司法确认制度。在卫生主管部门主持下达成的医疗纠纷行政调解协议具有民事协议的法律效力,但不具有强制执行力,在一定程度上缩限了医疗纠纷行政调解的适用空间。根据最高人民法院《关于建立健全诉讼与非诉讼相衔接的矛盾纠纷解决机制的若干意见》,经行政机关、商事调解组织、行业调解组织或者其他具有调解职能的组织对民事纠纷调解后达成的具有给付内容的协议,可按照《中华人民共和国公证法》的规定申请公证机关依法赋予其强制执行效力,经行政机关、商事调解组织、行业调解组织或者其他具有调解职能的组织调解达成的具有民事合同性质的协议,经调解组织和调解员签字盖章后,当事人可以申请有管辖权的人民法院确认其效力。这是赋予医疗纠纷行政调解协议效力的两种途径。但在最高院的其他文件中没有进一步规定更有可操作性的法条,导致前述规定在一定程度上流于形式。但并无规范性法律文件排除行政调解协议的司法确认。为提升医疗纠纷行政调解的效力,充分发挥医疗纠纷行政调解的作用,可在行政法规或其他规范性法律文件中进一步明确医疗纠纷行政调解协议的司法确认制度。

③规范医疗纠纷行政调解的基本程序。在《条例》施行之前,医疗纠纷行政

调解适用的是 2002 年 9 月 1 日起实施的《医疗事故处理条例》《侵权责任法》《民法通则》等文件。这几个条例都笼统规定了行政调解的合法性地位和卫生主管部门对医疗纠纷的调解职责,但对调解机构的组成和性质、调解人员的选任、调解的具体规则和程序、纠纷当事人在行政调解组织未履行职责时如何进行救济等均没有做出明确规定。灵活简便虽是医疗纠纷行政调解的优势所在,但"没有规矩不成方圆",若没有程序的适当规制,缺乏最低限度正当程序的保障,当事人也难以达到完全自由合意的理想状态,就不可能有公正与合法的调解结果,并可能出现"合意的贫困化"现象①。我国应针对医疗纠纷的特殊性和专业性,设置或完善程序启动机制、程序参与人员选拔机制、专家及其他专业人员鉴定程序、医疗事故听证程序、医疗纠纷责任确定程序,等等。要明确规定医疗纠纷行政调解的程序,规范行政调解行为,建立科学便捷的事实发现机制,提高医疗纠纷行政调解的可操作性和科学性。②

④提升医疗纠纷处理方面立法的位阶。《条例》在中央政府的层面上对医疗纠纷的预防和处理做出了规定,将卫生主管部门、司法行政部门、公安机关、财政部门、民政部门、保险监督管理部门等政府职能部门的相关职责整合到同一个规范性法律文件之中,围绕着医疗纠纷的预防和处理问题做出各司其职、协调配合的规范。但是中央政府的规范性文件难以超脱政府部门的框架,因而难以系统地整合诉讼机制与非诉讼机制,从而造成医疗纠纷诉讼机制与非诉讼机制一定程度上的脱节,而在预防和处理医疗纠纷的机制中,人民法院和诉讼纠纷解决机制显然是不可或缺的。要克服这一弊端,有必要跳出行政立法的范畴对医疗纠纷预防与处理方面做出顶层设计,甚至在法律的层面出台规范性法律文件。

(3)建设一支专职的医疗纠纷行政调解员队伍。

医疗纠纷行政调解组织的功能能否充分发挥,行政调解员能否全力以赴至关重要。这方面有两个着力点,一是设立独立的医疗纠纷行政调解员岗位,其职责独立,专事医疗纠纷行政调解,编制独立,不占用其他行政编制。目前医疗

---

① 王志强,2010.医疗纠纷行政调解的地位重塑——以实证分析为视角[J].医学与哲学,2(1):13-17.
② 王志强,2010.医疗纠纷行政调解的地位重塑——以实证分析为视角[J].医学与哲学,2(1):13-17.

纠纷行政调解及其组织的优势无法发挥得淋漓尽致,与调解员兼职过多,积极性无法发挥有莫大的关系。目前医疗纠纷行政调解的主体是卫生行政机构,在调解过程中调解方作为主持者需要保持极高的正义感,公正无私地看待问题,这不仅需要自我内心约束,更需要有明确的法律条文对其进行规范,不仅是对行政调解权进行规范,更重要的是在行使调解权的整个过程中遵守程序的规范性,才能对行政机构的行政权力加以约束,以避免权力过大导致权力的滥用。[①]我们呼吁建立一支专职的医疗纠纷行政调解员队伍,以充分发挥医疗纠纷行政调解专业、高效的优势。二是通过政府购买服务等方式引入社会力量,以建立一支专职的医疗纠纷调解员队伍。有学者主张,我国纠纷解决机制理想的发展趋势是培育社会、当事人自我消解纠纷能力。[②]但也有学者提出,我国目前社会自治组织还较少,且因其主持达成协议的效力的不确定性缺乏群众信任,故而培育社会自我消解纠纷能力并得到民众的广泛认同,暂时无法成为定分止争的有力手段。[③]我们认为医疗纠纷行政调解的社会化有利于促进其中立性的强化和调解员队伍的专职化,至于医疗纠纷行政调解协议的效力问题,因《最高人民法院关于建立健全诉讼与非诉讼相衔接的矛盾纠纷解决机制的若干意见》中早有规定,亦可通过司法确认制度解决其强制力的问题。

5.仲裁机构的医疗纠纷调解组织

仲裁调解也是医疗纠纷诉讼外调解的一种形式,也是我国仲裁程序的一个突出特点,仲裁机构受理案件后,无论是仲裁庭开庭之前,还是开庭审理过程中,当事人双方均可在仲裁机构的仲裁员主持下接受调解,尽量通过协商解决争议。与诉讼相比,医疗纠纷仲裁具有快捷、经济的优点,甚至更具专业性和保密性。医疗纠纷仲裁调解将第三方调解机制与仲裁程序融为一体,为医疗纠纷解决提供了新思路、新视角,且兼有两种纠纷解决机制之优长。然而,我国专门的医疗纠纷仲裁机构犹如凤毛麟角,远远无法满足医疗纠纷解决的实际需求。

① 曹帆,田侃,2013.医疗纠纷行政调解制度的相关问题探讨[J].中国医药导报,10(1):153-155.

② 吴英姿,2008."大调解"的功能及限度——纠纷解决的制度供给与社会自治[J].中外法学,20(2):16-17.

③ 龚文君,2015.医疗纠纷行政调解:意义、问题及完善[J].云南行政学院学报,(2):155-159.

对于医疗纠纷,普通的仲裁机构仅就解决医疗纠纷的功能而言可谓形同虚设。在全国范围内,只有天津、合肥、深圳、太原、济南等地已建立了或开始试点医疗纠纷仲裁机构。在全国最早建立仲裁委员会医疗纠纷调解中心的天津仲裁委员会还因其系在劳动仲裁委员会的班底上建成,而使其专业性受到质疑。一般的仲裁组织并非以医疗纠纷调解为主营业务的专业性纠纷调解组织,故非本项目所考察的重点。医疗纠纷仲裁委员会也可主持对医疗纠纷的调解。关于建立和完善我国医疗纠纷仲裁调解组织,我们有如下建议可供参考。

(1)建立相对独立的调解机构和调解程序。

医疗纠纷仲裁与调解的程序以及主持这两种程序所需要的智能结构不尽相同。根据我国《仲裁法》第五十一条的规定,仲裁庭在做出裁决前,可以先行调解。当事人自愿调解的,仲裁庭应当调解。调解不成的,应当及时做出裁决。调解达成协议的,仲裁庭应当制作调解书或者根据协议的结果制作裁决书。调解书与裁决书具有同等法律效力。因此,仲裁委员会处理医疗纠纷应当先行调解,在自愿合法的前提下,促使医患双方和解。医疗纠纷仲裁与调解都是专业性很强的纠纷解决工作,根据我国仲裁制度和各地医疗纠纷及其专业人才储备的实际情况,可在有条件的城市建立医疗纠纷仲裁委员会,其他城市的综合性仲裁委员会中建立医疗纠纷调解中心。该专业仲裁委员会应由兼通医学与法学的专家或者医学专家、卫生法专家、医院管理专家等专家组成,以提高仲裁的科学性与权威性。

医疗损害责任纠纷与医疗服务合同纠纷相比,在所依据的事实、承担责任的前提、归责原则、举证责任、诉讼时效、承担责任的范围等方面均有所不同。在承担责任的范围方面,医疗服务合同责任是一种纯粹的财产责任,而医疗损害赔偿责任既包括财产责任,也包括非财产责任,并涉及违约责任所不涉及的精神损害赔偿。出于利益最大化的考量,较少当事人选择医疗服务合同责任作为案由,而对于医疗损害赔偿责任纠纷是否属于仲裁机构受理的范围又存在不小的争议,加上医患双方之间仲裁协议的欠缺,致使通过仲裁解决医疗纠纷的情形少之又少。医疗损害赔偿责任纠纷是否与医疗服务合同纠纷一样通过仲裁方式解决,应有立法上的明文规定,使其在程序性规范和赔偿范围等方面有法可依。

（2）建立仲裁协议前置程序。

医疗纠纷仲裁协议的缺失将导致医疗纠纷仲裁机制虚置，因此，建立仲裁协议前置程序，使得仲裁协议与医疗纠纷仲裁相衔接在实务中至关重要。医疗卫生事业的高风险性，在一些重大的医疗活动中表现得尤为明显，比如动手术、对身体有创伤性的检查等，倘若风险发生在病患身上，轻则造成后遗症，重则瘫痪、伤残，甚至失去生命，这使医疗纠纷发生的概率大大提高，为更好地预防和处理医疗纠纷，在高风险的医疗行为发生前，医方应告知患方人民调解、行政调解、医疗纠纷仲裁等纠纷解决机制的存在与功能，并与选择医疗纠纷仲裁作为纠纷解决方式的患方签订仲裁协议，或与患方签订包含仲裁条款的医疗合同。当然，如果未在事前签订仲裁协议，或者医疗服务合同中未约定仲裁条款，双方也可在发生医疗纠纷后，自愿达成仲裁协议，将争议提交仲裁委员会处理。但显然仲裁协议前置程序将降低医患双方的搜索成本与谈判成本。

6.多元化医疗纠纷调解组织的收费制度

免费与否不是决定调解机制是否有效的关键因素。独立、公正与是否收费之间没有直接关系，法院收诉讼费，仲裁机构收仲裁费，但对法院判决不满的当事人多半不会提出司法不公是由法院收取案件受理费造成的。但是收费之后却无法公平有效地解决纠纷更容易激怒当事人。从长远看，为防止调解机构官僚化，由享受服务的当事人承担费用也不是绝对不可行的做法。收费可能有助于提高医患调解的使用效率，避免资源浪费。而且，也会对调解员的激励产生正面作用。① 我们理想中的医疗纠纷调解机制，既要能便捷、高效地处理医疗纠纷，也要能够过滤对公共资源的恶意滥用，保证调解的质量和避免过度消磨调解员的耐心。因此，研究费用制度以及如何利用费用制度是非常必要的。为医疗纠纷调解组织健康发展，我们赞成在经费保障方面合理区分行业性调解、专业性调解和普通人民调解的不同，因案件复杂程度高、专业性强、调解难度大，可给予高于一般标准的调解补贴，并符合相关行业的一般规则。

---

① 邵华,2016.医患纠纷调解的正义之路[M].湘潭:湘潭大学出版社,156.

在遥远的未来,待行业性、专业性调解组织发育成熟,以国民收入与社会保障水平看,也无须再通过广泛开展人民调解来对当事人进行救济的时候,国家的政策性补贴可逐渐退出,基本实现行业性专业性调解的市场化运营。对于需要消耗公共资源来解决的医疗纠纷,仍可通过人民调解、法律援助等公共法律服务机制来实现。此外,我国的法律理应明确规定对于不应消耗公共资源进行诊疗的行为所引起的医疗纠纷,可试行收费调解,或由人民调解组织以外的调解机构调解。与公立医疗机构相比较,社会医疗机构在医疗机构中占比较小,却是医疗纠纷高发区,两者在投资主体、营利性质与营利空间等方面存在着明显的差别,在调解这项公共资源的利用方面应该考虑对社会医疗机构收费。[①]甚至可以对引起医疗纠纷的诊疗行为进行分类,以明晰收费调解的项目,比如,对非因病态而追求瘦身减肥的针灸疗程所引起的医疗纠纷,可拒绝由人民调解组织提供人民调解这种公共产品,因美容手术所引起的医疗纠纷可区分因诊治病理缺陷的医学美容而引起的医疗纠纷和非因诊治病理缺陷的医学美容而引起的医疗纠纷,前者可由人民调解组织受理,而后者不应再由人民调解组织受理而消耗公共资源。在由医疗保险公司支付调解费用的模式下,应该通过多种渠道解决经费来源问题,即在推行医疗责任保险制度的基础上,还可以通过以下三种方式筹集医疗责任专项保险金:其一是从医疗机构收入中抽取;其二是从财政拨款中专列;其三是本着患者自愿原则,从诊疗费用或住院费用中适当增收。[②]

二、补齐短板,盘活闲置资源

实现由单一化向多元化的转变,也需要补短板,改变目前大量资源闲置和各种医疗纠纷调解组织之间"贫富不均"的现状。

一个组织即使是通过合法程序得以设立,其设置是否合理同样会触发危机;不合理地成立组织,往往会降低组织的效率甚至成为其他组织的一种障

---

① 邵华,2016.医患纠纷调解的正义之路[M].湘潭:湘潭大学出版社,155-156.
② 柳经纬,李茂年,2002.医患关系法论[M].北京:中信出版社,236.

碍。① 目前不同类型不同性质医疗纠纷调解组织存在着大量资源闲置和彼此之间"贫富不均"的状况。通过实证分析,我们不难看出每个样本的医疗纠纷人民调解组织所存在的问题。我们仍以浙江省为例,如前所述,2018 年金华市各人民调解委员会受理的医疗纠纷总量相较于其人口和门诊流量而言显得过高,通过调研发现,金华市各家医院的医患沟通中心的纠纷和解工作尚未形成常态化专业化。其中金华市医疗纠纷人民调解委员会受理和调成的医疗纠纷为 55件,受理纠纷量较低,只占 2018 年全市医疗纠纷总量的 13.9%,远低于宁波和湖州,这与金华市区地域狭小,而市郊县、市的医疗纠纷调解组织较多有关。而杭州市医疗纠纷人民调解委员会受理纠纷数在整个杭州市过高,当然这也与其地处医疗卫生资源集中的市中心密切相关(见表 4-1)。调查表明,宁波市的医疗纠纷诉讼化案件每年达到 100 件左右,多数由宁波市医疗纠纷理赔中心移送至宁波的各个法院,分析其主要原因有以下几个:①有些医疗纠纷当事人之前矛盾过于尖锐,已建立起难以消除的防御机制,无法通过调解建立直接交流关系,或接受调解。②调解员劝说当事人的重心在于调解的程序和调解的优势,但对于调解所涉及的医疗纠纷法律问题无法全面剖析,当事人认为调解员法律水平不高,技术手段单一,对调解员和调解程序不再信任。③受诉讼中心主义的深刻影响,当事人认为诉讼才是唯一公平公正的纠纷解决机制,坚持走诉讼途径。④在调解过程中,虽然调解组织已然确定基本事实和分清责任,但当事人坚持不合理的诉求,导致调解不得不终止。

简言之,以下几个事实值得引起足够的重视:一是大型医院的数量越大,门诊量越大,医疗纠纷总量也越大,超过地方性法规所规定的标的限额的纠纷数量也越多,这就意味着上述变量与流入医疗纠纷人民调解委员会的纠纷总数及涉案金额之间存在着正相关的关系。二是医疗纠纷调解组织的整体布局乃至地理位置均在一定程度上影响着其受理的纠纷数量。如杭州市的大型三级甲等医院集中分布在市中心和滨江区,杭州市区内却只有杭州市医疗纠纷人民调解委员会"一枝独秀",地处杭州大型医院林立的闹市区,客观上便利了患者向

---

① 胡剑锋,王晓,2000.论现代社会的组织多元化及其结构优化[J].浙江社会科学,(4):217-222.

其求助,但不利于医患双方就近求助,及时化解矛盾(见表 4-1)。三是医患沟通的水平直接影响到医疗纠纷总量的多寡,而院内医疗纠纷和解机构的技术和水平,直接影响到人民调解委员会和人民法院受理医疗纠纷案件量,两者之间存在着此消彼长的关系,提升医方代表与医务人员的沟通技巧对于从源头上消减医疗纠纷有不可低估的意义。四是专业性医疗纠纷调解组织的功能是否能充分发挥,与调解组织的技术、声望都有很大的关系,调解组织不仅应提升自身的技术,也应通过各种渠道提升其知名度和认可度。

表 4-1　浙江省 2018 年部分地区医疗纠纷调解数据对照[①]

地区	全市人民调解组织受理的医疗纠纷总量/件	全市人民调解组织调解成功的医疗纠纷总量/件	全市人民调解组织调成率/%	市医疗纠纷人民调解委员会受理纠纷总量/件	市医疗纠纷人民调解委员会调解成功的医疗纠纷总量/件	市医疗纠纷人民调解委员会调成率/%	市医疗纠纷人民调解委员会受理案件占比/%	市医疗纠纷人民调解委员会调成案件占比/%
杭州	801	776	96.88	420	403	96.0	52.4	51.9
金华	419	395	94.27	55	55	100	13.1	13.9
宁波	393	370	94.15	134	125	93.3	34.1	33.8
湖州	306	262	85.62	86	72	83.7	28.1	27.5
嘉兴	234	232	99.15	56	56	100	23.9	24.1
温州	556	534	99.59	292	270	92.5	52.5	50.6

第四节　从人才流失向人才流动转变

组织成员的数量与质量是影响组织目标实现的关键因素。医疗纠纷调解组织也不例外。当组织成员将自己的能力、资源、时间和精力投入到组织之中,却得不到预期的回报,就会倾向于将自己的资源从这种失败的风险投资中撤离,转而投向其认定获益较多的其他组织。而一旦确定自己在某个组织里能够

---

① 该数据由浙江省各地司法局人民参与和促进法治处提供。

获得较多收益,就会将自己可以动用的资源更多地投入这一行动领域之中,并想方设法力争在其中获取更多的自由行动空间和自主领地。[①] 在无法激励调解员或解决其后顾之忧的前提下,调解员选择以脚投票来实现其个人价值和个体需求,造成医疗纠纷调解组织人才的大量流失。要改变医疗纠纷调解组织单方面人才流失的现状,可从以下几方面着力。

一、建立第三方评价制度,提高医疗纠纷调解组织的声誉

要缓解目前医疗纠纷调解组织人才流失的问题,应当善用声誉机制和第三方评价制度。这里所谓的第三方评价制度主要包含当事人评价和专家评价。如温州市医疗纠纷人民调解委员会为了组织每年一次的案件质量评估,建立了由当地法院和律师行业的专家组成的评估委员会,对调解的数据随机抽样,调查结果表明,有些律师专家为坚持公平公正的立场拒绝了当地的大型医院邀请其担任法律顾问。为了避免不恰当的制度压力的约束以及内部认知与外部认知的失调,保持调解组织和调解员的独立性,我们不赞成领导机关的评价在第三方评价之中所占的权重过高。对组织的评价也分为内部评价与外部评价,如果内外部评价不一致,组织的目标就会悄然发生置换。[②]

在数十年的实践中,各地的医疗纠纷调解组织已经建立起一整套通用的,在一定程度上形塑了对其社会期待的共享知识和共享观念。从制度学派的角度看,声誉现象和声誉等级制度建筑在社会承认的逻辑之上。对于身陷纠纷彷徨无计的当事人而言,医疗纠纷调解组织的声誉是解决信息不完备性和不对称性的一个重要机制。按照社会网络理论的解释逻辑,一个组织在社会网络中的地位能提高其知名度,因此,领导机关的关注、声誉度较高的大型医院的信任与推荐、权威媒体的宣传等都有助于提升医疗纠纷调解组织的声誉,并促使其吸引更多的资源和提升竞争优势。

---

① 张月,2017.组织与行动者(译者序)//埃哈尔·费埃德伯格.权力与规则——组织行动的动力[M].上海:格致出版社,上海人民出版社,12.

② 田凯,等.2020.组织理论:公共的视角[M].北京:北京大学出版社,13.

二、建立多元化的激励机制

如前所述,不同性质的医疗纠纷调解组织中立性不同,运行机制不同,其行为所遵循的效率机制或合法性机制也不同。在充分竞争的市场条件下,市场竞争为人们追逐私利的行为提供了动力,而不需要其他的激励。[①] 而社会中心制度是社会人为制造的理性和自然,它体现了稳定的、共享的价值观念,成为人际共识和社会判断的基础。在这个意义上,组织和个人的合法性在于其行为是建筑在理性和自然的基础上,社会中心制度控制了人们通往自然和理性的途径,安排了不同组织、行为与理性和自然的距离和亲疏关系。在不同的职业中,那些最为接近中心制度的职业,那些最为符合中心观念制度中社会逻辑承认的职业就具有更高的声誉。不同领域、不同组织、不同个人接近自然、理性的途径和距离是不同的。[②] 公益性医疗纠纷调解组织的职责与功能使其天然接近社会中心制度和公平正义等社会共享的价值观念,本应享有较高的社会声誉,但职业的声誉不完全等同于调解员个人的声誉和职业成就感。组织的立足取决于合法性基础及建立在合法性基础之上的社会承认,目前调解员偏低的薪酬制度满足了社会期待和合法性机制,但不符合效率机制和调解员的个人期待。激励设计主要解决两个问题:一是要提供足够的激励让适应医疗纠纷调解的人才进入;二是使得组织成员愿意为了组织目标尽心尽力。而要解决这两个问题,还是要以落实调解员的待遇为前提的,比较切实可行的思路是,对于商业性的调解组织以高薪留人为主,对于公益性的调解组织以规避风险为主,兼顾对其工作积极性的调动。否则医疗纠纷调解的高要求与低待遇之间的矛盾,只会导致更频繁无序的人才流失。

(一)职业资格制度

周雪光在《职业权力、政府能力和美国各州职业许可证的扩散(1890—1950)》一文中,以行业制度形式的扩散为切入点,论述了职业许可证从最初的

---

① 周雪光,2003.组织社会学十讲[M].北京:社会科学文献出版社,189.
② 周雪光,2003.组织社会学十讲[M].北京:社会科学文献出版社,268-270.

备受争议,到后来成为一种被广泛采用的制度安排的过程。文章强调的重点在于制度环境,周雪光认为,职业许可证的扩散过程与职业的专业化过程以及随之发生的社会事实之间是相互建构的关系,职业许可证的实施是制度环境下职业权力与政府能力之间的博弈结果,政府的作用因职业类型的不同而有所差别,有些特殊职业的许可证扩散是通过政府的渠道实现的。[①] 目前我国各地的司法行政部门普遍以行政命令推进调解员资质认证持证上岗制度。石家庄市从2006年起就已组织人民调解员持证上岗统一考试。北京有培训机构提供法律事务调解师资格认证培训的服务,并颁发据称为全国通用的法律事务职业资格证书。目前调解员职业资格制度主要的特点有:(1)不同调解组织或其领导机关为其调解员所组织的调解考试各行其是,所颁发的资格证书各有一套,无法彼此通用。(2)由于各地的社会经济文化发展水平不均衡,调解员职业资格都未与全国统一的人事考试挂钩,迄今没有出现权威性的调解员资质认证。(3)与法国、澳大利亚、新西兰、英国、新加坡、加拿大等国家为专业性调解员所设置的入职条件、培训、考试和任命等资质认证制度相比,我国调解员的入职门槛较低,且不够明确。(4)很多地区没有将培训课时纳入准入资格条件,培训内容没有突出医疗纠纷调解的专业性、特殊性,也不注重调解实践和技能的培训。(5)缺乏调解员资格维护制度。科学统一的专业性调解员职业资格制度还有待于我国社会总体发展水平的提升,以及制度环境下职业权力与政府能力之间的充分博弈。但以下区域性经验值得借鉴:(1)可由地方上的人社部门或省一级的行业协会统一组织行业性专业性调解员的资质认证工作,以增添其权威性。(2)将专业性、针对性与实践性较强的调解培训课程与调解员资质考试挂钩,明文限定不满足课时条件的调解人员不具备考试资格。(3)调解员资质考试应与调解培训课程一样,具有相当的专业性、针对性与实践性,例如劳动争议调解员、交通事故损害赔偿纠纷调解员与医疗纠纷调解员的考试的专业部分应有所区分。(4)探索调解员资格维护制度,等等。

①　涂洪波,2006.制度分析对新制度主义的一种解读[J].广东社会科学.(6):95-101.

(二)等级制度

组织内部的等级制度是一把双刃剑。一旦我们把内部结构划分成等级制度,既可能调动组织成员的能动性,也可能诱使专业技术人员关心自己在这个等级制度中的晋升问题,而不是自己的技术职责。等级制度使人们产生了自我期待;如果与他人比较,自己的现实经历与这种期待不符,这就成为他们离开组织的动因。[①] 全国各地都在探索调解员等级制度,尝试将调解员的薪资补贴与其年资、职称挂钩,但收效甚微。其设计缺陷主要体现在两个方面:一是由于很多医疗纠纷调解组织采用政府购买服务的经费保障模式,在总量不变的前提下,人为地拉大不同等级调解员的收入水平,低等级的调解员必然产生"自己的现实经历与这种期待不符"的感受,从而萌生去意。二是分类标准不甚科学。灵活性、有效性与群众满意度本应是衡量调解员优劣的重要依据,但在评定调解员等级时,上述指标因难以量化而为学历、专业职称、退休前职级、从事调解员的工作年限等指标所替代,使得这种等级制度的公平性备受质疑。比起建立有效性难以评估,却让人们对晋升产生路径依赖的调解员等级制度,笔者更赞成调解组织将注意力更多地分配在如何平衡激励与风险、建构合理的薪酬制度和组织成员之间的权威关系等问题上。

(三)报酬制度

目前调解组织内部的报酬制度有"月薪制""底薪＋案件补贴＋其他补贴"和"无底薪的补贴制度"等数种,底薪和各种补贴的发放因组织机制和合同关系不同而有所不同。我们认为,医疗纠纷人民调解组织主要应解决调解员的薪资水平和风险规避的问题,而商业性医疗纠纷调解组织和承担政府购买服务项目的民间组织主要应解决拓展其社会职能和多元化的收入渠道的问题。我国的专业性调解组织普遍存在着收入渠道单一,经费捉襟见肘的问题。图 4-1 为杭

---

① 周雪光,2003.组织社会学十讲[M].北京:社会科学文献出版社,187.

州市以调处婚姻家庭纠纷为主业的某民间组织近三年的收入情况。① 如果不是该组织负责人每年自费贴补数十万元,这一组织的正常运行将难以为继。医疗纠纷调解组织虽不至于惨淡如斯,但因待遇偏低而频频出现的人才荒现象也颇引人侧目。这些问题连有高科技加持的调解公司也无法避免。某兼营调解业务的高科技公司负责人曾向笔者坦诚相告:调解业务不赚钱。很多公司高管奉劝其放弃调解业务,但其因坚信调解业务将成为新的增长点,所以坚持投入调解软件的研发经费和人力资源。反观欧美与印度的部分专业性调解组织,不仅只承担调解职能,也承担学术交流和培训等职能,我国的少数专业性调解组织不仅通过收费调解,也承担会务、培训、专业技能鉴定、科研,以及政府购买社会公益项目等专业性服务,既拓展了收入渠道,也促进了专业性调解的发展,这些做法在法律和政策允可的范围内值得借鉴。

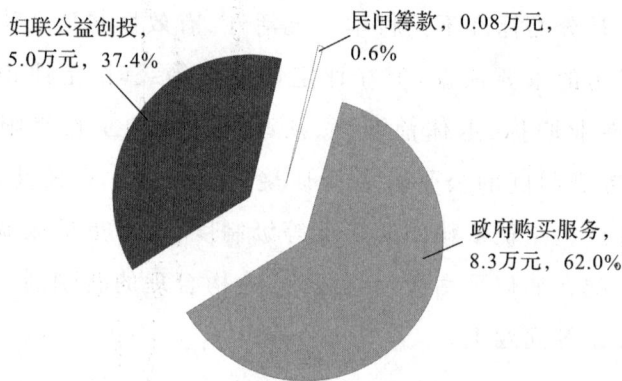

图 4-1　杭州市某专业调解组织收入分布

医疗纠纷调解组织的报酬制度涉及退休人员,尤其是退休公务员的薪酬设计问题。根据《公务员法》第一百零七条的规定,公务员辞去公职或者退休的,原系领导成员、县处级以上领导职务的公务员在离职三年内,其他公务员在离

---

① 该组织自 2016 年承接余杭区妇联主持的"余杭区婚姻家庭服务提升项目"以来,至 2018 年底累计调解 1533 对夫妻的离婚纠纷,劝回 805 对,劝回率达 52.5%,超过杭州市同类机构 48.0% 的平均劝回率。但显著的工作成果掩盖不了其左支右绌惨淡经营的窘境。2016 年政府购买服务项目补贴 2.0 万元,妇联公益创投 5.0 万元,2017 年政府购买服务项目补贴 2.5 万元,2018 年政府购买服务补贴 3.8 万元,民间筹款 0.08 万元。

职两年内,不得在原工作业务直接相关的企业或者其他营利性组织任职,不得从事与原工作业务直接相关的营利性活动,并在该条第二款规定了相应的罚则,此即世界各国通行的"旋转门"条款。

首先,《公务员法》所称的公务员,是指依法履行公职,纳入国家行政编制,由国家财政负担工资福利的工作人员。[①] 公检法司系统中的在编干警与其他国家机关中所有满足上述条件的在编工作人员均属于《公务员法》所称的公务员。而医院与法律院校等事业单位工作人员则不属于公务员序列,但医院的院长若是从其他公务员职位(如卫生局或卫健委干部)调任医院院长而占用行政编制的,理应按照公务员身份管理。随着政府雇员、司法雇员等越来越多地充实到机关事业单位的专业技术岗位和辅助性岗位上,政府雇员、司法雇员是否可以在离职或退休后进入医疗纠纷调解组织担任调解员,以及其待遇问题,也应当进行一定的梳理。显然按照各地的明文规定,司法雇员与政府雇员不属于公务员,无须受新《公务员法》关于从业限制的规定。其次,对我国《公务员法》第一百零七条所规定的利益单位主要包括"与原工作业务直接相关的企业或其他营利性组织""与原工作业务直接相关的营利性活动"也被明令禁止。这是指该利益单位与公务员之间存在行政隶属关系、契约关系、业务指导关系或其他事务上的接触或往来的机构。比如,杭州市余杭区司法局的主管人民调解工作的科长辞职或退休后进入阿里巴巴集团旗下的调解公司担任调解员,当视为"与原工作业务直接相关的企业"。又如某法官辞职或退休后加入某律师事务所从事有偿调解活动,当视为"与原工作业务直接相关的其他营利性组织"。对此应以违反从业限制条款论。但对于公务员辞职或退休后在一定期限内进入非营利性调解组织的,实践中的做法大相径庭,不仅不同省市之间很难保持一致,甚至在同一医疗纠纷调解组织内部担任调解员的退休公务员也存在着差别对待。退休公务员在医疗纠纷调解组织担任调解员期间的劳务报酬和津贴通常分为底薪、案件补贴和其他支出三部分。对于误餐补贴、交通补贴等必要的支出费用,退休公务员可予补偿,对此不存在太多争议,但对于底薪及案件补贴

---

① 参见《中华人民共和国公务员法》第二条。

是否应该领取则存在着不同的看法。笔者认为,公务员辞职或退休后在医疗纠纷人民调解组织担任调解员的,可以领取一定的底薪及案件补贴,理由如下:①医疗纠纷人民调解是种公共产品,很难将其划归"营利性活动"的范畴。②当公务员退休后担任医疗纠纷调解委员会的调解员时,并非以公务员的身份,而是以职业调解员的身份,此时,他们属于《人民调解法》第十四条所规定的"公道正派、热心人民调解工作,并具有一定文化水平、政策水平和法律知识的成年公民"①。③他们主要来自司法行政系统和卫生系统,懂卫生法或侵权责任法等法律或医学常识,有一定的沟通能力甚至丰富的调解经验,在青壮年人才流失的前提下是较适应医疗纠纷人民调解岗位需求的人选,他们也有能力在其他岗位实现自我价值,底薪和案件补贴可视为对其付出的机会成本的补偿,也是对其专业的尊重。④案件补贴的实质依然是以奖代补,是对调解员工作的一种激励措施,并未突破《公务员法》所规定的从业限制。总之,在担任医疗纠纷人民调解委员会调解员期间是否可领取底薪和案件补贴的问题,可由当地政府在不违反强行法的前提下灵活适用《公务员法》。当然,退休人员担任调解员的底薪不宜低于当地的最低工资标准,但也不宜高于当地在岗职工的平均工资的二分之一。比如,杭州市 2018 年度的平均月工资为 5389 元,该年度杭州市最低工资标准为 2010 元,则杭州市的医疗纠纷人民调解组织中的退休公务员的底薪宜在2010.0~2694.5 元间浮动。过低则不利于吸引人才和调动调解员的积极性,过高则医疗纠纷调解组织的公共产品属性与公益性无从体现。案件补贴则要符合以奖代补的政策精神,体现案件难度与劳动强度的区分度,激励调解员勇于承担责任,追求卓越。当然,上述建议不适用于退休公务员以外的其他调解员。

三、保持组织的开放性

随着知识经济的到来,组织在信息化、网络化革新中越来越趋向于开放,组织内的物理、技术、社会和个人等因素持续与外部环境中的各种因素发生联系。

---

① 《人民调解法》第十四条:"人民调解员应当由公道正派、热心人民调解工作,并具有一定文化水平、政策水平和法律知识的成年公民担任。"

同时,我国调解组织的成员的多样化特点愈来愈突出,国籍多元化和代际多元化还带来文化与价值观的撞击,过去行之有效的管理方式未必适应新趋势,这些对组织分权与管理模式、组织成员的职业素质等提出了新的挑战。组织边界模糊化并不仅仅是将外部组织为医疗纠纷调解组织所内在化,也包括各个调解组织之间人来人往、自由流动的组织形式。科层制管理的医疗纠纷调解组织通常是封闭性的,而平台式管理的则倾向于开放性。高科技的深度运用使医疗纠纷调解进一步平台化、开放化成为可能。医疗纠纷调解组织采纳什么样的管理模式,不仅与其组织性质和组织行为机制有关,也与领导机关的管控偏好、组织权威的个体经验和管理风格等有关。科层制并不一定适合所有的医疗纠纷调解组织。科层制管理其实是传统的人民调解组织松散连接(loose coupling)的组织机构的一种变异和实验,但随着这种管理模式的普及,扁平化平台化的松散连接的医疗纠纷调解组织的回归又将成为一种新的变异和实验。要保证有调解员在岗,一方面应招录相当基数的调解员,充分挖掘可培养、可调动的调解力量,形成人员递补梯队,适当放宽专职人民调解员"坐班"限制,采用轮班制或预约制,从而保证每天从事专职调解的人员数量。[①] 对于资深专业人员较多的医疗纠纷调解组织,既无必要建立严格的调解员等级制度,也无必要实行严格的行政化管理,反而是实行如同名医坐诊制那般较为灵活的流动机制更有利于行业交流,还部分地解决了资源闲置问题。另一方面具备条件的医疗纠纷调解组织不仅可以建立法律人才和医疗人才专家库,还可以建立一定数量的调解员专家库,并向社会公布。当地专家数量不足、专业性不符合当事人要求的,也可异地聘请高层次的专家提供咨询。[②]

目前在调解领域也呈现出"二八定律",即百分之二十(甚至更少)的调解员垄断了百分之八十(甚至更多)的调解案源。专业化程度还不高,调解行业内部分工还不明细是其中的一个重要原因,比如,有些资历较老声誉较隆的调解员

---

① 李旭辉,胡小静,谢刚炬,2018."多元调解＋立案速裁"的紧密型司法 ADR 模式探索——以北京市 22 家中基层法院的改革实践为视角[J].人民司法,(1):17-21.

② 何峻,2013.固本强基是基层社会管理创新的有效之策[J].决策咨询,(1):63-67.

可能同时兼任好几个综合性调解组织和专业性调解组织的调解员。保持医疗纠纷调解组织的开放性一开始可能会强化这种趋势,但随着医疗纠纷调解的专业化、职业化向纵深推进,随着调解工作室及其以老带新、团队运作的模式的普及,青年调解员将迅速成长起来,从而使医疗纠纷调解员队伍逐渐形成合理化的梯队,并打破"二八定律"。

结　语

　　随着侵权责任法的逐步完善,《医疗纠纷预防和处理条例》及相关地方性法规的施行,医疗纠纷调解组织的制度环境的不确定性在降低。那些使得一个组织声名鹊起的运作模式,也许会逐渐发展成阻碍组织不可持续发展的瓶颈,此时需要一些更经得起推敲的模式去取而代之。费埃德伯格曾经指出,组织分析方法,是一种生产具体知识的推论方法。在组织变革领域,组织分析研究所做出的贡献是认知意义上的贡献,它为行动者提供新的观察视角,让行动者发现全新的观察领域,运用新的眼光来对自己作为其中一员的组织进行观看。新视角让行动者看到了他们过去看不到的事实,由此获得有关具体组织的新的知识,看到新的机遇和新的发展的可能性;新知识将引导行动者根据具体的情境,采取相应的策略和有效的行动。如前所述,医疗纠纷调解存在着碎片化、非系统化和简单化的缺陷,只有将医疗纠纷的解决与医疗改革和医疗失误管理文化紧密结合在一起,从源头减少医疗纠纷的发生,医疗纠纷调解组织才不至于扮演疲于奔命的“消防员”的角色,同时洞察问题所在,而不是将所有问题简单地归结为经济问题,并通过经济手段来解决一切医疗纠纷。某些医疗纠纷人民调解组织已经意识到自身与医院互动的重要性,如很多医疗纠纷人民调解委员会在调解的同时向医院提出其需改进的事项,这使得碎片化和简单化的倾向有所缓解。如杭州市医疗纠纷人民调解委员会每年都把各医院的医务科长召集起来开个会,对本年度的医疗纠纷情况做出分析通报,并将其通报给当地的卫健委。医院管理公司更是将在预防和处理医疗纠纷调解过程中所发现的医院管理方面存在的问题的反馈机制制度化、常态化,以达到纠纷源头治理的目标。但从总体上来看,在风险防范和大数据服务方面,医院管理公司等市场模式的医疗纠纷调解组织普遍优于医疗纠纷人民调解委员会。但受各种主客观条件的限制,我们对于市场模式的医疗纠纷调解组织的分析和研究还很不够,这对于通过这些分析和研究去发掘、借鉴具有一定公益性质的企业组织的管理经验,留下了不小的遗憾,但也留下了继续探讨的空间。此外,由于样本的欠缺,目前还难以对人民调解工作的标准化问题给出全面客观的评价,也很难肯定是否应将医疗纠纷人民调解组织工作的标准与其他人民调解组织工作的标准严格区别开来,这也是我们即将深入探究的问题之一。

总而言之,我们有必要将新制度主义与其他组织社会学流派的研究方法结合起来,将组织的同质性研究与异质性研究结合起来,去解释我国医疗纠纷调解组织的趋同化问题,去理解其制度模式在特定背景下被采纳或不被采纳的机制与过程,使医疗纠纷调解组织在与组织社会学研究的相互对话中彼此促进,使医疗纠纷调解组织的建设走上求同存异的可持续发展之路。

参考文献

1. Barnard C I,1938. The Functions of Executive[M]. Cambridge，Mass. : Harvard University Press.

2. Davis K,1967. Human Society[M]. New York：Collier Macmillan Ltd.

3. Dobbin F, Sutton J R, Meyer J W, et al,1993. Equal Opportunity Law and the Construction of Internal Labor Markets[J]. American Journal of Sociology,99(2).

4. Okun A M,1975. Equality and Efficiency：The Big Tradeoff[M]. Washington, D. C：The Brookings Institution.

5. Posner R A,1986. Economic Analysis of Law，3rd ed. ，Boston and Toronto：Little，Brown and Company.

6. Powell W W，DIMaggio P J,1991. The New Institutionalism in organizational Analysis[M]. Chicago：University of Chicago Press.

7. 阿瑟·塞西尔·庇古,2020. 福利经济学[M]. 朱泱,张胜记,吴良健,译. 北京:商务印书馆.

8. 埃哈尔·费埃德伯格,2017. 权力与规则[M]. 张月,等译. 上海:格致出版社,上海人民出版社.

9. 彼得·德鲁克,2005. 管理的实践[M]. 齐若兰译. 北京:机械工业出版社.

10. 戴维·迈尔斯,2016. 社会心理学[M]. 侯玉波,乐国安,张智勇,等译. 北京:中国工信出版集团、人民邮电出版社.

11. 范愉,长青,星美,2010. 调解制度与调解人行为规范——比较与借鉴[M]. 北京:清华大学出版社.

12. 范愉,2017.当代世界多元化纠纷解决机制的发展与启示[J].中国应用法学,(3).

13. 郭菲,2013.论行业调解组织的规范化研究[J].今日中国论坛,(19).

14. 龚赛江,2001.医疗损害赔偿立法研究[M].北京:法律出版社.

15. 何水,2015.社会组织参与服务型政府建设:作用、条件与路径[M].北京:中国社会科学出版社.

16. 赫伯特·A.西蒙,1982.管理决策新科学[M].李柱流,汤俊澄,译.北京:中国社会科学出版社.

17. 侯元贞,2012.社会转型期人民调解制度研究——以人民调解的行政化为分析重点[M].湘潭:湘潭大学出版社.

18. 乐国安,2009.社会心理学[M].北京:中国人民大学出版社.

19. 雷经升,2012.论保险业非诉调解及其效力[J].保险职业学院学报,(3).

20. 梁海明,2014.调解实务技巧[M].北京:法律出版社.

21. 刘炫麟,2019.《医疗纠纷预防和处理条例》立法争议问题研究[J].青海社会科学,(2).

22. 齐树洁,2016.外国 ADR 制度新发展[M].厦门:厦门大学出版社.

23. 强世功,2001.调解、法制与现代化:中国调解制度研究[M].北京:中国法制出版社.

24. 任敏,2017.技术应用何以成功——一个组织合法性框架的解释[J].社会学研究,(3).

25. 沈恒斌,2005.多元化纠纷解决机制原理与实务[M].厦门:厦门大学出版社.

26. 孙同全,2004.组织趋同现象的社会学新制度主义解释[J].北京工商大学学报(社会科学版),19(6).

27. 王晨光,2020.疫情防控法律体系优化的逻辑及展开[J].中外法学,(3).

28. 王杰,2014.论我国医疗纠纷非诉讼解决机制的再完善[D].南昌:南昌大学.

29. 王利平,周燕,2007.管理过程中的权威作用机制[J].中国人民大学学报,(4).

30. 维嘉·亚历山大,2011.全球调解趋势[M].王福华,译.北京:中国法制出版社.

31. 徐正东,2006.关于构建我国医事仲裁制度的设想[J].泸州医学院学报,(3).

32. 晏英,2017.域外道歉制度在医疗纠纷解决中的功能及立法启示[J].医学与哲学,38(15).

33. 于洪生,2005.客观视角下的公共组织权威——兼论公众对重塑公共权威的作用[J].学习与探索,(6).

34. 张洪泽,2014.纠纷第三方调解[M].杭州:浙江大学出版社.

35. 张磊,2006.互益性组织:现状及发展趋势[J].决策咨询通讯,17(6).

36. 张玉鹏,2020.《医疗纠纷预防和处理条例》中的行政调解研究[J].中国卫生法制,28(4).

37. 赵孟营,2005.组织合法性:在组织理性与事实的社会组织之间[J].北京师范大学学报(社会科学版),(2).

38. 朱国华,朱国泓,2005.上海、温州行业协会信用制度发展调研及比较研究[C]//民间法(第四卷).济南:山东人民出版社.